"十三五"国家重点出版物出版规划项目

中国道路

|文|化|建|设|卷|

中国文化自信解读

INTERPRETATION OF SELF-CONFIDENCE IN CHINESE CULTURE

朱宗友 著

中国财经出版传媒集团
经济科学出版社
Economic Science Press

图书在版编目（CIP）数据

中国文化自信解读/朱宗友著.—北京：经济科学出版社，2017.9（2018.3 重印）

（中国道路·文化建设卷）

ISBN 978-7-5141-8478-5

Ⅰ.①中… Ⅱ.①朱… Ⅲ.①中国特色社会主义-文化事业-建设-研究 Ⅳ.①G12

中国版本图书馆 CIP 数据核字（2017）第 233464 号

责任编辑：孙丽丽　赵　芳
责任校对：杨晓莹
责任印制：李　鹏

中国文化自信解读

朱宗友　著

经济科学出版社出版、发行　新华书店经销
社址：北京市海淀区阜成路甲 28 号　邮编：100142
总编部电话：010-88191217　发行部电话：010-88191522
网址：www.esp.com.cn
电子邮件：esp@esp.com.cn
天猫网店：经济科学出版社旗舰店
网址：http://jjkxcbs.tmall.com
北京季蜂印刷有限公司印装
710×1000　16 开　17.25 印张　230000 字
2017 年 9 月第 1 版　2018 年 3 月第 2 次印刷
ISBN 978-7-5141-8478-5　定价：52.00 元
(图书出现印装问题，本社负责调换。电话：010-88191510)
(版权所有　侵权必究　举报电话：010-88191586
电子邮箱：dbts@esp.com.cn)

《中国道路》丛书编委会

顾　　　问：魏礼群　马建堂　许宏才

总　主　编：顾海良

编委会成员：（按姓氏笔画为序）
　　　　　　马建堂　王天义　吕　政　向春玲
　　　　　　陈江生　季　明　季正聚　竺彩华
　　　　　　周法兴　赵建军　姜　辉　顾海良
　　　　　　高　飞　黄泰岩　魏礼群　魏海生

文化建设卷

主　　　编：季正聚

《中国道路》丛书审读委员会

主　任：吕　萍

委　员：（按姓氏笔画为序）
　　　　刘明晖　李洪波　陈迈利　柳　敏

总　序

中国道路就是中国特色社会主义道路。习近平总书记指出，中国特色社会主义这条道路来之不易，它是在改革开放三十多年的伟大实践中走出来的，是在中华人民共和国成立六十多年的持续探索中走出来的，是在对近代以来一百七十多年中华民族发展历程的深刻总结中走出来的，是在对中华民族五千多年悠久文明的传承中走出来的，具有深厚的历史渊源和广泛的现实基础。

道路决定命运。中国道路是发展中国、富强中国之路，是一条实现中华民族伟大复兴中国梦的人间正道、康庄大道。要增强中国道路自信、理论自信、制度自信、文化自信，确保中国特色社会主义道路沿着正确方向胜利前进。《中国道路》丛书，就是以此为主旨，对中国道路的实践、成就和经验，以及历史、现实与未来，分卷分册作出全景式展示。

丛书按主题分作十卷百册。十卷的主题分别为：经济建设、政治建设、文化建设、社会建设、生态文明建设、国防与军队建设、外交与国际战略、党的领导和建设、马克思主义中国化、世界对中国道路评价。每卷按分卷主题的具体内容分为若干册，各册对实践探索、改革历程、发展成效、经验总结、理论创新等方面问题作出阐释。在阐释中，以改革开放近四十年伟大实践为主要内容，结合新中国成立六十多年的持续探索，对中华民族近代以来发展历程以及悠久文明传承进行总结，既有强烈的时代感，又有深刻的历史感召力和面向未来的震撼力。

丛书整体策划，分卷作业。在写作风格上注重历史与现实、理论与实践、国内与国际结合，注重对中国道路的实践与经验、过程与理论作出求实、求真、求新的阐释，注重对中国道路作出富有特色的、令人信服的国际表达，注重对中国道路为发展中国家走向现代化和为解决人类问题所贡献的"中国智慧"和"中国方案"的阐释。

在新中国成立特别是改革开放以来我国发展取得重大成就的基础上，近代以来久经磨难的中华民族实现了从站起来、富起来到强起来的历史性飞跃，中国特色社会主义焕发出强大生机活力并进入了新的发展阶段，中国特色社会主义道路不断拓展并处在新的历史起点。在这新的发展阶段和新的历史起点上，中国财经出版传媒集团经济科学出版社精心策划、组织编写《中国道路》丛书有着更为显著的、重要的理论意义和现实意义。

《中国道路》丛书 2015 年策划启动，首批于 2017 年推出，其余各册将于 2018 年、2019 年陆续推出。丛书列入"十三五"国家重点出版物出版规划项目、国家主题出版重点出版物和"90 种迎接党的十九大精品出版选题"。

《中国道路》丛书编委会
2017 年 9 月

目　录

第一章　中国文化自信的意蕴 ………………………… 1

　　一、何为文化自信 / 1

　　二、文化自信之根：优秀传统文化 / 10

　　三、文化自信之脉：红色革命文化 / 18

　　四、文化自信之魂：社会主义先进文化 / 26

第二章　中国文化自信的嬗递 ………………………… 38

　　一、古代中国：文化自信满满 / 39

　　二、近代中国：文化自信跌宕起伏 / 54

　　三、新中国成立以来：中国文化自信的
　　　　"螺旋上升"期 / 70

第三章　中国文化自信的力量 ………………………… 85

　　一、实现中国梦的强大动力 / 85

　　二、维护意识形态安全的金钥匙 / 114

　　三、筑牢"三个自信"的坚强基石 / 130

第四章　中国文化自信的资本 ………………………… 149

　　一、日益强盛的国力支撑 / 150

二、文以化成的民众赞同 / 165

三、民主科学的制度保证 / 179

第五章　中国文化自信的烦恼 …………… 196

一、不容忽视的中西文化势差 / 196

二、文化舞台上的新宠儿 / 204

三、需求渐增的文化获得感 / 212

第六章　中国文化自信的方略 …………… 219

一、目标：建设社会主义文化强国 / 219

二、保障：构建中国特色社会主义文化体系 / 232

三、动力：文化传承与创新 / 243

参考文献　/ 254

第一章

中国文化自信的意蕴

文化自信是一个国家、民族或政党对自身文化价值、文化生命力、文化创造力和文化发展前景拥有高度信心，并期待其能够激励本民族、社会和国家不断前行的直观感受和理性认知的综合心态。它具有主体性、指向性和包容性等特征，与文化自觉、文化自恋和文化自强等概念既有区别又有联系。中国优秀传统文化拥有延绵不断的发展历史、博大精深的精髓和气势磅礴的海内外影响，是中国文化自信之根；红色革命文化具有破旧立新特质、内在要素和深远影响，是中国文化自信之脉；而社会主义先进文化所体现出来的人民性、继承性与创新性、多样性与开放性等特征决定了它是中国文化自信之魂。

一、何为文化自信

（一）文化的基本内涵

文化是一个宽泛的概念。一直以来，人们很难对其作出统一精确的概括。从广义上来看，文化是指人类在社会实践中所形成的物质生产和精神生产成果的综合，包括物质、制度、行为和精神等各个层面。梁漱溟认为："文化不过是一个民族生活的种种方面，总括起来，不外三个方面：（一）精神生活方面，如宗教、哲学、科学、艺术等是。（二）社会生活方面，我们对于周围的人——家庭、朋友、社会、国家、世界——之间的生活方式都属于社会生活一方面，如社会组织、伦理习惯、政治制度和经济关系是。（三）物质生活方面，如饮食、起居种种享用，人类对于自然求生存的各种是。"① 从狭义上来看，文化是指精神生产行为和精神现象，比如语言、文学、艺术以及一切意识形态等精神现象。黄楠森认为："对文化作狭义的理解是具有更广泛性的趋势，而且从文化理论和文化建设来讲，应该使用狭义的理解，狭义的文化是严格意义的文化，即人类的精神现象和精神产品。"基于此，他认为："文化是人类的精神活动及其产品，是经济和政治的反映，归根到底是人类物质活动的反映。"②

我们更倾向于狭义方面的文化，狭义文化在处理精神文化和其他方面的文化关系时，往往将精神文化视为物质文化、制度文化、行为文化等的核心与灵魂，将精神文化看作一个民族区别于其他民族的精神特质和标志。狭义文化包括理论形态的文化和世俗形态的文化。前者指理论化系统化的文化形式，而后者则指一定群体中的风俗习惯、行为方式和交往规则。前者对后者具有定位和导向作用，而后者在适应前者的同时也为前者提供了基本素材和资源。③ 文化与文明不是一回事。陈炎在《"文明"与"文化"》一文中认为："一般来说，文明的内在价值总要通过文化的外在形式体现出来，而文化的外在形式之中又总会包含着文明的内在价值。"文明是指"人类借助科学、技术等手段来改造客观世界，通过法律、道德等制度来协调群体关系，借助宗教、艺术等形式来调节自身情感，从而最大限度地满足基本需要、实现

---

① 梁漱溟：《东西文化及其哲学》，商务印书馆2010年版，第20页。
② 黄楠森：《论文化的内涵与外延》，载于《北京社会科学》1997年第4期。
③ 杨生平：《文化自信的意义及其实现》，载于《中国特色社会主义研究》2016年第6期。

全面发展所达到的程度"。① 它是人们在真善美的探索、追求和创造过程中克服人与人、人与自然和人与社会之间矛盾所达到的历史进度。文明与文化是两个既相联系又相区别的概念：前者是后者的内在价值，后者是前者的外在形式。前者的内在价值通过后者的外在形式得以实现，后者的外在形式借助前者的内在价值而有意义。

（二）文化自信的基本内涵

1. 文化自信的提出。

文化自信的提出并非偶然。它是在新战略布局基本完成的大背景下提出的。2011年10月18日党的十七届六中全会通过的《关于深化文化体制改革 推动社会主义文化大发展大繁荣若干重大问题的决定》确立了我国建设社会主义文化强国的目标，强调要"培养高度的文化自觉和文化自信"②。2014年2月24日在中央政治局第十三次集体学习时，习近平提出："要讲清楚中华优秀传统文化的历史渊源、发展脉络、基本走向，讲清楚中华文化的独特创造、价值理念、鲜明特色，增强文化自信和价值观自信。"③ 2014年3月7日全国两会期间，习近平在参加贵州团审议时指出："一个国家综合实力最核心的还是文化软实力，这事关精气神的凝聚，我们要坚定理论自信、道路自信、制度自信，最根本的还要加一个文化自信。"④ 2014年10月15日，习近平在文艺工作座谈会上的讲话中指出，"增强文化自觉和文化自信，是坚定道路自信、理论自信、制度自信的题中应有之义。"2014

---

① 陈炎：《"文明"与"文化"》，载于《学术月刊》2002年第2期。
② 《中共中央关于深化文化体制改革 推动社会主义文化大发展大繁荣若干重大问题的决定》，载于《人民日报》2011年10月26日。
③ 习近平：《把培育和弘扬社会主义核心价值观作为凝魂聚气强基固本的基础工程》，新华社，2014年2月25日。
④ 万群、赵国梁：《习近平总书记参加贵州代表团审议侧记》，载于《贵州日报》2014年3月10日。

年 12 月 20 日，习近平和澳门大学学生座谈时指出，"五千多年文明史，源远流长。而且我们是没有断流的文化。建立制度自信、理论自信、道路自信，还有文化自信。文化自信是基础。"① 2015 年 11 月初，习近平在北京会见第二届"读懂中国"国际会议外方代表时回答"一个不断发展的中国怎样处理同外部世界的关系"的提问时又强调："我们提出了中国梦，它的最大公约数就是中华民族伟大复兴。中国有坚定的道路自信、理论自信、制度自信，其本质是建立在 5000 多年文明传承基础上的文化自信。"② 2016 年 5 月 17 日，习近平在哲学社会科学工作座谈会上指出，"我们说要坚定中国特色社会主义道路自信、理论自信、制度自信，说到底是要坚定文化自信。文化自信是更基本、更深沉、更持久的力量。"③ 习近平 2016 年在庆祝中国共产党成立 95 周年大会上的讲话中，将"三个自信"扩展为"四个自信"，他指出："坚持不忘初心、继续前进，就要坚持中国特色社会主义道路自信、理论自信、制度自信、文化自信，坚持党的基本路线不动摇，不断把中国特色社会主义伟大事业推向前进。""文化自信，是更基础、更广泛、更深厚的自信。在 5000 多年文明发展中孕育的中华优秀传统文化，在党和人民伟大斗争中孕育的革命文化和社会主义先进文化，积淀着中华民族最深层的精神追求，代表着中华民族独特的精神标识。"④ 文化自信概念的提出，充实了中国特色社会主义理论体系内涵，进一步扩展了人们认识中国特色社会主义的视野，具有重要理论和现实意义。

---

① 杜小杜：《习主席的一堂文化"公开课"》，人民网，2012 年 12 月 21 日，http://politics.people.com.cn/n/2014/1221/c1001-26247337.html。
② 杜尚泽：《阔步走在中华民族伟大复兴的历史征程上》，载于《人民日报》2016 年 1 月 5 日。
③ 习近平：《在哲学社会科学工作座谈会上的讲话》，载于《人民日报》2016 年 5 月 19 日。
④ 习近平：《在庆祝中国共产党成立 95 周年大会上的讲话》，载于《人民日报》2016 年 7 月 2 日。

当然，我们有理由对自己的文化充满自信，但并不意味着我们对自己的文化天然地自信。在历史上我们曾经有过对自身文化不自信的时期。比较明显的有两个时期：一是 20 世纪 20~40 年代的中国文化和西方文化的优劣之争；二是 20 世纪 80 年代末~21 世纪初的虚无主义泛起。不同的是，第一个时期"西方文化"占据主导地位，逐渐获得胜利，导致"全盘西化"思潮泛滥，而第二个时期则以马克思主义指导下的社会主义先进文化占据主要地位。需要看到的是，虽然目前中国文化的指导思想仍然是马克思主义，但是中国自身文化的发展面临着历史虚无主义、新自由主义、民主社会主义思潮的干扰和影响。应对如此之多的挑战，我们需要弘扬中国传统文化，传承革命文化，不断创新和发展社会主义先进文化，为增强社会主义文化自信奠定坚实的基础。

2. 文化自信的基本内涵。

当前大多数学者比较倾向于将文化自信看作是国家、民族和政党等文化主体对自身文化价值和生命力的肯定和坚定信念，但也有所不同。从文化主客体来看，有学者认为文化自信问题不应仅从主体层面，而应在主客体互动中来理解。即文化自信是文化主体对身处其中的作为客体的文化，通过对象性的文化认知、批判、反思、比较及认同等系列过程，形成对自身文化价值和文化生命力的确信和肯定的稳定性心理特征。[①] 它是一种对自身文化所拥有价值的信心——是处在两种以上文化相互作用，相互交流、竞争的环境中，面对其他文化而形成的一种意识状态。[②] 从价值观角度来看，有学者认为文化自信是社会成员对一定信仰、理想、信念、规范等的共有和分享。中国当前的文化自觉和文化

[①] 刘林涛：《文化自信的概念、本质特征及其当代价值》，载于《思想教育研究》2016 年第 4 期。
[②] 玛雅：《中国文化自信与普世话语构建——专访中国艺术研究院研究员祝东力》，载于《决策与信息》2015 年第 1 期。

自信最集中体现于对社会主义核心价值的认同、内化和实践中。① 从中国梦视域来看，有学者认为具有丰厚历史文化底蕴的中国梦滋养着文化自信，中国近代以来的革命文化精神（井冈山精神、延安精神、西柏坡精神）是文化自信的重要构成，以马克思主义为指导的社会主义先进文化是文化自信的核心要素，而充分的文化自信是助推中国梦实现的必要条件，因为文化自信是社会主义文化强国的内在力量，是人民幸福的思想保证，也是文化走出国门的重要保障。② 从全球化视域来看，有人认为不能忽视文化背后经济因素的影响，以及经济新情况对文化发展的渗透。全球化背景下文化交流的时空不对等性不会轻易消解传统文化，但也不会自动实现文化平等，要靠文化自觉与自信，促进对自身文化的认同和思考，避免全球化下的西方话语专制。③

综上可见，人们从多个角度对文化自信的内涵和特征做了较充分的探讨，基于此，我们认为文化自信是指一个国家、民族或政党等文化主体对自身文化理想和文化价值的高度肯定，对自身文化生命力和创造力的高度信心，并相信自身文化能够激励本民族、社会和国家不断前行。它不仅是一个国家、一个民族、一个政党对自己民族的理想信念、传统文化价值的充分认定，对本民族文化生命力及其发展前景的充分肯定，是一种发自内心的对文化的自信心和自豪感，而且还是对自身民族文化的一种理性认识，"既可以表现在对本民族优秀传统文化的认同，也可以表现在与外来文化交流时能够保持自身特色而不被同化。"④ 大大加

---

① 张雷声：《文化自觉、文化自信与社会主义核心价值体系》，载于《思想理论教育导刊》2012年第1期。
② 刘先春、张思源：《文化自信与中国梦的内在关系探析》，载于《中共云南省委党校学报》2014年第6期。
③ 任淑艳：《全球化语境下的文化自觉与文化自信》，载于《长白学刊》2013年第3期。
④ 邓泽球、魏玲：《社会主义核心价值体系视域下的文化自信研究》，载于《人民论坛》2015年第2期。

第一章　中国文化自信的意蕴

深了人们对当前提出文化自信内涵及意义的理解。

3. 文化自信的特点。

目前人们对文化自信特点的概括多种多样。有的从人类主体机能角度认为文化自信是人类所特有的一种具有超生物性、超自然性、超现实性的文化生命机能，是人类社会实践在个体生命内在建构的高级文化结构，也是人类主观能动性和文化创造性的具体表现，其主要功能在于"弥补自然、社会与历史条件的不足、局限与束缚，通过意识、符号、精神的刺激与再生产为主体提供推动文明进步、社会发展的思想、激情、智慧、意志和创造力"。[①] 有的从文化心理表现视角认为建设社会主义文化强国需要以文化自信作为主体精神支撑。文化自信，本质上是对本国文化的一种心理认同、坚定信念和正确心态。中国传统文化深厚的积淀与特质为增强文化自信提供了历史根基，国家的强盛是我们提振文化自信的国力支撑，社会主义先进文化奠定了文化自信理论根基，党的领导为文化自信提供了指引力量。[②] 有的从主客统一性视角认为文化自信具有主体性、指向性、象征性和包容性等本质特征。其价值在于增强中华民族文化软实力，是应对世界异质文化冲突与融合的心理支撑，也是实现中华民族伟大复兴的精神支柱。[③]

有的从中国共产党伟大革命、建设和改革的征程视角认为文化自信的特征表现在"高度重视文化建设是优良传统，坚决巩固主流文化是基本经验，批判继承是基本态度，大胆吸收是博大胸怀，创新发展当代文化是历史使命"等方面。中国共产党要始终代表中国先进文化的前进方向，就必须充分学习借鉴、继承发扬

[①] 刘士林：《中华文化自信的主体考量与阐释》，载于《江海学刊》2009 年第 1 期。
[②] 王静：《试论文化自信的四维根基》，载于《天府新论》2012 年第 3 期。
[③] 刘林涛：《文化自信的概念、本质特征及其当代价值》，载于《思想教育研究》2016 年第 4 期。

古今中外的一切优秀文化，立足于、扎根于中国特色社会主义伟大实践，推动当代中国文化的创新发展。[①] 有的从中华文化由低潮到复兴的近百余年近现代历程角度认为，改革开放国力强盛的背景下文化大繁荣大发展理应是题中之义，文化自信更是水到渠成，而复兴中国的根本特征便是文化自信。[②] 还有的从文化发展的历史方位视域认为，文化自信的特征表现在文化传统和价值体系的历史传承性，社会主义现代化建设的指导性，人民精神思想的导向性，以及吸引世界目光的文化优越性。文化自信的意义在于理解和认识习近平关于文化自信思想的基本特性，有助于深刻认识当代中国文化发展的历史方位及内在逻辑，对促进中国特色社会主义文化大发展大繁荣和推动当代中国文化"走出去"具有重要意义[③]。

我们更倾向于将文化自信的特点概括为主体性、指向性和包容性等方面。从文化自信的主体性来看，文化主体在改造客观世界的同时改造主观世界，文化自信就是人在改造主客观世界时呈现出来的对人的主体精神和本质力量的自信。从指向性来看，文化选择并非易事，它体现了个体在文化选择过程中的价值指向性和精神诉求。文化自信作为个体理性的精神价值追求，是以个体的明确价值指向性为尺度的。从本质上而言，文化自信是文化主体在文化选择过程中的一种价值诉求。从包容性来看，正如萨义德指出："每一种文化的发展和维护都需要一种与其异质并且与其相竞争的另一个自我的存在。自我身份的建构牵涉到与自己相反的'他者'身份的建构，而且总是牵涉到对与'我们'不同

[①] 王军：《中国共产党的文化自觉和文化自信》，载于《邓小平研究》2016年第2期。
[②] 成怡：《文化自信：复兴中国的根本特征》，载于《知行铜仁》2015年第6期。
[③] 杨增崒、吕璇：《中国特色社会主义文化自信的基本特性》，载于《前线》2016年第8期。

第一章　中国文化自信的意蕴

的特质的不断阐释和再阐释。"① 文化自信不仅表现为文化主体对本民族文化的认同，而且还表现在文化主体在与世界多元文化交流交融过程中客观吸收世界各国的优秀成果的过程。

（三）文化自信与文化自觉、文化自恋和文化自强

1. 文化自信与文化自觉是辩证统一的。

费孝通先生认为："文化自觉是一个艰巨的过程，只有在认识自己的文化、理解所接触到的多种文化的基础上，才有条件在这个正在形成中的多元文化的世界里确立自己的位置，然后经过自主的适应，和其他文化一起，取长补短，共同建立一个有共同认可的基本秩序和一套各种文化都能和平共处、各抒所长、联手发展的共处守则。"② 文化自觉是人们对自身文化的反省反思，其出现往往是在人们面对外来文化挑战时，做出的应激性反应和检讨。近代以来中国遭遇外敌入侵，天朝帝国的文化自恋美梦被彻底击碎，在惨痛的现实面前，中国有识之士开启了痛苦的文化自觉进程，但是这种文化自觉具有浓厚的悲情意识。文化主体的文化自觉活动表现为两种形态：一种是在文化比较过程中发现自我文化劣于外来文化而形成的文化自卑心理，一种是与外来文化比较中对本民族文化优越性的肯定。后一种就是文化自信的具体表现形式。由此可见文化自觉是文化自信的前提，文化自信是文化自觉程度的体现，反过来促使文化自觉的提升。

2. 文化自信和文化自恋不是一回事。

文化自信和文化自恋虽然都是一种关于文化的价值判断，但是文化自信不等于文化自恋。文化自恋是指文化主体蔑视或者无视外来文化的优点和长处，对自身文化抱有一种骄傲自大的心态

---

① [美]爱德华·W·萨义德著，王宇根译：《东方学》，生活·读书·新知三联书店出版社1999年版，第426页。

② 费孝通：《费孝通论文化与文化自觉》，群言出版社2007年版，第190页。

的表现，因而具有盲目的排外性。例如，晚清时期，清政府以"天朝上国"优越感和华夏中心主义思维自居，视外来文化为劣等文化。与文化自恋不同，文化自信不仅表现为文化主体对自身文化的强烈信心，而且还表现为在面临外来文化挑战时的开放包容心态。因此，文化自信是文化主体对自身文化的理性认知、外来文化的批判吸收和弘扬创新的高度自觉，它既表现为主动、自觉地追求先进文化，自信地吸收各种文化的有利元素为己所用，又表现为大胆地推介和宣扬自己的文化，并使自己的文化契合其他文化的发展需求。

3. 文化自信是文化自强的有力支撑。

文化自信是文化自强的前提，也是文化自强的坚实支撑和具体表现。对中国文化自信来说，首先要对中国优秀传统文化高度自信。人们在对待传统文化时，应当深刻挖掘传统文化的时代价值，立足新的实践，取其精华，不断进行文化的新创造，理性地摒弃传统文化之糟粕，批判地继承中华传统文化，做到古为今用，推陈出新，从而为文化自强奠定扎实的根基。其次，要对中国近现代以来形成的革命文化中那种自强不息、锐意进取的精神充满信心，并将其转化为文化自强的动力。再次，要对以马克思主义为指导的，面向现代化、面向世界、面向未来的，民族的、科学的、大众的文化充满自信，这种社会主义先进文化是当今中国文化精神的集中体现。最后，在面对外来文化冲击时，要对本地文化充满自信，做到"包容互鉴"。因此，文化自信是文化自强的前提，也是文化自强的坚实支撑和具体表现。

二、文化自信之根：优秀传统文化

习近平在庆祝中国共产党成立 95 周年大会上指出："文化自信，是更基础、更广泛、更深厚的自信。在 5000 多年文明发展

第一章　中国文化自信的意蕴

中孕育的中华优秀传统文化，在党和人民伟大斗争中孕育的革命文化和社会主义先进文化，积淀着中华民族最深层的精神追求，代表着中华民族独特的精神标识。"① 可见，文化自信不仅来源于中国传统优秀文化和革命文化，而且还来源于社会主义先进文化。其中，中国优秀传统文化延绵不断的发展历史、博大精深的精髓和气势磅礴的海内外影响决定它是中国文化自信之根。

（一）中国优秀传统文化延绵不断的发展历史决定它是中国文化自信之根

中国传统文化大体经历了先秦诸子百家争鸣、两汉经学兴盛、魏晋南北朝玄学流行、隋唐儒释道并立、宋明理学发展等几个历史时期。从中华传统文化发展历程看，其特点表现在以下几个方面："一是儒家思想和中国历史上存在的其他学说既对立又统一，既相互竞争又相互借鉴，虽然儒家思想长期居于主导地位，但始终和其他学说处于和而不同的局面之中。二是儒家思想和中国历史上存在的其他学说都是与时迁移、应物变化的，都是顺应中国社会发展和时代前进的要求而不断发展更新的，因而具有长久的生命力。三是儒家思想和中国历史上存在的其他学说都坚持经世致用原则，注重发挥文以化人的教化功能，把对个人、社会的教化同对国家的治理结合起来，达到相辅相成、相互促进的目的。"② 所以，"孔子创立的儒家学说以及在此基础上发展起来的儒家思想，对中华文明产生了深刻影响，是中国传统文化的重要组成部分。儒家思想同中华民族形成和发展过程中所产生的其他思想文化一道，记载了中华民族自古以来在建设家园的奋斗中开展的精神活动、进行的理性思维、创造的文化成果，反映了

---

① 习近平：《在庆祝中国共产党成立95周年大会上的讲话》，载于《人民日报》2016年7月2日。
② 习近平：《在纪念孔子诞辰2565周年国际学术研讨会暨国际儒学联合会第五届会员大会开幕会上的讲话》，载于《人民日报》2014年9月25日。

中华民族的精神追求，是中华民族生生不息、发展壮大的重要滋养。中华文明，不仅对中国发展产生了深刻影响，而且对人类文明进步作出了重大贡献。"①

春秋战国时期，儒家和法家、道家、墨家、农家、兵家等各个思想流派相互切磋、相互激荡，形成了百家争鸣的文化大观，丰富了当时中国人的精神世界。虽然后来儒家思想在中国思想文化领域长期处于主导地位，但中国思想文化依然是多向多元发展的。"这些思想文化体现着中华民族世世代代在生产生活中形成和传承的世界观、人生观、价值观、审美观等，其中最核心的内容已经成为中华民族最基本的文化基因。这些最基本的文化基因，是中华民族和中国人民在修齐治平、尊时守位、知常达变、开物成务、建功立业过程中逐渐形成的有别于其他民族的独特标识。"② 可以说，"从历史的角度看，包括儒家思想在内的中国传统思想文化中的优秀成分，对中华文明形成并延续发展几千年而从未中断，对形成和维护中国团结统一的政治局面，对形成和巩固中国多民族和合一体的大家庭，对形成和丰富中华民族精神，对激励中华儿女维护民族独立、反抗外来侵略，对推动中国社会发展进步、促进中国社会利益和社会关系平衡，都发挥了十分重要的作用。"③

（二）中华优秀传统文化博大精深的精髓决定它是中国文化自信之根

中国传统文化和中国文化传统具有密切的关联。中国传统文化比中国文化传统的外延更加宽泛，传统文化包含文化传统，而文化传统则是传统文化在延续性和生命力等方面的具体表现。中国传统文化和中国文化传统在概念上也存在区别。中国传统文

---

①②③ 习近平：《在纪念孔子诞辰2565周年国际学术研讨会暨国际儒学联合会第五届会员大会开幕会上的讲话》，载于《人民日报》2014年9月25日。

是中华民族在历史上形成的一系列价值观念、思维方式、伦理规范、风俗习惯等精神观念的总和,而文化传统则是指受现实社会特定文化价值观念影响下,长期形成的为大多数人所认可的思想和行为方式上的传统。朱维铮、庞朴和汤一介三位老先生都认为传统文化主要是指那些过去的已经完成的文化,即静态的文化,而文化传统主要是指活在现实中的文化,即动态的文化。① 中华优秀传统文化中的精华部分,体现了中华民族精神的价值内涵。它不仅在中华民族历史进程中起过积极作用,而且对当今社会进步和发展也有积极的指导作用。

中华优秀传统文化主要有哪些主要内容呢?人们对其内涵的概括多种多样。例如,有"诚意、正心、修身、齐家、治国、平天下"的人生理想,"穷则独善其身,达则兼济天下"的精神境界,"为天地立心,为生民立命,为往圣继绝学,为万世开太平"的道义担当,"己所不欲,勿施于人"的修身之方,"百善孝为先""家和万事兴"的齐家方略、"天下兴亡、匹夫有责"的爱国情怀,"富贵不能淫、贫贱不能移、威武不能屈"的凛然正气等。张岱年先生在《中国古典哲学中的优良传统》《传统文化的精华》《中华文化优秀传统的生命力》《传统文化的发展与转变》等文章中均论述过中国优秀传统文化的基本内涵。他认为中国文化的优秀传统有丰富的内容,其中最突出的表现在人际和谐和天人协调等方面。

还有学者从人与自然、人与人和人与自身关系上来概括中华优秀传统文化博大精深的内涵。首先,在人与自然关系上,它强调天人合一。《周易》强调"天时、地利、人和"思想,并提出"天行健,君子以自强不息;地势坤,君子以厚德载物"。道家

---

① 朱维铮:《文化传统与传统文化》,载于《复旦学报》1987年第1期;庞朴:《文化传统与传统文化》,载于《中国社会科学季刊》第3卷(香港)1993年8月;汤一介:《港台海外中国文化论丛·总序》,生活·读书·新知三联书店1990年版;丁守和:《关于传统文化与文化传统的思考》,载于《光明日报》1999年10月29日。

代表老子说:"人法地,地法天,天法道,道法自然。"(《道德经·道经》第二十五章)孔子也说:"天何言哉?四时行焉,百物生焉,天何言哉?"(《论语·阳货篇》)中国文化强调的"天人合一"并非让人完全被动顺从自然,而是要在尊重自然规律的前提下利用自然、改造自然。荀子曾说:"大天而思之,孰与物畜而制之?从天而颂之,孰与制天命而用之?望时而待之,孰与应时而使之?"(《荀子·天论》)当然,"天人合一"也具有明显的尊重自然、爱护自然"民胞物与"思想。北宋张载说:"乾称父,坤称母;予兹藐焉,乃混然中处。故天地之塞,吾其体;天地之帅,吾其性。民,吾同胞,物,吾与也。"(《正蒙·乾称》)其次,在人与人关系上,它强调整体主义。"大道之行也,天下为公,选贤与能,讲信修睦。故人不独亲其亲,不独子其子,使老有所终,壮有所用,幼有所长,矜、寡、孤、独、废疾者,皆有所养。男有分,女有归。货恶其弃于地也,不必藏于己;力恶其不出于身也,不必为己。是故,谋闭而不兴,盗窃乱贼而不作,故外户而不闭,是谓大同。"(《礼记·礼运》)孔子主张"仁爱",强调"仁者爱人,己欲立而立人,己欲达而达人"。(《论语·雍也》)老子也说:"圣人无常心,以百姓心为心。善者,吾善之;不善者,吾亦善之,德善。信者,吾信之;不信者,吾亦信之,德信。圣人在天下,歙歙焉,为天下浑其心。百姓皆注其耳目,圣人皆孩之。"(《道德经》第四十九章)可以说注重社会整体发展与人际关系和谐的整体主义已构成中华文化的鲜明特征,它在推动中华民族发展的同时,也培育了中华儿女的家国情怀。最后,在人与自身关系上,它强调精神人格。以儒家为代表的中国文化十分重视人的精神存在,孟子说:"无恻隐之心,非人也;无羞恶之心,非人也;无辞让之心,非人也;无是非之心,非人也。恻隐之心,仁之端也;羞恶之心,义之端也;辞让之心,礼之端也;是非之心,智之端也。人之有是四端也,犹其有四体也。"(《孟子·公孙丑上》)并以养"浩然之气"等方法提出了一套行之有效的培育人的精神人格的方法。这些措施与方法已构成中华文化独特的精神气质。①

面对当今世界贫富差距持续扩大,物欲追求奢华无度,个人主义恶性膨胀,社会诚信不断消减,伦理道德每况愈下,人与自然关系日趋紧张等发展困境,人们要在发现和发展现有智慧和力量的同时,运用好人类历史上积累和储存的力量。中华民族优秀文化中"道法自然、天人合一""天下为公、大同世界""自强不息、厚德载物""以民为本、安民富民乐民""为政以德、政者正也""苟日新日日新又日新、革故鼎新、与时俱进""脚踏实地、实事求是""经世致用、知行合一、躬行实践""集思广益、博施众利、群策群力""仁者爱人、以德立人""以诚待人、讲信修睦""清廉从政、勤勉奉公""俭约自守、力戒奢华""中和、泰和、求同存异、和而不同、和谐相处""安不忘危、存不忘亡、治不忘乱、居安思危"等思想,蕴含着丰富哲学思想、人文精神、教化思想、道德理念。这些"可以为人们认识和改造世界提供有益启迪,可以为治国理政提供有益启示,也可以为道德建设提供有益启发。对传统文化中适合于调理社会关系和鼓励人们向上向善的内容,我们要结合时代条件加以继承和发扬,赋予其新的涵义。"②

(三) 中华优秀传统文化气势磅礴的海内外影响决定它是中国文化自信之根

唐朝功臣魏征在《谏太宗十思疏》中有句话说:"求木之长者,必固其根本;欲流之远者,必浚其泉源。"中华优秀传统文化是中国文化自信的根与源。2014年10月15日习近平在文艺工

---

① 杨生平:《中国传统文化的基本特征及其价值》,载于《新视野》2016年第5期。
② 习近平:《在纪念孔子诞辰2565周年国际学术研讨会暨国际儒学联合会第五届会员大会开幕会上的讲话》,载于《人民日报》2014年9月25日。

作座谈会上指出,"在几千年的历史流变中,中华民族从来不是一帆风顺的,遇到了无数艰难困苦,但我们都挺过来、走过来了,其中一个很重要的原因就是世世代代的中华儿女培育和发展了独具特色、博大精深的中华文化,为中华民族克服困难、生生不息提供了强大精神支撑。"[①] 一个民族和一个国家,如果丢掉了自己的文化传统,就等于不知道自己从哪里来,也就不知道往哪里去。如果不能够正视和准确认清自己的文化来源,不能够珍惜自己来之不易的文化,那么这个国家和民族也就没有希望。中华优秀传统文化积淀着最深沉的精神追求,代表着中华民族独特的精神标识,其核心部分也已经成为中华民族最根本的文化基因,是中华民族生生不息发展壮大的丰厚滋养。理所应当成为中国文化自信的主要组成部分。

中华民族有着悠久的文化,不仅塑造着丰富多彩的中华文明,而且为人类文明作出了不可磨灭的贡献。13世纪意大利旅行家马可·波罗在《马可·波罗游记》中记录他在1275年(元世祖至元十二年)到1291年(至元二十八年)遍游中国各地的所见所闻,详细记录了元代中国的政治事件、物产风俗,对西方世界也产生重大影响。法国启蒙运动时期,以伏尔泰为代表的启蒙思想家曾对中国儒家文化做过专门研究,并从中汲取了丰富的文化养分。伏尔泰把欧洲人"发现"中国的文明比作达·伽马和哥伦布的地理大发现,在多部著作中予以高度评价。他在《哲学辞典》中称赞:"(中国是)举世最优美、最古老、最广大、人口最多和治理最好的国家。"他亲自把中国的元杂剧《赵氏孤儿》改编成了《中国孤儿》,使《赵氏孤儿》成为第一个传入欧洲的中国戏剧。他在《路易十四时代》中说:"以下这一点是确切无疑的:当高卢、日耳曼、英吉利以及整个北欧沉沦于最野蛮的偶像崇拜之中时,庞大的中华帝国的政府各部正培养良俗美德,制定法律,

---

① 习近平:《在文艺工作座谈会上的讲话》,人民出版社2015年版,第2页。

由于它是世界上最古老的民族，它在伦理道德和治国理政方面，堪称首屈一指。"余建华曾在《17-18世纪西欧启蒙思想家的中国文化观探略》评价道："他特别赞赏孔子思想中的'仁爱'与'宽容'视之为区别善恶的尺度。他认为孔子倡导的与人为善的道德，实现了道德与人心、人生的结合，孔子身体力行地向人民传授兄弟般和谐相处、同心协力共谋社会福利的高尚道德，从根本上确保了整个社会的安宁有序、百姓安居乐业。"

中华优秀传统文化不仅在古代对西方世界产生重要影响，而且在现代也是塑造人类交往规范和道德伦理的重要思想资源。中国人自古就推崇"协和万邦""亲仁善邻，国之宝也""四海之内皆兄弟也""远亲不如近邻""亲望亲好，邻望邻好""国虽大，好战必亡"等和平思想。"爱好和平的思想深深嵌入了中华民族的精神世界，今天依然是中国处理国际关系的基本理念。"① 20世纪70年代以来，"亚洲四小龙"经济的腾飞与中国儒家文化的影响密切相关。韩国经济崛起的原动力除了来源于本民族自尊自强的奋斗历程之外，还得益于将共存共融、相互让步的儒家美德融入韩国经济发展战略中。新加坡自20世纪90年代以来，就把儒家基本价值观升华为国家意识，提出了"新加坡21世纪五大理想"，即重视每个人的价值；家庭凝聚，立国之本；人人都有机会；心系祖国，志在四方；积极参与，当仁不让。中国台湾地区将儒家文化与家庭式的企业相结合来发展本地经济，中国香港在吸收发达国家技术和管理经验的同时，将义利两全、诚实经营、勤俭持家的理念融入企业经营过程中。"亚洲四小龙"凭借自身实践，不断赋予勤劳、节约和重教育等儒家价值观新时代内涵，增强了中华优秀传统文化在世界的影响力。

---

① 习近平：《在纪念孔子诞辰2565周年国际学术研讨会暨国际儒学联合会第五届会员大会开幕会上的讲话》，载于《人民日报》2014年9月25日。

三、文化自信之脉：红色革命文化

（一）红色革命文化吐故纳新的特质决定它是中国文化自信之脉

习近平在2016年"七一"讲话中将中国优秀传统文化、革命文化和社会主义先进文化看作中华民族独特的精神标识。"文化自信，是更基础、更广泛、更深厚的自信。在5000多年文明发展中孕育的中华优秀传统文化，在党和人民伟大斗争中孕育的革命文化和社会主义先进文化，积淀着中华民族最深层的精神追求，代表着中华民族独特的精神标识。"[1] 其中，红色革命文化指"五四"运动以来中国人民在中国共产党的领导下同西方列强及国内各种反动势力作斗争过程中所创造的文化，它以马克思主义为指导，以争取民族独立和人民解放为主题，是极具中国革命特色的先进文化，其中蕴含着丰富的革命精神和优良的革命传统。[2] 在长期的革命斗争中，以中国共产党为代表的仁人志士创立不怕苦不怕死、坚定理想、艰苦奋斗和无私奉献的革命文化。这种革命文化的实质在于致力于打破旧世界建立新世界。

红色革命文化的前提在于"吐故"。虽然中国优秀传统文化有丰富的优秀成分，但也包含众多的糟粕。这些糟粕有时会阻碍精华部分的运用和发挥，阻碍社会进步和发展。例如，虽然中国传统文化提倡整体主义，但它是一种等级的整体主义，而不是谋求人人自由平等的整体主义。虽然中国传统文化重视人的精神人

---

[1] 习近平：《在庆祝中国共产党成立95周年大会上的讲话》，载于《人民日报》2016年7月2日。
[2] 田克勤、郑自立：《坚定文化自信的三个基本维度》，载于《思想理论教育》2016年第10期。

格的重要性，但是它是以牺牲人的物质欲望或生命为代价的，宋明理学的"存天理灭人欲"就是这种人学观念发挥到极致的表现。李大钊曾经批判孔子学说，"余之掊击孔子，非掊击孔子之本身，乃掊击孔子为历代君主所雕塑之偶像的权威也；非掊击孔子，乃掊击专制政治之灵魂也。"①

红色革命文化的要义在于"纳新"。实现中华民族伟大复兴，需要物质文明极大发展，也需要精神文明极大发展。早在革命战争年代，毛泽东同志就多次强调要建设民族的、科学的、大众的中华民族新文化。1940年，他说："我们不但要把一个政治上受压迫、经济上受剥削的中国，变为一个政治上自由和经济上繁荣的中国，而且要把一个被旧文化统治因而愚昧落后的中国，变为一个被新文化统治因而文明先进的中国。"②他在《新民主主义论》中指出："革命文化，对于人民大众，是革命的有力武器。革命文化，在革命前，是革命的思想准备；在革命中，是革命总战线中的一条必要和重要的战线。而革命的文化工作者，就是这个文化战线上的各级指挥员。""中国现时的新文化也是从古代的旧文化发展而来，因此，我们必须尊重自己的历史，决不能割断历史。""中国的长期封建社会中，创造了灿烂的古代文化。清理古代文化的发展过程，剔除其封建性的糟粕，吸收其民主性的精华，是发展民族新文化提高民族自信心的必要条件。"③1979年10月，邓小平在中国文学艺术工作者第四次代表大会上发表祝词强调："我们要在建设高度物质文明的同时，提高全民族的科学文化水平，发展高尚的丰富多彩的文化生活，建设高度的社会主义精神文明。"④他还强调要大力发扬党和人民在长期实践中形成的崇高精神。1980年12月25日，邓小平在中共中央

---

① 李大钊：《自然的伦理观与孔子》，载于《甲寅日刊》1917年2月4日。
② 《毛泽东选集》第2卷，人民出版社1991年版，第663页。
③ 《毛泽东选集》第2卷，人民出版社1991年版，第707~708页。
④ 《邓小平文选》第2卷，人民出版社1994年版，第208页。

工作会议上指出:"在长期革命战争中,我们在正确的政治方向指导下,从分析实际情况出发,发扬革命和拼命精神,严守纪律和自我牺牲精神,大公无私和先人后己精神,压倒一切敌人、压倒一切困难的精神,坚持革命乐观主义、排除万难去争取胜利的精神,取得了伟大的胜利。搞社会主义建设,实现四个现代化,同样要在党中央的正确领导下,大大发扬这些精神。如果一个共产党员没有这些精神,就决不能算是一个合格的共产党员。不但如此,我们还要大声疾呼和以身作则地把这些精神推广到全体人民、全体青少年中间去,使之成为中华人民共和国的精神文明的主要支柱,为世界上一切要求革命、要求进步的人们所向往,也为世界上许多精神空虚、思想苦闷的人们所羡慕。"①

习近平2016年11月30日在中国文联十大、中国作协九大开幕式上的讲话中指出,"中华民族生生不息绵延发展、饱受挫折又不断浴火重生,都离不开中华文化的有力支撑。中华文化独一无二的理念、智慧、气度、神韵,增添了中国人民和中华民族内心深处的自信和自豪。在5000多年文明发展中孕育的中华优秀传统文化,在党和人民伟大斗争中孕育的革命文化和社会主义先进文化,积淀着中华民族最深沉的精神追求,代表着中华民族独特的精神标识。我们要大力弘扬以爱国主义为核心的民族精神和以改革创新为核心的时代精神,大力弘扬中华优秀传统文化,大力发展社会主义先进文化,不断增强全党全国各族人民的精神力量。"②

(二)红色革命文化的内在要素决定它是中国文化自信之脉

如果从红色文化的内在组成来看,红色文化,作为中国共产

---

① 《邓小平文选》第2卷,人民出版社1994年版,第367~368页。
② 习近平:《在中国文联十大、中国作协九大开幕式上的讲话》,载于《人民日报》2016年12月1日。

第一章　中国文化自信的意蕴

党带领广大人民群众在革命、建设和改革实践过程中形成发展的先进文化,是以红色精神为核心的物质形态、精神形态和制度形态的有机统一体。从物质形态来看,红色文化主要是指那些红色文化教育和传承红色文化的物质媒介和传播载体,包括有重大价值的文献资料、博物馆、纪念地、展览馆、烈士陵园、名人故居、陈列展览场馆等。从精神形态来看,红色文化主要是指党和革命先辈们在积极探索救国救民道路并在革命和社会主义建设实践过程中形成的崇高伟大精神、革命传统、崇高理想、优良作风、革命精神、革命道德等,如井冈山精神、长征精神、红岩精神、抗美援朝精神以及"抗洪"精神、"抗非"精神、奥运精神、载人航天精神等。这些是红色文化的灵魂和核心,属于内核层次。制度形态的红色文化主要是我们党在革命、建设和改革开放新时期形成的理论、路线、方针、纲领、政策等。如果从红色文化的来源来看,红色革命文化既包括马克思主义等外来文化在中国的重新整合,又包括中国优秀传统文化在中国革命建设实践过程中创造性的转化。从这些因素的整合进程中,我们可以更好理解文化自信的内在意涵及其演变脉络。

红色革命文化的精髓在于马克思主义中国化。马克思主义在中国的运用和发展进程中凝结出具有丰富内涵的革命精神。马克思主义创立伊始,马克思和恩格斯通过批判诸多观念的辩证思维,批判西方资本主义社会存在的弊病,创立了改变人类认识历史的新世界观,为建立在现实的生产力和生产关系矛盾运动基础上必然导致的那种未来社会提出了原则性科学构想,这一构想借助于俄国十月革命的胜利,进入救亡图存的中国有识之士的视野中,于是马克思主义和中国具体实际相结合,最终成为指导中国革命和改革的行动指南。以 20 世纪初马克思主义在中国的传播为例,各种"左"倾和右倾主义在革命征途上轮番上演,中国共产党有识之士,准确地把握了马克思主义理论与实际结合的品格,不断排除各种杂音,探索出了"农村包围城市""武装夺取政权"

"党对军队的绝对领导"等多种无产阶级革命策略。此后，作为外来文化的马克思主义在中国扎下根，经过革命、改革和建设，逐步形成了具有鲜明中国特色的马克思主义。这种思想一直指导中国至今，成为中国政治、经济、文化、社会、生态和党的建设等各个领域的指导性思想，这种文化也成为当前中国特色社会主义建设取得伟大成就的制胜法宝之一。因此，文化自信必然是那些能够激发人们对本民族已经形成或正在形成的文化特色的强烈的认同感。

马克思主义与中国实践结合过程中形成的特有文化现象，我们可以称为"无产阶级文化"，也同样具有多维性和空间性的特点。正是因为有了马克思主义关怀劳苦大众生活现状的情怀，有了马克思主义为人类未来美好生活的孜孜追求，马克思主义才会与中国近代救亡图存的探索革命实践相结合，不断取得前所未有的功绩。无产阶级文化就是"站在无产阶级和人民大众"立场上，采取区别对待的原则，对敌人要采取"暴露"和"批评"的措施，对统一战线的同盟来说，要联合和批评相结合，对人民群众，要采取赞扬的态度，目的在于使"文艺很好地成为整个革命机器的一个组成部分，作为团结人民、教育人民、打击敌人、消灭敌人的有力的武器，帮助人民同心同德地和敌人作斗争"。[①]新中国成立后，中国共产党人探索出了"古为今用，洋为中用""推陈出新"和"百花齐放，百家争鸣"等文艺方针。进入新世纪，习近平号召文化工作者要坚持以人民为中心的文艺观，"要虚心向人民学习、向生活学习，从人民的伟大实践和丰富多彩的生活中汲取营养，不断进行生活和艺术的积累，不断进行美的发现和美的创造。要始终把人民的冷暖、人民的幸福放在心中，把人民的喜怒哀乐倾注于自己的笔端，讴歌奋斗人生，刻画最美人

[①] 《毛泽东选集》第3卷，人民出版社1991年版，第848页。

物,坚定人们对美好生活的憧憬和信心。"① 由此看来,无产阶级文化的内涵是随着时代条件的不断变化而不断丰富的,但始终有一个基本遵循,也就是无产阶级文化是关切和反映无产阶级和人民大众幸福生活的文化。

(三) 红色革命文化对当代中国文化构建的影响决定它是中国文化自信之脉

中国革命文化吸纳了中华优秀传统文化精髓。中国近代革命历程就是一部革命斗争史,就是一部反对不公,反对剥削压迫,反对强取豪夺,谋求人民解放,追求民族独立,实现中华民族伟大复兴的斗争史。从辛亥革命打破封建制度的统治到五四运动对新文化的追求,从全民族的抗日战争到反对蒋家王朝的解放战争,从旧民主主义革命的艰苦抉择到新民主主义革命的伟大胜利,中国革命斗争史本身就是一部凝聚中华民族革命文化精髓的创作史。革命文化继承了中华民族优秀传统文化。中国共产党在革命和建设实践中继承了中国优秀传统文化中"自强不息"的奋斗精神,"精忠报国"的爱国情怀,"天下兴亡,匹夫有责"的担当意识,"舍生取义"的牺牲精神,"革故鼎新"的创新精神,"国而忘家,公而忘私"的奉献精神等。逐渐形成了红船精神、井冈山精神、苏区精神、长征精神、延安精神、西柏坡精神等富有时代特征、民族特色的革命文化精神。在谋求人民大众幸福生活的过程中,汲取了从"天地之大,黎元为先""民贵君轻""君舟民水"的传统民本思想,逐渐形成了"世间一切事物中,人是第一可宝贵的"的"全心全意为人民服务"的公仆宗旨观,为摆脱中华民族内忧外患局面注入了崭新的理论资源。

革命文化也为社会主义先进文化提供了宝贵的文化资源,为

---

① 习近平:《坚持以人民为中心的创作导向 创作更多无愧于时代的优秀作品》,载于《人民日报》2014年10月16日。

建设社会主义先进文化打下了坚实的基础。革命文化是中国共产党人把共产主义理想信念和中华民族伟大复兴的中国梦的目标统一起来并付诸实践的最好见证。因此，不管是对人民大众争取自由解放，民族谋求独立和国家实现富强，还是应对外来文化的挑战，革命文化都是凝聚中华民族力量的有力的思想武器。"革命文化见证了'没有共产党就没有新中国'的历史，对于弘扬时代精神具有历史印证的价值功能。革命文化中凝练的共产党人自强不息的精神品格，在改革开放社会主义实践中得以传承，对于弘扬时代精神具有文明传承的价值功能。革命文化彰显的崇高思想境界和革命道德情操有利于红色革命精神深入人心，对于弘扬时代精神具有政治教育的价值功能。挖掘和弘扬革命文化的价值功能，传承革命文化基因，有利于巩固党的执政地位，更好地弘扬社会主义核心价值观，弘扬以爱国主义为核心的民族精神和以改革创新为核心的时代精神，不断增强全党全国各族人民的精神力量。"① 以伟大的抗战精神为例，"在中国人民抗日战争的壮阔进程中，形成了伟大的抗战精神，中国人民向世界展示了天下兴亡、匹夫有责的爱国情怀，视死如归、宁死不屈的民族气节，不畏强暴、血战到底的英雄气概，百折不挠、坚忍不拔的必胜信念。"② 习近平对"抗战精神"的概括不仅是为了缅怀和铭记一切为中华民族和中国人民作出贡献的英雄们，更重要的是向全国人民发出号召，要崇尚英雄，学习英雄，戮力同心为实现"两个一百年"奋斗目标、实现中华民族伟大复兴的中国梦而努力奋斗。

革命文化也是锻造新型的无产阶级政党的理论武器。作为革命文化的主要组成部分，马克思主义和共产主义的信念是共产党

---

① 秦洁：《革命文化：中华民族最为独特的精神标识》，载于《红旗文稿》2016年第17期。
② 习近平：《在纪念中国人民抗日战争暨世界反法西斯战争胜利69周年座谈会上的讲话》，载于《人民日报》2014年9月4日。

人鲜明的特征。那些彰显共产党人忠诚于党和人民的优秀品质是革命文化体系中的重要内容。共产党人为革命抛头颅洒热血,视死如归,坚贞不屈,谱写了一幕幕悲壮的革命篇章。李大钊面对即将到来的绞刑,目光和悦,泰然自若,宛如平日,三次绞刑,历时 28 分钟,都不曾改变其坚定的革命信念。赵一曼在惨无人道的酷刑折磨下坚贞不屈,留下了"我的主义、我的信念,绝不更改"的生命绝唱。毛泽东在《论反对日本帝国主义的策略》中关于长征的激情论述,"长征是历史纪录上的第一次,长征是宣言书,长征是宣传队,长征是播种机。自从盘古开天地,三皇五帝到于今,历史上曾经有过我们这样的长征吗?……长征又是宣言书。它向全世界宣告,红军是英雄好汉,帝国主义者和他们的走狗蒋介石等辈则是完全无用的。长征宣告了帝国主义和蒋介石围追堵截的破产。长征又是宣传队。它向十一个省内大约两万万人民宣布,只有红军的道路,才是解放他们的道路。不因此一举,那么广大的民众怎会如此迅速地知道世界上还有红军这样一篇大道理呢?长征又是播种机。它散布了许多种子在十一个省内,发芽、长叶、开花、结果,将来是会有收获的。总而言之,长征是以我们胜利、敌人失败的结果而告结束。谁使长征胜利的呢?是共产党。没有共产党,这样的长征是不可能设想的。中国共产党,它的领导机关,它的干部,它的党员,是不怕任何艰难困苦的。谁怀疑我们领导革命战争的能力,谁就会陷进机会主义的泥坑里去。长征一完结,新局面就开始。"① 在纪念红军长征胜利 80 周年大会上,习近平指出,"伟大长征精神,就是把全国人民和中华民族的根本利益看得高于一切,坚定革命的理想和信念,坚信正义事业必然胜利的精神;就是为了救国救民,不怕任何艰难险阻,不惜付出一切牺牲的精神;就是坚持独立自主、实事求是,一切从实际出发的精神;就是顾全大局、严守纪律、紧

---

① 《毛泽东选集》第 2 卷,人民出版社 1991 年版,第 149~150 页。

密团结的精神；就是紧紧依靠人民群众，同人民群众生死相依、患难与共、艰苦奋斗的精神。"他强调，"伟大长征精神，是中国共产党人及其领导的人民军队革命风范的生动反映，是中华民族自强不息的民族品格的集中展示，是以爱国主义为核心的民族精神的最高体现。"[①] "革命文化彰显了中国共产党人对理想信念的无比忠诚，凝聚了中国人民深沉的爱国情怀。弘扬革命文化，能够坚定我们的共产主义信念，增强爱国主义热情。相反，否定革命文化传统，割断历史，必然会使人民思想混乱，最终丧失前进的动力。要实现中华民族伟大复兴的中国梦，必须坚守与弘扬革命文化，传承红色基因，培育一代又一代的革命接班人。"[②] 正如习近平所指出的，"我们要沿着革命前辈的足迹继续前行，把红色江山世世代代传下去。革命传统教育要从娃娃抓起，既注重知识灌输，又加强情感培育，使红色基因渗进血液、浸入心扉，引导广大青少年树立正确的世界观、人生观、价值观。"[③]

四、文化自信之魂：社会主义先进文化

近年来，党和国家越来越重视文化自信在社会主义建设中的重要作用。胡锦涛在庆祝中国共产党成立90周年大会上的讲话中指出："社会主义先进文化是马克思主义政党思想精神上的旗帜。面对当今文化越来越成为综合国力竞争重要因素的新形势，我们必须以高度的文化自觉和文化自信，着眼于提高民族素质和塑造高尚人格，以更大力度推进文化改革发展，在中国特色社会

---

① 习近平：《在纪念红军长征胜利80周年大会上的讲话》，载于《人民日报》2016年10月22日。
② 白纯：《革命文化是文化自信的重要资源》，载于《中国社会科学报》2017年2月9日。
③ 习近平：《在纪念红军长征胜利80周年大会上的讲话》，载于《人民日报》2016年10月22日。

主义伟大实践中进行文化创造，让人民共享文化发展成果。"①党的十七届六中全会明确指出："要培养高度的文化自觉和文化自信，增强国家文化软实力，弘扬中华文化，努力建设社会主义文化强国。"②首次提出和确立了建设社会主义文化强国的战略目标，而建设社会主义文化强国必须要培养高度的文化自觉和文化自信。党的十八大报告进一步指出："我们一定要坚持社会主义先进文化前进方向，树立高度的文化自觉和文化自信，向着建设社会主义文化强国宏伟目标阔步前进。"③进一步强调了要树立高度的文化自觉和文化自信，实现建设社会主义文化强国的战略目标。党的十八届三中全会更加明确提出："进一步深化文化体制改革，建设社会主义文化强国，增强国家文化软实力。"④文化自信逐渐与中国特色社会主义先进文化建设密切结合起来，社会主义先进文化逐渐成为增强文化软实力和增强中国人民的文化自信的主要内容之一。

（一）社会主义先进文化的内容，尤其是社会主义核心价值观决定它是中国文化自信之魂

中国特色社会主义先进文化是以马克思主义为指导，以中国改革开放的实际为依据，包括社会主义核心价值观和价值体系等内容，以面向现代化、面向世界、面向未来，民族的、科学的、大众的为特点的社会主义文化。当前中国特色社会主义文化既是对中国优秀传统文化和红色革命文化的继承，又是对两种文化形

---

① 胡锦涛：《在庆祝中国共产党成立90周年大会上的讲话》，载于《人民日报》2011年7月2日。
② 《中共中央关于深化文化体制改革 推进社会主义文化大发展大繁荣若干重大问题的决定》，载于《人民日报》2011年10月26日。
③ 胡锦涛：《坚定不移沿着中国特色社会主义道路前进 为全面建成小康社会而奋斗》，载于《人民日报》2012年11月9日。
④ 《中共中央关于全面深化改革若干重大问题的决定》，载于《人民日报》2013年11月16日。

态的超越和升华。"在5000多年文明发展进程中，中华民族创造了博大精深的灿烂文化，要使中华民族最基本的文化基因与当代文化相适应、与现代社会相协调，从人们喜闻乐见、具有广泛参与性的方式推广开来，把跨越时空、超越国度、富有永恒魅力、具有当代价值的文化精神弘扬起来，把继承传统优秀文化又弘扬时代精神、立足本国又面向世界的当代中国文化创新成果传播出去。"[①] 习近平不仅指出了中国特色社会主义先进文化是对中国传统文化的继承和发展，还指出了发展和创新中国优秀传统文化，丰富社会主义先进文化的标准。改革开放以来，经济利益逐渐多元化，政治局面稳定而又充满活力，教育文化事业加快发展，物质生活水平不断改善，对外开放程度不断加强，在这样的背景下，文化交流互鉴水平不断提高，积极变革、敢闯敢干、艰苦创业、共同富裕，人的全面发展、以人为本、社会和谐、科学发展等社会发展观念成为时代思潮。这些思潮都存在深厚的中国传统文化根基。例如，中国古代的小康理念和大同思想与共同富裕的社会主义本质存在一致之处，人的自由全面发展是对中国传统文化中"道法自然"无为思想的超越，又是对以人为本和"天地万物，唯人为贵"的人本思想的继承与发展。

社会主义核心价值观是社会主义文化的精髓。近年来，中国共产党主张在全国培育和践行社会主义核心价值观，从国家、社会和个人三个层面实现对中国优秀传统文化的创造性转化，为社会主义先进文化注入强大正能量。"富强"是对"国富兵强，则诸侯服其政，领敌畏其威""下贫则上贫，下富则上富"等思想的延续；"民主"是对"民惟邦本""民贵君轻""水能载舟，亦能覆舟""天下为主，君为客"等民本思想的超越和创新；"文明"是对"经天纬地曰文，照临四方曰明""文明以止，人文

---

① 习近平：《建设社会主义文化强国 着力提高国家文化软实力》，载于《人民日报》2014年1月1日。

也""道之以告德,齐之以礼"等思想的继承与发展;"自由"是对"从心所欲,不逾矩""无为而治""道法自然"等传统思想的超越与创新;"平等"是对"爱无差等,施由亲始""王侯将相,宁有种乎"等思想的继承与超越;"公正"是对"中正之道""不偏不倚,无过无不及""不患寡而患不均"等思想的继承与创新;"法治"是对"治民无常,唯法为冶""礼法合治、德主刑辅"等思想的继承与超越;"爱国"是对"人生自古谁无死,留取丹心照汗青""天下兴亡,匹夫有责"等民族精神的延续;"敬业"是对"业精于勤,荒于嬉""百事之成也,必在敬之""功崇惟志,业广惟勤"等思想的继承与改造;"诚信"是对"诚则信矣,信则诚矣,此之谓纯德""人而无信,不知其可"等传统思想的延续和弘扬;"友善"是对传统文化中"仁者爱人""与人为善,善莫大焉"等思想的继承与改造。[①]

社会主义先进文化不能忽视中华优秀传统文化的基本要义。忽略对历史先人思想精髓的吸收和借鉴,中国文化的发展就会失去发展的根基。正如习近平所说,"牢固的核心价值观,都有其固有的根本。抛弃传统、丢掉根本,就等于割断了自己的精神命脉。博大精深的中华优秀传统文化是我们在世界文化激荡中站稳脚跟的根基。中华文化源远流长,积淀着中华民族最深层的精神追求,代表着中华民族独特的精神标识,为中华民族生生不息、发展壮大提供了丰厚滋养。中华传统美德是中华文化精髓,蕴含着丰富的思想道德资源。不忘本来才能开辟未来,善于继承才能更好创新。对历史文化特别是先人传承下来的价值理念和道德规范,要坚持古为今用、推陈出新,有鉴别地加以对待,有扬弃地予以继承,努力用中华民族创造的一切精神财富来以文化人、以

[①] 李长学等:《中国特色社会主义文化自信何以可能》,载于《科学社会主义》2016年第5期。

文育人。"① 当然，吸收了中国优秀传统文化精华的同时还应将中国红色革命文化和中国当代先进文化有机结合起来，实现文化与时俱进的创新。鸦片战争以来，在帝国主义列强的侵略和蹂躏下，古老的中国逐渐由一个封建社会沦为半殖民地半封建社会。争取民族独立和人民解放成为整个中国人民的愿望，也成为整个近代中国社会的主题。人民在长期的革命斗争中逐渐形成了人民大众的反帝反封建文化，经历了由旧民主主义革命文化向新民主主义革命文化的转变。此后，中国共产党领导中国人民，把马克思主义与中国革命实际相结合，逐渐形成了新民主主义的"革命文化"，也称"无产阶级文化"，这种文化将民族独立、人民解放和爱国主义有机结合起来，通过"井冈山精神""长征精神""延安精神"和"西柏坡精神"，共同表现为实事求是、不畏艰险、英勇顽强、自力更生、艰苦创业、团结一致、乐于奉献、敢于斗争、为人民服务的高尚革命品质。正因为如此，毛泽东在论及新中国文化纲领时才将中华民族的新文化界定为民族的、科学的、大众的新民主主义文化。

新中国成立后，在中国共产党的领导下，中国顺利实现了由新民主主义革命向社会主义革命转变，历经"一化三改造"，建立了社会主义制度。为适应社会主义建设需要，中国又逐渐形成了社会主义新文化。这种新文化以马克思主义为指导，强调在社会主义建设实践中要发扬集体主义精神和为人民服务的精神，团结互助，为实现社会主义工业化国家努力。1956年4月中共中央确定"百花齐放、百家争鸣"的文化方针，极大调动了人们发展文化的积极性，社会主义文化事业取得非凡成就，一时间，文学作品《林海雪原》、话剧《茶馆》、电影《五朵金花》、动画片《大闹天宫》、歌曲《我为祖国献石油》、歌剧《江姐》等涌

---

① 习近平：《使社会主义核心价值观的影响像空气一样无所不在》，新华网，2014年2月25日，http://news.xihuanet.com/politiu/2014-02/25/c_119499523.htm。

现而出，雷锋精神、大庆精神、两弹一星精神，铸就了时代辉煌，文化自信大大增强。

改革开放初期，人们日益重视社会主义精神文明建设。党的十五大明确指出，有中国特色社会主义的文化是综合国力的重要标志，就其主要内容来说，又同改革开放以来一贯倡导的社会主义精神文明一致。同时还正式提出了建设有中国特色社会主义的文化纲领，即以马克思主义为指导，以培养有理想、有道德、有文化、有纪律的公民为目标，发展面向现代化、面向世界、面向未来的，民族的、科学的、大众的社会主义文化。载人航天精神、北京奥运精神、抗震救灾精神，以及涌现出来的一批批先进群体与英雄模范，正是新时代传承革命文化的集中体现。

（二）社会主义先进文化人民性、多样性、开放性和创新性特点决定它是中国文化自信之魂

社会主义文化的人民性决定了社会主义文化是面向人民大众的文化。之所以坚持马克思主义的观点和方法来理解和发展社会主义先进文化，从根本上来讲，马克思主义是为大多数人民谋幸福谋福祉的学问，是社会主义优越性在价值层面的根本体现。早在新民主主义革命时期，毛泽东就提出"文化为了谁"的问题，他认为文化为了人民大众，为人民服务，代表最广大人民群众的根本利益。毛泽东在延安文艺座谈会上的讲话中指出，文艺工作者要想在思想感情上与工农兵大众打成一片，"就应当认真学习群众的语言。如果连群众的语言都有许多不懂，还讲什么文艺创造呢？""我们知识分子出身的文艺工作者，要使自己的作品为群众所欢迎，就得把自己的思想感情来一个变化，来一番改造。"[①] 社会主义先进文化本质在于以人民为中心，它是合目的性和合规律性的统一，是真理性和价值性

[①]《毛泽东选集》第 3 卷，人民出版社 1991 年版，第 851 页。

的统一。习近平在十八届中共中央政治局常委同中外记者见面会上充分肯定中华民族在五千年的文明发展历程中为人类作出了不可磨灭的贡献，中国优秀传统文化是中国人民依靠自己的勤劳、勇敢、智慧，在开创各民族和睦共处美好家园的过程中培育和创造的。

多样性是社会主义先进文化的新样态。当今世界，经济全球化、信息网络化、科技一体化和政治多元化趋势明显加快，社会主义文化应该具有多样性。除了凝聚传统文化的精髓，社会主义先进文化还吸收西方发达国家先进文化理念，创造出了形式多样的现代文化。以互联网文化为例，网络文化是指网络上的具有网络社会特征的文化活动及文化产品，是以网络物质的创造发展为基础的网络精神。它是一种只在互联网上流通，而较少为非网民所知的独有文化。由于网络在全世界的流通，各地的自身文化在网上被同化、融合、产生，甚至衍生成现实世界的文化。网络文化可以从广义和狭义两方面理解。广义的网络文化是指网络时代的人类文化，它是人类传统文化、传统道德的延伸和多样化的展现。狭义的网络文化是指建立在计算机技术和信息网络技术以及网络经济基础上的精神创造活动及其成果，是人们在互联网这个特殊世界中，进行工作、学习、交往、沟通、休闲、娱乐等所形成的活动方式及其所反映的价值观念和社会心态等方面的总称，包含人的心理状态、思维方式、知识结构、道德修养、价值观念、审美情趣和行为方式等方面。随着人类科学技术的进步和"互联网＋"的发展，网络文化已经逐步走到社会主义文化发展的前台，成为影响人类生活和思维方式的主要文化形式之一。

社会主义先进文化的继承性集中体现在社会主义核心价值观问题上。"核心价值观，承载着一个民族、一个国家的精神追求，体现着一个社会评判是非曲直的价值标准。"古人说："大学之道，在明明德，在亲民，在止于至善。"核心价值观，其实就是一种德，既是个人的德，也是一种大德，就是国家的德、社会的德。国无德不兴，人无德不立。"如果一个民族、一个国家没有共同的核心价值观，莫衷一是，行无依归，那这个民族、这个国家就无法前进。这样的情形，在我国历史上，在当今世界上，都屡见不鲜。"① 党的十八大提出，倡导富强、民主、文明、和谐，倡导自由、平等、公正、法治，倡导爱国、敬业、诚信、友善，积极培育和践行社会主义核心价值观。富强、民主、文明、和谐从国家层面集中反映了对国家繁荣昌盛和人民幸福安康的期盼，对人民当家作主的民主生活期待，对学有所教、劳有所得、病有所医、老有所养、住有所居的和谐生活状态的渴望。自由、平等、公正、法治从社会价值层面反映了中国特色社会主义条件下人们对意志自由、存在和发展的自由向往，对尊重和保障人权，实现人人依法享有平等参与、平等发展权利的努力，对社会公平和正义要通过法制建设来维护和保障自身根本利益，实现自由平等、公平正义的期待。爱国、敬业、诚信、友善从公民个人价值准则层面对社会主义核心价值观基本理念作出凝练。它覆盖社会道德生活的各个领域，是公民必须恪守的基本道德准则，也是评价公民道德行为选择的基本价值标准。

社会主义先进文化的创造性首先体现在对中国传统文化的创造性转化和创造性发展上。创造性转化和创造性发展是一个整体，各有侧重。创造性转化，是指中华传统文化在理念、内容、表达和形式等层面的现代转型。既要以当今社会发展的实际和现实为尺度和标准进行转化，又要以服务于现实为旨归，实现为今天所用、为现实所用，同时又不能简单搬运移植外来文化。创新性发展重在阐发立足现实并解决当今时代问题的创新内容，其内涵要求主要有："一是从传统文化思想基地出发，充分尊重而不是背离传统文化思维主线和思维特征；二是以回答解决现实问题

---

① 《习近平谈治国理政》，外文出版社2014年版，第168页。

为旨归,紧扣时代需求与民众意愿去创新发展;三是从传统文化中汲取思想养料,在现实条件下致力于文化提升和思想超越。"①习近平在主持十八届中央政治局第十三次集体学习时指出,弘扬中华优秀传统文化,"要处理好继承和创造性发展的关系,重点做好创造性转化和创新性发展。"② 为此,必须处理好传统与现代的关系。正如习近平所说,"传统文化在其形成和发展过程中,不可避免会受到当时人们的认识水平、时代条件、社会制度的局限性的制约和影响,因而也不可避免会存在陈旧过时或已成为糟粕性的东西。这就要求人们在学习、研究、应用传统文化时坚持古为今用、推陈出新,结合新的实践和时代要求进行正确取舍,而不能一股脑儿都拿到今天来照套照用。"③"两创"必须"使中华民族最基本的文化基因与当代文化相适应、与现代社会相协调"。④ 例如,"丝绸之路"在古代主要是商贸之路,而习近平提出的"一带一路"构想却是涉及沿线国家和地区基础设施、贸易、资金、文化等多方面、立体式、更高水平、更深层次的区域交流合作的宏大规划。它借用了古代"丝绸之路"这一文化符号,秉承其中开放、包容、合作的文化意蕴,并融入时代元素,使之具有了更加广泛而深远的全球性意义。实现话语转换,就是要创新话语表达方式,把古代话语转换为现代话语和大众话语,"以人们喜闻乐见、具有广泛参与性的方式推广开来"。⑤ 这种情系群众、关注民生的为民情怀,就是对古代"民惟邦本"思想的现代话语阐释。⑥

---

① 商志晓等:《中华传统文化创造性转化创新性发展的哲学审思》,载于《光明日报》2017年1月9日。
② 《习近平谈治国理政》,外文出版社2014年版,第164页。
③ 习近平:《在纪念孔子诞辰2565周年国际学术研讨会暨国际儒学联合会第五届会员大会开幕会上的讲话》,载于《人民日报》2014年9月25日。
④⑤ 《习近平谈治国理政》,外文出版社2014年版,第161页。
⑥ 王艺霖:《习近平对中国传统文化的创造性转化和创新性发展——以知行关系为例》,载于《党的文献》2016年第1期。

（三）社会主义先进文化的兼容并包特性决定它是中国文化自信之魂

社会主义先进文化是运用马克思主义为指导进行的文化创新。它在新民主主义文化基础上建立，植根于中华优秀传统文化，立足于中国实际，吸收国外文化有益成果，通过不断地改革创新，形成了具有自己民族特性的先进文化，这本身就是文化自信的表现。社会主义先进文化的建立与发展符合先进生产力发展的要求，代表着历史发展的方向，在改革创新的实践中实现了社会主义先进文化的民族性、科学性、大众性和开放性、包容性的有机统一，有力推动着社会生产力的发展。这是社会主义先进文化的优越性所在，也是文化自信的源泉和动力。

社会主义先进文化在指导思想上具有一维性。这就是说，虽然当前中国文化多种多样，文化内容既有传统文化也有外来文化，但是文化发展的指导思想只能是一维的。面对多元多变的文化现状，应当坚持有区别的原则理解文化的多样性。对于错误的思想文化要进行批判，但不能盲目地、非理性地、不讲究策略地批判。要坚持理论联系实际和实事求是的原则对文化领域的错误思潮作出甄别和批判，而批判的标准则是马克思主义的观点和方法。

在经济全球化、信息网络化、科技一体化和政治多元化趋势下，社会主义先进文化呈现出来的不应是闭关自守的文化发展形势，而应是一种海纳百川兼收并蓄的文化发展形势。社会主义国家在构建先进文化的过程中要做到国内文化与国外文化的良性互动，既对过去文化批判的继承，取其精华，去其糟粕，又面向世界，吸收外来文化的优点和长处。"在社会主义先进文化发展过程中继承和借鉴不可以变成替代自己的创造，既不能搞教条主义、教条化，也不能一切照办照抄，毫无批判地吸收，须有分析有批判地学，不能盲目地学，不能一切照抄，机械搬用。"① 习近平2016年4月19日在网络安全和信息化工作座谈会上的讲话中指出应当正确处理开放与自主的关系，那种认为"互联网很复杂、很难治理，不如一封了之、一关了之"的看法是不正确的，那种认为"要关起门来，另起炉灶，彻底摆脱对外国技术的依赖，靠自主创新谋发展，否则总跟在别人后面跑，永远追不上""要开放创新，站在巨人肩膀上发展自己的技术，不然也追不上"的看法都是片面的。面对新技术，"我们不拒绝任何新技术，新技术是人类文明发展的成果，只要有利于提高我国社会生产力水平、有利于改善人民生活，我们都不拒绝。问题是要搞清楚哪些是可以引进但必须安全可控的，哪些是可以引进消化吸收再创新的，哪些是可以同别人合作开发的，哪些是必须依靠自己的力量自主创新的。核心技术的根源问题是基础研究问题，基础研究搞不好，应用技术就会成为无源之水、无本之木。"② 习近平看待互联网发展的态度折射出他在看待新兴文化样态问题上的开放包容心态，这也是社会主义先进文化发展的客观需要。

历史和现实都表明，一个抛弃或者背叛自己历史文化的民族，不仅不可能发展起来，而且很可能上演一幕幕历史悲剧。从这个意义上来说，坚定文化自信，是事关国运兴衰、事关文化安全、事关民族精神独立性的大问题。文化自信，是更基础、更广泛、更深厚的自信，是更基本、更深沉、更持久的力量。中国优秀传统文化延绵不断的发展历史、博大精深的精髓和气势磅礴的海内外影响决定它是中国文化自信之根。红色革命文化的破旧立新特质、内在要素和影响决定它是中国文化自信之脉。而社会主义先进文化的人民性、继承性与创新性、多样性与开放性特征决

---

① 文丰安：《论社会主义先进文化的基本特征》，载于《山东社会科学》2007年第4期。
② 习近平：《在网络安全和信息化工作座谈会上的讲话》，载于《人民日报》2016年4月26日。

定它是中国文化自信之魂。中华民族优秀传统文化、红色革命文化和社会主义先进文化辩证统一于马克思主义中国化进程中,统一于中国特色社会主义建设伟大进程中。此外,我们还要注意,中华优秀传统文化虽然是中国文化自信之根,但我们文化自信的基点应牢牢站在当下,唯有这样,优秀传统文化才会通过当下转化得以新生,外来文化才会通过当下消化得以择用,本土文化才会通过当下创新得以弘扬。

第二章

中国文化自信的嬗递

回眸历史,中华民族作为一个极富创造力和具有深厚历史底蕴的民族,在人类文明发展史上曾经做出了值得我们每一个中华儿女为之骄傲与自豪的卓越贡献,正如习近平所指出的,"中华民族为人类文明进步作出了不可磨灭的贡献。"[1] 尤其是在鸦片战争以前,中华文明作为"一个具有原生性的、独立的、自成体系的文明",[2] 一直是众多人类文明谱系中一颗"耀眼的明星",无论是在典章制度的创设、古代科学技术的发展、文学艺术的创作抑或是哲学思想的表达等领域,中华民族都曾书写过华丽的篇章,可以毫不夸张地说,从人类有可考的历史肇始一直到近代前夕,中华文明的总体发展水平都是领先世界的。但是,自近代以来,由于各种因素的箝制,中华文明发展的脚步逐渐落后于西方,国势衰微,民族文化心理也从高度自信逐渐跌落,甚至日趋自卑。但是,经过几代中国人的艰辛探索和不断奋起直追,尤其是在中国共产党人将马克思主义基本原理同中国具体国情相结合,探索出了一条救国救民、强国富民的康庄大道之后,中华民族得以不断振兴,民族发展的自信心和自豪感逐渐增强。在全面

---

[1] 《习近平总书记系列重要讲话读本(2016年版)》,学习出版社、人民出版社2016年版,第201页。
[2] 姜义华:《中华文明的根柢——民族复兴的核心价值》,上海人民出版社2012年版,第6页。

深化改革时期，亿万中华儿女正在以习近平同志为核心的党中央的领导下，以高度的文化自觉不断在传承中华优秀传统文化、优秀的革命文化以及努力发展社会主义先进文化的道路上阔步前行，从而为进一步提振中华民族的文化自信心，建设社会主义文化强国不断开拓进取。

一、古代中国：文化自信满满

中华文明作为人类文明史上唯一一个延绵几千年未曾中断的文明体系具有强大的生命力、创造力、感召力和凝聚力。尤其是在近代西方工业文明尚未"崭露头角""称霸世界"之前，辉煌璀璨的中华文明的发祥地——古代中国一直是令世界众多国家"神往之至""倾心折服"的精神圣地。现如今一直深受众多中外历史学家倾心关注与研究的"中华文化圈"，就是一个可以彰显中华文化辐射力、影响力与感召力的重要例证。所以，我们可以说，在近代以前，从宏观历史的角度来观察，中华民族的文化心理总体上是自信心满满的，尚不存在"文化不自信"的时代焦虑。当然，不可否认的是，经过较为细致地爬梳各个重要历史时期的总体表现时，我们也会发现每个时代的民族文化心理的表现都会有参差不齐、跌宕起伏的变化。这种差异性的变化也正体现了文化史沿革中的复杂面向，也一定程度上印证了民族文化心理变化本身与社会历史发展之间复杂的交相作用。中华民族能够具有满满的文化自信心的重要"资本"是多方面的，不仅仅因为近代以前，中国的生产力发展水平总体上是遥遥领先于世界各国的，而且文化的创造力、影响力、传播力、感召力也是十分强大的，甚至"称雄世界"的。

众所周知，文化作为人类社会发展历程中的重要一环和精神支撑，本身就是一个复杂多面的系统。这就在一定程度上导致关注和研究文化命题的学者对于文化概念内涵的界说多元纷呈、难以一统。但是在对文化的近上百种定义中，研究者们还是取得了一定的共识，即绝大部分学者都认为从广义上来看，文化具有包罗万象、渗透力极强、影响深远等特质，如著名历史学家钱穆先生有言，"文化即是人生，文化是我们'大群集体人生'一总合体，亦可说是此大群集体人生一精神的共业。此一大群集体人生是多方面的。如政治、经济、军事，如文学、艺术，如宗教、教育与道德等皆是。综合此多方面始称作文化。"因此，在其看来，"文化必有一体系，亦可说文化是一个机体。文化是多方面的人生，定要互相配合成为一体，不能各自分开独立，否则便失掉了意义。"① 作为中华民族"大群集体人生一总合体"的中华文化从萌芽之日起，经过长期的演化、累积、沉淀与发展，也逐步形成了一个体系或是"机体"，这其中就囊括政治、经济、军事、科技、宗教、文学、艺术、教育、道德等方面。可以说中华文化的自信力就是通过这彼此种种的文化要素所取得的累累硕果，以及各种文化成果的传播和影响这两个重要方面来铸就和展现的。因此，从某种意义上来说，考察与研究中国文化自信大体的嬗递图景，就需要从梳理和研究中国各个重要时期文化建设成果和这些文化建设成果通过文化传播和文化交流对于其他民族或国家的影响两个维度来着手。这也是本书所尝试采纳的研究方法，希望主要通过基于这两个维度的考察来窥探中国文化自信复杂多面、跌宕起伏的嬗递历程。

（一）先秦时期：中国文化自信的萌芽与孕育期

古代中国是世界四大文明古国之一，据可考的历史记载，中国有上下近五千年的文明演进与发展的历史。先秦时期（按照惯常的历史研究的观点，是指自约公元前21世纪起一直到公元前

---

① 钱穆：《中华文化十二讲》，新校本，九州出版社2012年版，第70~71页。

221年秦王朝的建立这段时期，其中大体历经夏、商、周以及春秋、战国等重要历史阶段）是中华文明重要的萌发期和蓄积期，虽然这一重要的历史时期有很多记载是通过神话故事、不同材质的器皿等工具水平粗略反映出来的。但是，作为中华文明萌芽与孕育的重要时期，在文化建设方面还是留下了一些时至今日仍令我们自豪与称道的文明成果的。

如在远古社会时期：新石器时代制陶业的兴盛以及制陶工艺的发展，仰韶文化的彩陶堪称是"原始艺术的瑰宝"；在政治理念与制度的建构方面，历史传说中，在原始部落盛行的尧、舜、禹之间通过具有民主色彩的"禅让制"来行使政治权力的过渡，虽然这可能是有一定的"虚构性"，但是也在一定程度上反映了后人对建立民主式的选贤任能制度的良好企盼和向往。

夏、商、周——"三代时期"青铜器的制造、纺织业尤其是商代的提花绮是世界上迄今发现的最早的提花丝织物；此外"三代时期"的天文历法、医学、建筑等各领域的科学技术都达到了很高的水平；"三代时期"巫史及其礼乐制度的创设体现了中国先人的高超智慧；在语言文字的发明与使用方面，作为一种自源性的文字体系——中国汉字起源时期的重要代表殷墟甲骨文更是体现了我们先人们的智慧创造。

有研究表明，春秋战国时代是中国科学技术高速发展的时期，很多领域的科学技术达到了当时世界上最先进的水平。如"铁器的制造与应用、耕牛的使用、大规模水利工程的兴修等，体现了在生产工艺、材质开发与利用方面，中华民族的祖先们都是领先的；在天文学领域，春秋时鲁国史官早于欧洲六百多年发现并记录了哈雷彗星、战国时天文学家甘德和石申著作《甘石星经》，是世界上最早的恒星表；数学方面，《周髀算经》提出了'勾股定理'，成就了当时世界上最高的数学水平；医学领域，战国时已有内科、外科、儿科、妇科之分，名医扁鹊创造了汤药、针灸等疗法。成书于此时期的《黄帝内经》《扁鹊内经》全面总结了当时的医学建树，成为我国乃至世界医学的宝典；在物理学方面，《墨经》等一些古代典籍记载的很多发现均居当时世界之首。而在文学艺术创作领域，诸如《诗经》的问世，《庄子》《韩非子》所代表的散文水平和思想高度等，以及在艺术的发展方面，如绘画、雕塑、音乐、舞蹈等都达到了前所未有的水平。"[1] 这些都为孕育与铸就当时中华文化的自信提供了坚实的基础。

虽然，在先秦时期，世界各文明仍大都处于萌发时期，但是，孕育在华夏大地的原始文明也通过各种途径向周边乃至世界其他地区不同程度地进行辐射、传播，用一种类似于在"懵懂中展现自己"的傲娇姿态，自信地传扬着自己的优长，为促进世界文明的多样性发展做出了积极贡献，如仰韶文化的传播即是一例证，"仰韶文化迈开大步，向西奔过河套，越过祁连山，传播至新疆；向东混合于由山东沿海成长起来的龙山文化，跨越渤海，由辽东半岛、朝鲜、日本传播到北美洲的阿拉斯加。这些地方出土的龙山文化器型有孔石刀、石斧和中国陶器，便是物证。"[2] 此外，春秋战国时期，"在张骞通西域之前，曾住在甘肃河西走廊一带的中国古老民族塞人、月氏、乌孙等陆续向西迁徙到新疆及其以西地区，为丝绸之路的开通做出了重要贡献。这条丝绸之路对于中原文化的外传，起到重要作用，如内地的铜器、贝币、丝绢等都曾外传至此。"[3]

而更值得我们自豪的是，先秦时期，在中国的思想文化界逐渐形成了一种"百家争鸣、百花齐放"的氛围。也正是在这样一种宽松与开放的社会氛围下，诸子百家思想体系在激烈争锋、彼此碰撞、相互交融中得以构建和完善，为形成中国众多的学术

---

[1] 余国瑞：《中国文化历程》，东南大学出版社2004年版，第60~61页。
[2] 王介南：《中外文化交流史》，人民出版社2011年版，第21页。
[3] 王介南：《中外文化交流史》，人民出版社2011年版，第42~44页。

第二章　中国文化自信的嬗递

文脉启创了源头，涌现了诸如"儒家、道家、阴阳家、法家、名家、墨家、纵横家、杂家、农家、小说家等，其中最重要的学派当是儒、墨、道、法诸家"，产生了老子、孔子、孟子、墨子、韩非子、荀子、庄子等等影响中国乃至世界文明发展的重要思想家，"百家之学虽然源流、内涵、特点、长短得失各异，但在匡世济时、矫弊救民、推动社会发展进步方面却是相同的。"① 而且除却当时的历史功绩之外，他们留存于世的著作、言论或是隐性的人格魅力等深深地塑造了中华民族的精神风貌和行为品格，铸就了中国人之为中国人的"独特的精神标识"，沉淀在"中华民族最深层的精神追求"之中，成为砥砺一代又一代中华儿女奋勇向前、积极有为的重要精神力量，也是铸就中国人民文化自信的精神根柢。渊源于先秦时期的中华优秀传统文化也已经被较为充分地吸纳进社会主义核心价值体系之中，正如习近平在谈到优秀中华文化对社会主义核心价值观的培育作用和重要功能时指出的，"中华优秀传统文化已经成为中华民族的基因，植根在中国人内心，潜移默化影响着中国人的思想方式和行为方式。今天，我们提倡和弘扬社会主义核心价值观，必须从中汲取丰富营养，否则就不会有生命力和影响力。比如，中华文化强调'民为邦本'、'天人合一'、'和而不同'；强调'天行健，君子以自强不息'、'大道之行也，天下为公'；强调'天下兴亡，匹夫有责'，主张以德治国、以文化人；强调'君子喻于义'、'君子坦荡荡'、'君子义以为责'；强调'言必信，行必果'、'人而无信，不知其可也'；强调'德不孤，必有邻'、'仁者爱人'、'与人为善'、'己所不欲，勿施于人'、'出入相友，守望相助'、'老吾老以及人之老，幼吾幼以及人之幼'、'扶贫济困'、'不患寡而患不均'，等等。"② 总而言之，先秦时期是中华文化根脉的重要

---

① 王瑞成、宋清秀：《中国文化简史》，上海文艺出版社2001年版，第38页。
② 《习近平谈治国理政》，外文出版社2014年版，第170页。

萌发期和孕育期，其中优质的核心的文化基因不仅蕴蓄着当时的文化自信力，而且对培育和支撑千秋万代中华民族的文化自信也功不可没。

（二）秦汉时期：中国文化自信的重要积累期

经过先秦时期的重要孕育阶段之后，中华文化的"多元并举"的思想智慧得以蓄积和发展。而到了秦汉时期（这里的秦汉时期主要指从公元前221年秦朝建立到公元220年东汉灭亡，历时近440年，包括秦朝、西汉、东汉三个时期），中华文化又增添了新的文化品格和丰富的时代内容。公元前221年，秦国统一六国后建立了中国历史上具有开先河意义的中央集权国家。虽然秦王朝"二世而亡"，并且在思想文化建设领域曾推行过"焚书坑儒"这一戕害多元文化并存发展的暴虐政策，但是秦王朝在实现中华民族的逐渐统一方面也做出了有益的尝试和努力，如"书同文、车同轨、行同伦"政策的实施，以及尝试建立郡县制这一相较于分封制更为有效的政治治理制度，等等，都为中国后续建立多元统一的民族文化、社会治理体制等奠定了一定基础。

公元前202年，中国历史上建立了继秦王朝之后的又一个大一统的帝国——西汉。经过汉初为实行"与民休息"的政策，而采纳了主张"无为而治"的黄老思想之后，至武帝建元六年（前135年），汉武帝逐步推行了董仲舒的"罢黜百家、独尊儒术"的建议性政策。这一政策的推行在一定程度上限制了中华文化朝向更加多元并举的方向"蔓延生长"。但是，这种"定于一尊"并对接续的中国历代封建王朝的意识形态、文化政策有"定格"制约和影响的文化发展格局并不是完全封闭与消极的，这是因为，"一方面，汉代及其后历代帝王'独尊'的'儒术'，与先秦原始儒家已大有不同，它兼摄诸说，具有更大的包容性和政治张力；另一方面，历代帝王在实际运用中，大都儒表法里，儒法兼采。"① 这也就能在一定限度内阐释中国传统文化在几千年的发展历程中大都能以儒家思想为主导，兼容并蓄，海纳百川地统摄、吸纳、融合、再造其他异质文化，自信满满地走在人类文明发展前列的奥秘所在。秦汉时期，中国文化自信的成就不仅体现在统一的国家治理制度的更新、意识形态的建构等方面，还有一个重要的彰显，即当时领先世界的科学技术成就的取得："如耕种技术的提升，铁犁、耧车、翻车、风车等的使用；炒钢技术的发明和百炼钢工艺的日渐成熟；纺织工艺的提升，代表当时纺织品的最高水平的锦，远销罗马，声名远播；天文方面，张衡制造了'地动仪'以及观测天象的'浑天仪'、天文学巨著《灵宪》问世；数学方面，在汉代已经形成了完整的算术体系，《九章算术》约在东汉初年定型；医学方面，主要体现在药物方剂的进步和临床医术的提高，如《神农本草经》的问世标志着具有中国特色的药学系统形成，对后世产生了深远影响。而张仲景的医学巨著《伤寒杂病论》的写就以及华佗发明的'麻沸散''五禽戏'则充分反映了当时临床医术的水平；而源于西汉的造纸术的发展更是体现中华文化建设成效对世界贡献的重要方面。"② 此外，司马迁著的《史记》、班固所写的《汉书》、两汉的乐府诗和汉赋的成就，以及在雕刻、美术、音乐等方面的进步则展现了这段时期中华文学与艺术的发展成就。

当然，除了可以从中华文化的兼容并蓄的可贵品质中看出铸造文化自信心的秘密之外，还可以从秦汉时期各民族文化交流之间看出端倪，如这一时期，中外文化之间的互动也是相当广泛与频繁的，张骞出使西域、丝绸之路的开辟便是其中值得提及的显例，张骞出使西域"促进了内地与新疆各族的友好关系，进一步沟通了西北陆上丝绸之路，促进了东西方经济文化的交流"，

---

① 王瑞成、宋清秀：《中国文化简史》，上海文艺出版社 2001 年版，第 76 页。
② 余国瑞：《中国文化历程》，东南大学出版社 2004 年版，第 129~132 页。

"这条陆上丝绸之路堪称是世界史展开的主轴、联系亚欧非洲的大动脉、世界经济文化的大通道。它的开通本身就是中国人民对人类文明发展做出的巨大贡献。"①

汉代海上丝绸之路的开辟与陆上丝绸之路的开通一样,也具有伟大的历史意义,"汉代印度洋远洋航路的开辟与东西方海上大动脉的形成,揭开了中外文化交流史的崭新篇章。它对增强中国人民与东南亚、南亚、西亚、红海、地中海等地区人民之间的友好合作、贸易往来和文化交流,对扩大古代中国的国际威望与外交影响,对推动国内经济生产、科学技术、航海事业的进步,具有巨大的历史作用与深远的影响。"②

(三)魏晋南北朝时期:中国文化自信的繁荣发展期

谈到中华文化自信"资本"的重要积累时期,也不能忽略东汉末年接续的一段历史时期——魏晋南北朝(按照一般历史学的时间界定,约从公元220年东汉灭亡起)。因为魏晋南北朝是中国历史上的一个"民族大融合,文化大交流"的时代。正如美学家宗白华先生所言,"汉末魏晋六朝是中国政治上最混乱、社会上最苦痛的时代,然而却是精神史上极自由、极解放,最富于智慧、最浓于热情的一个时代,因此也就是最富有艺术精神的一个时代。"③ 这也在一定程度上印证了文化的发展过程具有相对独立的特质。这一时期前后约四百年,在政治上这是一个"豪族拥兵割据、王室贵族相互杀戮、争锋"的时代,此外,政权更迭频繁,先有魏、蜀、吴三国鼎立,接着是西晋统一(公元265~316年),但仅仅维持半个世纪,就再次陷入离乱,在北方,先后有16国割据,后有北魏、东魏、西魏、北齐、北周的

---

① 王介南:《中外文化交流史》,人民出版社2011年版,第72~74页。
② 王介南:《中外文化交流史》,人民出版社2011年版,第80页。
③ 宗白华:《美学散步》,上海人民出版社1981年版,第177页。

嬗递与更迭；在南方，则有东晋、宋、齐、梁、陈的先后接续与登场。在这个"豪族门阀"等级较为昭著、"政治分崩离析"的时代，渐渐形成了与秦汉乐观开拓进取精神格调迥异的文化心态，"文化由社会转向个人，由外部转向内部，尤其是对个人生命意义和心性情理的探求。"① 这种社会文化心态的铸就也就给此后几百年间玄学和佛学的高涨培植了合适的土壤。

这一时期由于经学渐遭冷落，纲常名教也面临重重危机。最终在中华大地上形成了"玄风独振""佛学兴盛"的态势。当然，从文化多元发展的视角来看，玄学的高涨，可以在一定程度上被看成是对两汉思想禁锢的一次解放，是一种个人主义的复归。儒、玄、释、道多元文化发展格局的初步显现，使得中华文化生态又有了一次类似先秦诸子百家争鸣的生长的历史契机，这在相当程度上簇生了中华文化的繁荣发展，如，"魏晋南北朝时期是书法史上光前裕后的伟大时代，涌现了如钟繇、王羲之、王献之等书法大家；魏晋之际，形成了以人物美与山水美为核心，以'自我超越'为主旨的绘画理念，如顾恺之的《女史箴图》《洛神赋图》等就是杰出代表；雕塑方面，逐渐形成了以佛像作品为主的雕塑风格；音乐方面也颇有建树，如嵇康所作的《声无哀乐论》《琴赋》都是阐述音乐理论的重要论著。"② 此外，从各民族之间的文化交流与互动的层面来看，魏晋至中唐间，也是"大汉胡融合期，并在文化上生出雄健、自信、向上的豪迈志气"，③ 这也充分证明了中华文化的自信力是建立在民族文化交融互鉴基础上的。

从中外文化交流的视角看，魏晋南北朝时期，较之秦汉时期有更大程度的发展，主要体现在交流的国家和地区有所扩大、交

---

① 王瑞成、宋清秀：《中国文化简史》，上海文艺出版社2001年版，第82页。
② 余国瑞：《中国文化历程》，东南大学出版社2004年版，第161~164页。
③ 王瑞成、宋清秀：《中国文化简史》，上海文艺出版社2001年版，第84页。

流的方式和通道有所拓展、交流的内容也更加丰富等,这一时期的中外文化交流"主要表现为宗教、艺术、学术思想和生活习俗等文化本身的交流,如西域佛教的东传,结合中国的特色,产生了大放异彩的佛教艺术、雕塑、壁画、乐舞艺术、文学艺术等,在六朝时代由中国开始传到朝鲜、日本",[①] 极大地促进了中外文化的大交流、大繁荣。这种不断扩大和深化的中外文化交流也是中华文化力量和自信的重要彰显。

(四)隋唐时期:中国文化自信的一个"高峰"

历经魏晋南北朝四百年的分裂动荡,公元581年,隋朝建立了,8年之后灭了陈而统一中国。但隋朝和秦朝一样在中国历史上也是"昙花一现"。公元618年,唐朝建立,中华文化开始进入了一段较长历史时期的持续稳定发展,最终唐王朝在承继隋制的基础上,励精图治,奋发进取,开创了中华文明发展的一个高峰。中华民族的历史荣耀在唐朝时期得到了充分的彰显。

隋唐时期,中华文明在经济、政治、文化等方面都取得了较为重大的发展和进步,如在政治制度的创设方面,开皇元年,隋文帝从改革中央机构开始,废除了北周六官,设立内史省、门下省、尚书省为最高政务机关。在地方上将州、郡、县三级改为州、县二级。而唐朝在基本沿革隋制的基础上,中央设三省六部,一定程度上保持了各部门权力的制约与平衡,利于国家治理质量的提高。另外值得着重一说的是隋唐时期开创的选拔人才的制度——科举制。这一"选贤任能"的制度创设一直延续到封建王朝末期,影响了中国几千年的用人制度安排。更有甚者,这种文官制度还流传至西方,促成了西方现代文官制度的建立,"中国历史上的科举制度,是堪与物质文化领域中的四大发明相媲美的对世界文明的贡献。从对世界文明的影响看,科举制

---

① 王介南:《中外文化交流史》,人民出版社2011年版,第105~108页。

度可称为'中国的第五大发明'。""法国经济学家、重农学派代表魁奈在所著《中国的专制主义》中正式主张仿行中国的文官制度。18世纪，英法两国介绍并呼吁采用中国文官制度的人更多了。"[1]

除却政治制度、科举制度这两种重要制度的创设之外，隋唐时期在诗歌、书法、绘画、乐舞、雕塑、科学技术、历史、宗教等方面都取得了"前无古人"的成就。此外，隋唐时期，中华文化秉持着海纳百川的开放姿态和气度，不断促进各民族的交流与融合，尤其在继承前代文明发展成果的基础上，文化发展的辐射力和影响力逐渐增强，对周边国家和地区的感召和统摄渐显优势，逐渐形成了"中华文化圈"，"中华文化的诸种因素，如伦理精神、典章制度、科学技术、生活方式，等等，都在日本、朝鲜、越南等邻国发生了重要影响，形成了以中国本土为中心的、辐射东亚地区的'中华文化圈'。"当然，中华文化圈的形成不是一蹴而就的，而是经过了漫长的历史过程，"在文化发生期，东亚诸国的先民们就有所往来和交流。早在公元前4~公元前3世纪，汉字便传入朝鲜半岛和日本列岛。3~5世纪，儒学已经在东亚国家流行。但作为中华文化圈的总体形成，却是在7~9世纪，亦即隋唐之际。这一时期是中华文化日臻成熟并达到其发展进程中的一个巅峰时期。在这一时期，中国疆域辽阔，国力强盛，文化腾远，威力远延。中华文化显示出一种阶段性的集大成的灿烂风采和恢弘气度，具有极大的文化辐射力和感召力。"[2]尤其是在大唐盛世时期，来自世界各地的、从事各行各业的外国人来到大唐帝国交流与发展，"这些外国人中，有为外交斡旋的使节，有为贸易奔忙的商贾，更有向往唐文化的外国留学生和学

---

[1] 王介南：《中外文化交流史》，人民出版社2011年版，第14~15页。
[2] 王瑞成、宋清秀：《中国文化简史》，上海文艺出版社2001年版，第107~109页。

问僧。"尤其是"在唐都长安，唐朝皇帝接待了许多国家派来的使节，在繁华的商业区里有不少外商的店铺，在国子监有许多国家派来深造的留学生，在寺庙里有许多来中国求法的外国僧人，在朝廷中还有许多供职唐廷的外国官员，此外还有寻求庇护的外国王侯、向唐献艺的外国乐工艺人等。"① 这种文化交流与交融的盛状足以彰显大唐时期中华文化的魅力和吸引力。这是因为，隋唐时期的中华文化与周边国家的文化发展程度形成了较为显著的"势差"。所以，这一时期的中华文化以自身强大的发展优势和恢弘的气势、博大的气象、开放的胸襟拥抱世界，彰显了满满的文化自信。

（五）宋元时期：中国文化自信的重要发展期

本书所言的宋元时期意指包括五代十国之后在中国先后建立和衰败的宋、辽、夏、金、大理、元等多个朝代在内。众所周知，960年，宋太祖赵匡胤，夺取后周政权，建立北宋。北宋时期中国尚未实现统一。在北宋政权建立之前，北方的契丹民族逐渐强大起来，在916年建立辽国；在北宋建立后，西方党项民族强盛起来，1233年建立夏朝；而黑龙江一带的女真族也逐渐兴起，1115年建立了金朝。金朝在消灭辽国统一北方后，于1127年攻克汴京，北宋灭亡，同年赵构在南京应天府（今河南商丘）即位，建立南宋。南宋与金朝南北对峙长达百余年。此时北方的蒙古族已经悄然崛起，1206年，成吉思汗建立了蒙古政权。此时的中国正处于四分五裂的状态中，除了蒙古、金、宋、西夏之外，还有大理、畏兀儿、西辽等政权。1219年，成吉思汗首先西征，控制了中亚各地，以及黑海、高加索及其以北的钦察草原，之后大举起兵南下，于1227年灭西夏，同年成吉思汗病逝。1234年他的继承者忽必烈灭金，1279年灭南宋，并先后吞并了

---

① 王介南：《中外文化交流史》，人民出版社2011年版，第149页。

吐蕃、大理，建立了大一统的元朝。在这段近三个半世纪历史时期，中国曾陷入四分五裂的分割局面，战乱频仍，百姓流离失所，但是，这一时期也是中国各民族加速融合的时期，在动乱的时局中，中国文化非但没有"萎靡消沉""垂危衰败"，而且取得了令世人赞叹的成就，为铸就中华文化的自信心做出了重要贡献。

宋元时代中国文化建设方面取得了很大成就，可以说是中国封建王朝时代中的一个重要的承上启下的转折点，正如钱穆先生所言，"唐末五代结束了中世，宋代开创了近代。"[①] 从文化发展的成就方面看，宋元时代，中国在科学技术、教育事业、民族交流等方面成绩斐然，主要体现在，"印刷业空前繁荣，公私刻书业兴盛；学校数量猛增，种类繁多，除各类官办的国子监和州县学府外，私立的初等教育私塾、蒙馆。高等教育的书院日益兴盛，如以享誉中外的岳麓书院为代表的中国四大书院就诞生于宋代；书院私人讲学、自由辩论的精神高扬，培养了一批学者型官僚和作家，推动了理学的发展；中国古代的四大发明除造纸术外，其余均产生在宋代，如毕昇发明的活字印刷术等；而北宋著名的百科全书式的科学家沈括更被誉为中国科技史上的坐标。"[②] 此外，宋代生产也曾有过持续发展和高度繁荣的时期，在医学、冶金、造船、纺织、印刷、制瓷、制盐、建筑等行业都取得了前所未有的科技进步，正如英国著名科技史专家李约瑟所言，"每当人们研究中国文献中科学史或技术史的任何特定问题时，总会发现宋代是主要关键所在。不管在应用科学方面或在纯粹科学方面都是如此。"[③]

宋元时代，中国文化对外的传播力、影响力也是空前的，对

[①] 邓广铭：《北宋文化史述论序》，中国社会科学出版社1992年版，第3页。
[②] 余国瑞：《中国文化历程》，东南大学出版社2004年版，第217~218页。
[③] 李约瑟：《中国科学技术史》，中译本，第1卷，科学出版社1990年版，第139页。

世界文明的发展进步作出了巨大贡献，尤其是在元朝时期，中国的疆域版图空前广阔，在一定程度上促使中国文化博大恢弘气度的形成。在元帝国时期，伊斯兰教大规模的迁入；基督教也逐渐入华；借助欧亚大陆的沟通，中西文化的交流与互动更为频繁、深入，如著名意大利旅行家马可·波罗在公元1275年至1291年来华，并写下了影响深远的《马可·波罗游记》；此外，值得着重加以申说的是中国古代的四大发明尤其是火药、印刷术、指南针等在这一时期逐渐传到欧洲，极大地加速了欧洲迈入现代文明进程的步伐，正如马克思曾经精辟地论道，"火药、指南针、印刷术——这是预告资产阶级社会到来的三大发明。火药把骑士阶层炸得粉碎，指南针打开了世界市场并建立了殖民地，而印刷术则变成新教的工具，总的来说变成科学复兴的手段，变成对精神发展创造必要前提的最强大的杠杆。"[①] 因此，无论从中国自身文化建设的成就还是中华文化的传播之于世界文明发展的有力贡献，我们都能深刻地感受到宋元时代中华文化领先于世的辉煌荣耀和十足的自信底气。

（六）明清时期：中国文化自信"跌落"前的余晖

从1368年明朝建立到1840年第一次鸦片战争以前，是中国社会由封建集权制逐步走向近现代的一个重要转折时期。中国社会在这段历史时期内部逐渐产生了资本主义的萌芽和早期的具有民主性质的启蒙思想，好似准备着为迎接新社会新时代的到来而"革故鼎新"，但是最终的历史结局证明中国社会自身的这种努力并没有取得成功。在取得封建王朝晚期辉煌"余晖"的同时，政治上的集权乃至恐怖程度似乎"有增无减"，思想上的禁锢和箝制和前代相比也有"过犹不及"之处，如明朝的东厂、西厂、锦衣卫等特务组织的设置；清朝文字狱的盛行等。所以，总体观

---

① 《马克思恩格斯全集》第47卷，人民出版社1979年版，第427页。

第二章　中国文化自信的嬗递

之，这段时期中华文化的发展"有喜有忧"，在跟跟跄跄中被渐次带进现代的历史车轮中，一切变革貌似都在"悄无声息"中"整装待发"。

明清时期，中国文化在许多方面都取得了新的突破和成就，如在"科学技术发展方面，明代杰出的医学家和药物学家李时珍所编著的《本草纲目》在中国乃至世界上产生巨大影响，被称为'东方医学巨典'，已译成日、英、德、法等各种文字；徐光启所著《农政全书》《恒星历指》以及译校的《几何原本》等为中国的农业科学技术、天文学、数学等作出了杰出贡献，产生了巨大影响；宋应星的《天工开物》系统总结了明清之际的手工业生产技术。17世纪传到日本，日本形成了'开物学派'，促进了日本明治维新；19世纪传到欧洲，引起轰动，被誉为中国的'技术百科全书'。现代英国科学家李约瑟称宋应星为'中国的狄德罗'；《水浒传》《三国演义》《西游记》《红楼梦》四大名著标识着明清小说的成就。"[①] 此外，明清时期，中国文化在考据学的发展、史学文献的编纂与整理、戏剧的创作、绘画风格的拓新等方面都取得了丰硕成果，令我们后人为之骄傲和自豪。

除此之外，明清时期，中国文化的自信力和影响力、传播力的彰显还可以从当时中外文化的交流与互动中得以窥探一斑。如明代永乐三年到宣德八年，郑和前后七次下西洋，极大地促进了中国和世界的往来，促进了彼此间的经济发展和文化的沟通和交流。还有值得浓书一笔的是明清时代大批华侨下南洋，对传播中华文化，促进当地的发展方面作出了巨大的贡献，因为华侨们"把中华民族勤劳勇敢、艰苦奋斗、自强不息的优良传统和中国的物质、精神及制度文化带到了他们的侨居地。东南亚华侨与东南亚人民和睦相处，风雨同舟，披荆斩棘，流血流汗，为东南亚

---

① 余国瑞：《中国文化历程》，东南大学出版社2004年版，第246~248页。

的经济开发和文化建设作出了有口皆碑的贡献"。①

总之,在这种"内外文化建设成就"的基础上,中华文化在步入近代以前仍是"自信满满",只不过在"山雨欲来风满楼"的历史大格局下,中华民族太过于"乐观自信",乃至达到了一种盲目自信、狂妄自负的境地。不幸的是,历史性的悲剧很快"接踵而至",因为这种"掩耳盗铃""醉生梦死"似的自我陶醉很快就被西方的坚船利炮"惊醒",正可谓"一炮惊醒梦中人"!

二、近代中国:文化自信跌宕起伏

当历史的车轮缓缓驶入近代之时,古代中国各方面的辉煌建设成就非但没有"一如既往"地成功将中华民族推至近代世界的"荣耀之巅",相反,当"世界历史"的进程在全球迅疾推进之时,历史的荣耀和光彩最后却成了中国"跟跟跄跄"步入近代世界的最后一层"遮羞布"。数千年来,过度沉醉于"天朝上国"迷梦之中的大清帝国在西方"坚船利炮"的震慑下"惶恐不安""不知所措",所以中国步入现代世界的样态是十分茫然、困顿和窘迫的,正如习近平所言,"鸦片战争后,随着列强入侵和国门被打开,我国逐步成为半殖民地半封建国家,西方思想文化和科学知识随之涌入。自那以后,我们的国家和民族经历了刻骨铭心的惨痛历史,中华传统思想文化经历了剧烈变革的阵痛。"② 换言之,"中华民族自进入近代以来,就是在屈辱和苦难的深渊中挣扎、超拔、砥砺前行而逐步走向新生和现代化的。"③

---

① 王介南:《中外文化交流史》,人民出版社2011年版,第347~348页。
② 习近平:《在哲学社会科学工作座谈会上的讲话》,载于《人民日报》2016年5月19日。
③ 朱宗友、武良刚:《中国共产党与中国梦——基于现代化视角的分析》,载于《理论与现代化》2015年第6期。

第二章 中国文化自信的嬗递

中国社会的整体发展水平在近代远远落后西方世界的残酷现实逐渐地被中国社会各个阶层的民众所接受。因此，众多仁人志士们开始了前赴后继的探索，希冀能够通过不断地"向西方学习"，从而找到振兴民族、强国富民的"历史突破口"。但是历经洋务运动、戊戌维新、辛亥革命等重大历史运动之后，中国的"内忧外患"还没能够得以顺畅解决，国势仍然很衰微，"内无民主，外无主权"的悲惨情状依旧，更别侈谈文化自信的提振，这一被动、尴尬的局面一直到中国共产党成立才逐步得以改变，这主要是因为中国共产党人能够自觉地超越各个阶级的利益局限，从中国最广大人民群众的根本利益出发，以科学的世界观、方法论——马克思主义为指导，自觉担当民族振兴、文化自强的历史责任，充分吸收和借鉴历代仁人志士从事文化研究和建设的成功经验，开创了实现文化自信、文化自强的理论建设新局面，主要代表就是毛泽东所写的《新民主主义论》一书中对新民主主义文化理论和政策的阐释，这为近代中国逐步实现民族解放与独立，进而实现民族文化的振兴与树立中国文化自信心提供了科学的理论指引。

从文化学的一般理论来看，要想树立文化自信，进而实现文化自强，首先要有科学的"文化自觉意识"，"文化自觉，主要指一个民族、一个政党在文化上的觉悟和觉醒，包括对文化在历史进步中地位作用的深刻认识，对文化发展规律的正确把握，对发展文化历史责任的主动担当。"[1] 审视中国近代历史，来自于中国各个阶层的民众，尤其是"执中国社会舆论界牛耳"的众多知识分子们，从自己的专业出发，自觉承当起知识救国的责任，努力探索实现民族振兴、国富民强的道路。但是，这种文化自觉的树立和践行历程是艰难而曲折的，一则因为文化自觉力的

---

[1] 云杉：《文化自觉 文化自信 文化自强——对繁荣发展中国特色社会主义文化的思考》上册，载于《红旗文稿》2010 年第 15 期。

科学培育和养成本身就不是一件易事,正如上文已经讨论过的,由于文化本身就是一个复杂的系统,并且具有多种特性如时代性、民族性,等等,所以这就需要经过较长时期的探索和认识总结,"文化的时代性和民族性问题,说到底,是一个一般与特殊的关系问题。同一时代的不同民族的文化具有相同的时代特点,这是一般;同一时代的不同民族的文化各具民族特点,这是特殊。同一时代同一民族有表现其共同心理的共同文化,这是一般;同一时代同一民族又有表现其不同阶级、不同党派的不同心理的两种文化,这是特殊。一般总是寓于特殊并通过特殊而存在。"但是,近代中华民族作为"一个落后的贫弱的民族更容易看到自己的短处,看不到自己的长处,甚至把长处也看成短处,更容易看到别人的长处,看不到别人的短处,甚至把短处也看成长处"。[①] 总觉得自己事事不如人,因此,在如何处理好文化的民族性与时代性的关系问题方面,"在中共成立之前,曾有许多人提出过种种不同的主张,诸如'中体西用''全盘西化''中西调和''走孔子的路''中国本位文化',等等。"但是,"这些主张不是陷入民族虚无主义、狭隘的民族主义,便是难脱文化保守主义的情结;同时,既缺乏科学的理论依据,自然更无法提出合乎逻辑和有说服力的新文化发展方向。"[②] 其次,由于近代中国国势衰微、民族屡弱,所以"硬实力"的不足会很大程度上冲击和减弱中国民众的文化自信。

(一) 经世致用思潮的勃兴:文化自觉的萌发期

众所周知,从乾隆后期,清王朝就已经开始出现"朝纲不正,政治腐败,社会矛盾渐起,文化日趋禁锢与封闭"的衰落迹

[①] 张岱年、程宜山:《中国文化精神》,北京大学出版社2015年版,第10~11页。
[②] 郑师渠:《中国共产党文化思想史研究》,中共中央党校出版社2007年版,第10页。

第二章 中国文化自信的嬗递

象。尤其是在文化建设领域，由于文字狱的兴盛，致使上到王公大臣，下至平足百姓都很谨小慎微、不敢乱言，尤其对政治的"染指"更加少有。另外，作为清王朝重要的择取人才的制度——科举制已经功能衰退，一则因为考试过程中"作弊成风"，此外，考试内容日趋规格化、死板化，所谓"八股取士"就是例证。凡此种种，催促了清王朝的舆论界、思想界日渐形成一种"万马齐喑、死气沉沉"的氛围。就连参加科考的士子们要么寻思着考取功名，进而攫取私利，要么为了安全保命，只好埋头故纸堆，专事考据训诂的汉学和空谈义理的宋学。而"悠忽"了儒士"兼济天下"的道德职责和"入世为民"的理想情怀。

但是，鸦片战争爆发前后，中国社会好像一切都处在"革新待变"的情势之下。尤其是西方的坚船利炮沉重叩击古老中国的大门之后，一批富有一定家国情怀和开放意识、前瞻思想的晚清士大夫们如龚自珍、林则徐、魏源，等等，深受触动，开始寻求思想变革的"突破口"，开始传播"经世致用"的思想，并形成了一股"经世"思潮，为开启近代中国思想变革图强的思想大门做出了重要贡献，这是中国近代文化自觉的重要转折和起承点，"经世派大致由三种人物构成，他们分别代表了士大夫阶层——封建知识分子群体的三个层次：一是有着清正官声的封疆大吏，如贺长龄，徐继畲、林则徐等，林则徐是他们的代表；二是究心经世之务的下层官吏，如徐松、姚莹、魏源等，魏源是他们代表；三是科场蹭蹬、后以著述影响世人的学者，如沈垚、包世臣、龚自珍等，龚自珍是他们的代表。三类人物的影响和作用是不尽相同的，且又有相互交叉的情况。但是有一点是共同的，那就是他们以自己的改革实践及思想言论促进了'经世'思潮的勃兴。"①

---

① 李双璧：《从经世到启蒙——近代变革思想演进的历史考察》，中国展望出版社1992年版，第59页。

作为中国历史向近代转折关键节点上的一位标志性人物，龚自珍的文化自觉主要体现在，其一，他能够以敏锐的洞察力对清朝晚期社会的种种弊病作出较为深刻与理性的诊断；其二，他能够以历史学家的意识对中国社会的发展做出了"超前"的审视和预测。在此基础上他大声疾呼中国只有在"更法改制"，克服专制君主制度弊端的基础上才能走出恐惧，走向新生。而作为近代中国"开眼看世界"的第一人林则徐则不仅是伟大的爱国者，更是近代"最先自觉锐意学习西方以推进现代化"的政治改革家。如为了了解西方，知彼知己，进而救我中国，他不仅十分开明地任用一批出身卑微，但是通晓外文的水手等作为翻译，而且在"他的积极提倡和亲自指导下，《四洲志》《澳门新闻纸》《澳门月报》《华事夷言》等近代涉外书报得以刊行。尽管它们在当时的影响还很有限，但这件事本身，却昭示了一个文化开放时代的到来"。① 虽然，林则徐向西方学习的理论倡导并不系统，甚至有所局限，但是，在"呼唤变革"，又"冷静的可怕"的昏暗时期，他的探索精神可以一定程度上例证中国近代文化自觉求变的努力。同样值得我们称赞的一位经世思想家——魏源则提出了"师夷长技以制夷"的自觉求变的呼唤，他不仅在林则徐提供的《四洲志》等材料的基础上写出了影响深远的外国史地巨著《海国图志》，为中国人了解世界，反省自己提供了参鉴，而且还提倡学习西方的先进科学技术，以图自强，这些仁人志士的努力倡言都可以反映出这一历史阶段中国人反省自己，积极求变的理论自觉，虽然有种种的历史局限性，但是这种"黑夜中的微弱火苗"，则为下一历史阶段中国人探索实现"图强""求富"的洋务运动的开展提供了思想理论的支持，因此，其积极的历史意义值得我们肯定和赞扬。

---

① 李双璧：《从经世到启蒙——近代变革思想演进的历史考察》，中国展望出版社1992年版，第46页。

（二）洋务运动的开展：中国文化自信的重要开拓期

承续着"经世通变"这一文化自觉的精神，再加之，经过第二次鸦片战争的打击和惊醒，清廷内部逐渐产生了要求变革的洋务派和固守拒变的顽固派。其中洋务派的"自觉求变"的呼声一定程度上顺应了历史的潮流，是具有进步意义的社会思潮。在经过与西方进行几番"血与火的较量"之后，一些具有新式变革思想的志士们更加强烈地认识到中国与西方相比，是十分落后的，尤其是在军事科技方面，"落后就要挨打"。如冯桂芬对中西发展状况进行比较之后，悲愤直言道，中国"人无弃才不如夷，地无遗利不如夷，君民不隔不如夷，名实必符不如夷，船坚炮利不如夷，有进无退不如夷"。[①] 虽然这种评价看似悲观，而且还有"夷夏之辨"的色彩，但又是十分深刻和全面的，对于惊醒时人有一定的"针砭时弊"之效。同样，作为洋务运动重要领导者之一的李鸿章，面对西方侵略给中国社会带来的冲击时，感叹中国将面临"三千年未有之变局"，同时与先前历朝历代中华民族所碰触的侵扰者相比，这些来自西方的入侵者乃是"三千年未有之强敌"，其对洋人的"轮船电报之速与军器机事之精"甚为赞叹。因此，在这些洋务运动的倡导者和实践者看来，要想改变中国落后挨打的被动局面，就必须虚心向学，尤其是学习西方的军工技术。但是，他们又都认为中国的伦理纲常是先进的，不应当改变，所以洋务运动的开展一直是在"中体西用"的哲学思想的指导之下的。

洋务运动虽然最终以失败告终，但它的确是中国近代史上一次努力尝试追求现代化的运动。它持续近35年，无论是前期以"求强"为口号不断发展军事工业，还是后期以"求富"为口号不断发展民用工业，都有利于中国不断实现现代化。其中尤为需

---

① 冯桂芬：《校邠庐抗议》，中州古籍出版社1998年版，第172页。

要提及的是洋务运动期间,各种新式学堂如京师同文馆、上海"广方言馆"等开始设立,以及新式翻译人才的培养开始有了起步,这种新式教育为未来中国社会进行更为深远的变革提供了人才基础。同时,新式教育的开展以及翻译西方著述、创办现代报刊对于更化社会风气,开阔国人的眼界,更好地沟通中国与世界创造了有利条件,"报刊的宗旨,大都为通中外之情,述西学概况。不论是否是真正为中国人的利益,但对于促进中国人对西方的了解,及启发中国人的学术观念,自有其作用"。① 这些都会为增强发展现代文化的自觉力,促进中西文化的有机融合,提振中国文化自信心增添新因素。

(三) 戊戌维新的发动:中国文化自信的持续探索期

洋务运动的艰难开展在一定程度上为实现中国的现代化做出了重要贡献,其开化社会风气、开阔中国人眼界和思想的尝试对融合中西文化,增强发展文化的自觉力和提振民族文化自信有一定的助益。但是,洋务运动的大部分文化发展的目标定向和层次还局限于"器物文化",使得其在推进中国文化实现质的提升方面功劳有限。尤其是经过甲午一役,北洋水师全军覆没,大清帝国败给了"东洋蕞尔小国"——日本,这一惨剧更是强烈刺激了广大中国民众的内心,尤其是中国的知识分子,他们更深度地来剖析和反思中国衰败的原因,提出要进行维新变法,实行君主立宪的政治制度,认为只有从变革中国的政治制度开始着手改革,中国的积贫积弱的弊病才能够得以救治,国家的强盛才有希望。因此,以康有为、梁启超等为代表的维新派经过多次上书光绪帝,尤其是康有为提出了诸如"革新科举制度和法律规范;设立政府制度局和创设十二个新局来取代无用的军机处、六部和其

---

① 郭廷以:《近代中国史纲(第三版)》,上海人民出版社2009年版,第143页。

第二章　中国文化自信的嬗递

他现有的机构；设立各级民政局和地区分局，作为地方自治的初步形式；在北京设立议院；设立国会；采用宪法和行政、立法、司法三权分立的原则。简而言之，康设想以君主立宪制来取代老化的'帝国孔教'的体制"。① 康有为的这些变法建议力图改变中国君主专制政体，效法日、俄，并采纳西方三权分立的制度设计，从而希冀清王朝通过变革政治制度来实现更新和发展。但是，这一努力仅仅存续了一百多天，戊戌维新运动就夭折了。个中原因纷繁复杂，既有变法者推进策略的失当，也有顽固势力的强大阻挠。戊戌维新运动所留下的精神遗产还是很值得后人加以继承的，尤其是它进一步启蒙了时人认清了封建保守势力的强大和改良求变的艰辛。虽然，戊戌维新昙花一现，但是它所倡导的维新求变的思想尤其是变革政治制度的要求，对于提升时人的变革思想层次，增强变革中国的自觉性创造了有利条件。

（四）辛亥革命：中国自觉变革的深入推进

戊戌维新变法运动失败以后，改良派一脉的命途遭到很大挫折。清廷中顽固势力进一步抬头，而底层民众则由于种种社会矛盾的不断激化而"躁动不安"，两者之间甚至彼此帮衬，相互造势，最终引发了义和团运动。可是这一场在顽固派势力看来，"民心可用"的运动，并没有使得清王朝化险为夷，反倒是激起列强伙同起来欺压中国，并强迫清政府签订了丧权辱国的《辛丑条约》。之后，中国的社会内部矛盾更加尖锐，从社会内发出的要求变革的呼声则是"不绝于耳"。清廷被逼无奈，以慈禧太后为首的官僚集团，提出了新政的建议，"在1901年1月29日的一项声明中，太后恳请朝廷大臣、各省督抚和外国使节就改革发表建议，她给这些人两个月的时间，并且要求建议要建立在中国和西方政治体制的基础上，目的是指出如何最好地革新现存的政

---

① 徐中约：《中国近代史》，世界图书出版公司北京公司2013年版，第274页。

府体制、行政程序、人民生活、教育方法、军事组织和财政体制。"① 貌似一场轰轰烈烈的政治革新运动即将"粉墨登场"。但是，这场前期"紧锣密鼓"准备的立宪运动，最终却以"皇族内阁"的闹剧草草谢幕。而这场闹剧之后，"幻灭和失望"笼罩了晚清社会，反满的情绪持续发酵，民众逐渐把目光转移到了革命事业上。辛亥革命就这样在民众的期盼中来临了。

1911年10月10日武昌起义爆发，标志着辛亥革命的来临，顷刻间，各地的武装起义和独立运动势如破竹般地接续开展，中华民国得以成立，在和袁世凯进行过多次博弈之后，清帝退位，民主共和的招牌算是挂起来了。辛亥革命，虽然不是一场彻底的革命，但是其历史进步意义是很大的，因为它推翻了统治中国两千多年的封建专制制度，使得民主共和的理念深入人心；更化了社会风气，开办了更多的新式学堂，实行了更为新式的教育制度；尝试建立民主共和的政治制度等，正如史学家郭廷以先生所言，南京临时政府较有意义的措施体现在，"一为提倡平等观念，革除官厅的'大人''老爷'称谓，均以官职相称呼，民间'先生'或'君'相称呼。二为维护人权，不准刑讯、体罚，鞠狱当视证据为断。禁止买卖人口，所有人民均得享有公权、私权。三为尊重言论、出版自由。四为男子剪除发辫，女子不缠足。五为提倡女权。革命军兴，青年知识妇女起相应，或组织女子军事团、女子国民军、女子北伐军，或从事看护、缝纫、募捐。又有女子参政同志会、女子共和协济会，政府曾予资助。以上政令，虽一时未能贯彻实行，社会观感则逐渐转变，平等自由思想遂以普及。"② 这在相当程度上促进了中国制度文化的更新和进步，是中国文化自觉求变的重要体现，也为增强中华民族的文化自信

---

① 徐中约：《中国近代史》，世界图书出版公司北京公司2013年版，第304页。
② 郭廷以：《近代中国史纲（第三版）》，上海人民出版社2009年版，第283页。

心注入了新因素、新动力。

（五）五四新文化运动：中国文化自信的重要转折

袁世凯窃取了辛亥革命的胜利果实后，屡屡倒行逆施，终究玩起了"尊孔复古、立朝称帝"的勾当。孙中山等革命志士先后组织发起了"二次革命""护国运动""护法运动"对北洋政府的种种违背历史潮流的卑劣行径予以强烈回击和抵制。北洋军阀统治时期，袁世凯在世时，中国表面上还能维持统一，但是，袁世凯死后，中国连形式上的统一也难以维系了。北洋各系割据称雄、勾结列强，在中国大地上演了一幕幕征战不休、生灵涂炭的大戏。中国的国势更加衰微，思想文化领域也有开历史倒车的表现，如"尊孔复古"的行为也时常发生，"这种以尊孔复古为特征的文化政策的推行，使民初社会弥漫着一股文化倒退的逆流，为袁世凯和张勋复辟帝制制造了舆论，一方面，它使刚刚萌生的民主文化备受摧残；另一方面，却又刺激了一场规模浩大的新文化运动的兴起。"① 以陈独秀、胡适、鲁迅、李大钊等为代表的知识分子高举"民主"与"科学"两面大旗，从文学革新运动开始，掀起了一场影响深远的新文化运动。这是近代中国在学习西方的道路上迈出的又一重要一步，即如梁启超所言，从"器物文化"到"制度文化"，最终深入"道德伦理文化"的层面。以陈独秀等为代表的新文化派认为要想真正的变革中国，实现国富民强就必须来一场深刻的思想革命，陈独秀称之为"最后之觉悟"，即伦理道德觉醒。而要真正实现思想的解放，就必须激烈批判中国的传统文化，尤其是以孔子为代表的儒家伦常道德文化，甚至有人提出"打倒孔家店"、剔除"吃人的礼教"等十分激烈的反传统口号，"陈独秀猛烈抨击保守主义和传统主义是

---

① 郑师渠、黄兴涛：《中国文化通史（民国卷）》，北京师范大学出版社2009年版，第18页。

中国罪恶的根源,在他的作品中,儒家更成为恶之渊薮。他认为,儒家是农业和封建社会秩序的产物,与工业资本主义社会中现代生活格格不入,必须彻底根除,因为儒家:(1)提倡'繁缛的礼仪和宣扬柔顺的美德,'这使中国人软弱、消极,不适应现代世界的斗争和竞争;(2)承认家庭而非个人是社会的基本单位;(3)支持个人地位的不平等;(4)强调使人顺从依赖的孝忠;(5)宣扬正统思想,完全无视思想和表达的自由。"[①] 以陈独秀为代表的新文化派的主张和呼唤在相当大程度上赢得了青年人的响应和追随,对于清理、净化"污浊凝固"的腐朽社会风气起到了重要作用。但是,过激的批判也使得当时很多人没能够很好地理性分析和思考如何恰适地处理好传统与现代、东方文化与西方文化的辩证关系。这对于培养科学的文化自觉意识,进而提振中华民族的文化自信是有不利影响的。

当然,当时中国的思想界与文化界的情况也是十分复杂和多元的,东方化与西方化的思想倡导一直在相互争锋、碰撞交融。尤其是在第一次世界大战爆发以后,欧洲各主要国家逐渐陷入战争的泥潭,生灵涂炭,惨绝人寰。第一次世界大战结束后,一股凄凉、悲惨、落寞的气息笼罩在欧洲上空,很多西方学者提出了"西方没落"的说法和"东方文化救世论",一时间,以杜亚泉为代表的东方文化派和以陈独秀为代表的新文化派关于东西方文化孰优孰劣、能否调和、人类文化向何处去等问题的争论在中国的思想界掀起了一场持续数十年的大论战,几乎当时所有的重要学者和知名思想家都卷入到了这场论战之中。这场影响深远的大论战的开展对于人们更加深刻、理性地认识东西方文化之间的关系,以及怎样正确处理两者之间的关系具有积极意义,尤其是当1917年俄国十月革命爆发后,马克思主义传到中国,进一步影响了论战的态势和格局,因为论战的参与者中有早期马克思主义

---

① 徐中约:《中国近代史》,世界图书出版公司北京公司2013年版,第374页。

者,他们开始努力尝试用马克思主义世界观和方法论来分析文化建设过程中的复杂关系,如李大钊、陈独秀、瞿秋白、恽代英、杨明斋等开始用唯物史观分析"文化变动与经济条件的关系""东西方文化产生的历史条件、史地基础的不同""中国文化应该建立在为无产阶级利益服务,超越西方资产阶级文化的局限性"等具有马克思主义方法论色彩的可贵观点,虽然其中的很多观点还略显稚嫩,甚至有不当之处,但这为提升马克思主义在当时中国思想文化界的影响力和传播力起到了不可小觑的作用,"在第一次世界大战给予资本主义世界以沉重打击,十月社会主义革命取得伟大胜利的时代背景下,中国知识分子对中国向何处去的问题进行了重新探讨。在这个时期,封建文化、资本主义文化、社会主义文化的关系,已成为人们关注的中心。文化战线上冲锋陷阵的先进战士们举起的已经是大书'社会主义文化'字样的战旗。"[1] 这种在多元并举的文化环境中传播马克思主义的尝试为中国共产党的建立提供了一定的思想和舆论支持。这也就为培育真正地以马克思主义为指导的科学的文化自觉意识,提振中华民族的文化自信力创造了有利条件。

(六)从中国共产党成立到新中国成立:中国文化自信的转型与提升期

中国共产党自成立之日起就十分重视文化问题,尤其体现在努力探索能够引导中华民族赢得独立、亿万民众逐步走向解放的新民主主义文化,可以毫不夸张地说,中国共产党始终能够清楚地体认自己所要担负的建设新文化的历史使命。这不仅是因为中国共产党成立在中西文化激烈交融碰撞的特殊历史时期,而且还因为中国共产党是五四新文化运动的领导者和忠实继承者,因此,

---

[1] 陈崧:《五四前后东西文化问题论战文选》,增订本,中国社会科学出版社1989年版,第5页。

五四时期探索建立新文化的基因深深地嵌入中国共产党的文化建设使命中,自从有了中国共产党,有了马克思主义这一科学理论的指导,中国建设新文化的理论与实践自觉就更加确信和科学,中华民族在重振文化自信心的道路上走得更加从容和坚定,这是因为新民主主义革命时期,在中国共产党的领导下,中国逐渐探索出了一条更加符合文化建设和发展规律的文化自强道路——新民主主义文化建设道路,当然,这一科学的文化复兴之路的成功开辟是中国共产党人在合理有效地继承中国几代仁人志士艰辛探索的经验基础之上的,因此,是根植于中华民族深厚的历史智慧之中的,再加之成功地实现了马克思主义的中国化,所以才能够取得来之不易的成功。在不同的历史时期中国共产党和中国众多先进的知识分子、革命志士深入中国普罗大众的生动实践,逐步发展出了优秀的革命文化,包括井冈山精神、长征精神、延安精神、西柏坡精神,等等;也包括在国统区一大批在中国共产党的领导和指引下,先进的左翼知识分子开创的左翼文化;亿万民众创造的优秀的、生动活泼的大众文化等,这些优秀文化有机地汇合在一起沉淀为支撑和提振中华民族文化自信力的重要精神资源。

中国共产党成立后,虽然自身的力量十分弱小,但却努力尝试用共产主义精神,通过宣传和教育,组织工人运动。尤其是在共产国际的帮助下,中国共产党实现了和孙中山领导下的国民党的合作,开展了轰轰烈烈的国民大革命,自身的力量和思想影响力也得到迅猛发展。共产主义文化精神通过共产党人进一步组织工人罢工、发动农民运动等得到广泛传播。但是,孙中山去世后,尤其是南京国民政府成立后,以蒋介石为首的国民党势力倒行逆施,残酷打压、迫害共产主义运动和先进的革命志士。国民党政权通过自身掌握的专政机器,在思想文化尤其是意识形态领域实行"三民主义"独尊的政策,当然这一"三民主义"指导思想是经过"阉割"的、修改的"三民主义",主要体现在1928年以后,蒋介石国民政府不断推行的以"四维八德"即"礼义廉耻"和"忠孝仁爱信义和平"为内核的意识形态宣传,尤其是在 1934 年初发起了所谓的以"民族复兴"为目标的"新生活运动"之后,国民党政府更是煞费苦心地宣传有封建传统色彩的法西斯主义文化政策和精神。与此同时,国民党政府还通过各种手段实行文化专制主义政策,如对革命的进步文化进行"围剿",打击和摧残进步文化,迫害民主进步人士,"首先,他们利用所掌握的政权颁布大量法律,取缔和限制进步文化,从 1929 年到 1942 年间,先后制定并通过了诸如《宣传品审查条例》《出版法》《危害民国紧急治罪法》《图书杂志审查办法》《杂志送审须知》《图书送审通知》《战时出版品审查办法及禁载标准》等规定,对牵涉到共产主义宣传、反帝反封建的进步思想进行恐怖般地查禁;其次,出于维护其独裁统治的需要,国民政府还利用军警、特务乃至社会黑恶势力,对进步文化机关进行袭击和破坏,残酷迫害革命和进步的文化民主人士,如 1929 年,查封了革命文学团体创造社;1930 年 4 月,查封了著名教育家陶行知所创办的南京晓庄师范学校;20 世纪 30 年代初,胡适因呼吁人权而受到'警告';罗隆基则因此被捕入狱;1931 年 1 月 17 日,逮捕左联五作家柔石、胡也频、殷夫、李伟森和冯铿,不久将他们秘密杀害于上海;1934 年 11 月,上海《申报》主持人史量才因在九一八事变后主张抗日,敢于发表触犯时忌的文章,也被国民党特务秘密杀害。"① 凡此种种的对革命进步人士的迫害和打压在蒋介石国民政府时期层出不穷,这对于中国文化的进步和发展产生了十分恶劣的影响。当然,实事求是地说,对于现代自然科学和教育,国民政府还是比较重视的,也作出了一定的功绩,如建立了中央研究院,鼓励优秀学子出国留学深造,提倡科学化运动;抗战期间,组织大学向西南搬迁等,这些都是

---

① 郑师渠、黄兴涛:《中国文化通史(民国卷)》,北京师范大学出版社 2009 年版,第 20~21 页。

有助于科学研究的发展。应该说,在国民党统治时期,自然科学的发展与它的一些合理政策是关系密切的,这是值得我们加以肯定的。

与此形成鲜明对照的是,中国共产党所建立的苏维埃政权不仅能够努力克服重重困难,尽可能地出台支持发展自然科学的政策,提倡科学精神、科学思想和方法,建立科学研究相关机构,如成立过延安自然科学院等机构和学会组织。而且,中国共产党真正能够领先和超越国民党政府之处主要体现在始终代表着中国先进文化的前进方向,能够积极有效地提升民族文化自觉力和自信力,为开创中国的光明进步前途指明了正确方向,主要表现在,一是坚持马克思主义为指导,探索出建设新民主主义文化的道路。正如毛泽东所指出的,"自从中国人学会了马克思列宁主义以后,中国人在精神上就由被动转入主动。……伟大的胜利的中国人民解放战争和人民大革命,已经复兴了并正在复兴着伟大的中国人民的文化。这种中国人民的文化,就其精神方面来说,已经超过了整个资本主义世界。"[1] 的确,有了马克思主义尤其是中国化马克思主义的正确指导,中国才能够在中国共产党的领导下逐步找到复兴民族文化,提振民族文化自信心的正确道路和方略。二是强调人民民主、注重大众文化建设,如毛泽东《在延安文艺座谈会上的讲话中》明确指出,"我们的文学艺术都是为人民大众的,首先是为工农兵的,为工农兵而创作,为工农兵所利用的。"[2] 三是彻底地反帝反封建并为此建立文化统一战线。"五四后期,中共与资产阶级自由主义联合,一起反对封建专制主义和蒙昧主义;国民革命时期,'共产主义'与'革命的三民主义'成为好朋友,结成了革命统一战线;土地革命时期,为了反抗国民党的文化'围剿',它领导、组织了左翼作家联盟和中

---

[1] 《毛泽东选集》第4卷,人民出版社1991年版,第1516页。
[2] 《毛泽东选集》第3卷,人民出版社1991年版,第863页。

第二章　中国文化自信的嬗递

国社会科学家联盟,发起了左翼文化运动;抗战前夕,它又领导了一场颇有声势的新启蒙运动。"① 总之,中国共产党这些利国利民、符合时代潮流、深得民心的文化发展政策,对于处在积贫积弱、内忧外患不断的中华民族来说,是不断团结进取,奋发有为,共赴国难,振兴图强的一副"强心剂"。而在以毛泽东为代表的党的第一代领导集体的不断艰辛探索下,中华民族终于找到了实现文化自觉发展,提振民族文化自信的正确道路,即新民主主义文化发展之路——建立"民族的、科学的、大众的文化"。这种文化建设目标内含着科学的处理古今中外文化发展辩证关系的智慧,如"民族的",首先强调的就是"反对帝国主义压迫,主张中华民族的尊严和独立",即在新民主主义时期,中国的文化建设必须致力于服务中国人民伟大的反帝反封建的革命斗争的需要。此外还隐蕴着要科学地处理好中外文化的关系,不能做狭隘的民族主义者,主张"应该大量吸收外国的进步文化,作为自己文化食粮的原料";但同时,也要反对"全盘西化"的倡导,正如毛泽东所言,"一切外国的东西,如同我们对于食物一样,必须经过自己的口腔咀嚼和胃肠运动,送进唾液胃液肠液,把它分解为精华和糟粕两部分,然后排泄其糟粕,吸收其精华,才能对我们的身体有益,决不能生吞活剥地毫无批判地吸收。所谓'全盘西化'的主张,乃是一种错误的观点。形式主义地吸收外国的东西,在中国过去是吃过大亏的。"② 以毛泽东为代表的中国共产党人所提出的文化发展之路是基于马克思主义唯物辩证法基础之上的,是一种综合创新的发展模式,这种"古为今用、洋为中用、推陈出新"的文化发展思路实现了对近代以来众多志士仁人所提出的各种复兴中华民族文化倡导的继承与"超越",

---

① 郑师渠、黄兴涛:《中国文化通史(民国卷)》,北京师范大学出版社 2009 年版,第 23~24 页。
② 《毛泽东选集》第 2 卷,人民出版社 1991 年版,第 707 页。

"中共提出'民族的、科学的、大众的'文化发展方向,是对近代以来志士仁人关于文化问题长期争论的总结和超越。它坚持唯物史观,既很好地处理了中西古今的文化关系,从而体现了对文化自身发展规律的尊重,也体现了中共文化思想与其政治纲领的科学互动。这是近代以来国人提出的最为科学全面与富有可操作性的文化发展方向。"[1] 也正是在这一科学的文化发展方向的指引下,中国共产党成功地领导中国人民取得了新民主主义革命的胜利,为建立社会主义新中国打下了良好的文化基础,也正是在这种不断提振新民主主义文化,增强文化自信的氛围中,中国人民喜悦地迎接新中国的诞生。

三、新中国成立以来:中国文化自信的"螺旋上升"期

自新中国成立以来,中国的文化建设和发展事业就进入了一个崭新的历史阶段,亿万中华儿女在中国共产党的领导下,不断努力探索实现文化繁荣发展,提振民族文化自信心的正确道路。回望历史,综而观之,自新中国成立以来,近70年的中华人民共和国国史在一定程度上来讲,也是一部社会主义文化建设不断开拓和发展的历史,取得了举世瞩目的文化建设成就,也遭到过严重挫折,积累了丰富的经验教训。从新中国成立至今,中国的文化建设和自信心的嬗递大体可以分为以下几个重要时期:新中国文化建设和塑造文化自信的重要过渡期和探索期(1949~1956年);社会主义文化发展与增强文化自信的全面探索期(1956~1966年);社会主义文化发展的曲折和严重挫折期,也是文化自

---

[1] 郑师渠:《中国共产党文化思想史研究》,中共中央党校出版社2007年版,第12页。

信严重跌落期(1966~1976年);中国特色社会主义文化建设和提振文化自信的转折发展期(1976~2012年);中国特色社会主义先进文化建设和文化自信不断增强的新时期(2012年至今)。总之,在中国共产党的领导下,广大民众总能够风雨兼程,为提振中华民族的文化自信心,建立一个社会主义文化强国不断披荆斩棘、奋发有为。

(一) 新中国文化建设和塑造文化自信的过渡期和探索期(1949~1956年)

新中国在亿万民众的热切期盼中于1949年10月成立了,这是中国历史乃至人类发展史上的一件具有划时代意义的大事件。因为,这是一个顺应民意和历史潮流而成立的前途光明、希望远大的新生政权。虽然,各方面的现实发展压力会接踵而至。但是,在中国共产党的领导下,亿万民众建设社会主义新中国的热情是高涨的、斗志是昂扬的,自信满满地从事着"敢把旧貌换新颜"的伟大历史事业。从新中国成立一直到"三大改造"完成这段历史时期,中国的文化建设和发展领域取得很多卓有成效的功绩,也积累了一些经验,主要体现在:

其一,在思想文化尤其是意识形态领域逐步确立了马克思主义的核心指导地位。这是保障从新民主主义文化向社会主义文化过渡的重要前提条件,"一方面,通过在宗教界推行'三自运动',基本扫除了非无产阶级思想及帝国主义的影响;另一方面,在全国范围内掀起了一场轰轰烈烈的学习马克思主义、毛泽东思想的文化运动。"[1] 通过这些方面的努力,加上对知识分子进行思想改造,马克思主义在意识形态乃至整个思想文化领域的指导地位就初步建立起来了。这为进一步提振中国的文化自信提供了科学

---

[1] 郑师渠:《中国共产党文化思想史研究》,中共中央党校出版社2007年版,第186~189页。

理论的指导。

其二，逐步构建起了新中国的教育制度。这其中涉及的改革重点有，"一是使教育事业从过去掌握在少数人手里，转变成为广大劳动人民服务；二是改变旧教育脱离实际、脱离生产的状况，教育为新中国建设服务。努力发展自然科学，服务于工业农业和国防建设；建立中国科学院等研究机构和体系，成立了全国科联和全国科普等全国性学术团体，使中国科技事业有领导、有计划地开展起来，开始制定国家中长期科技发展规划。哲学社会科学也在奠基中得以起步发展。"① 凡此种种的改革教育相关制度的措施，都十分有利于使新中国的教育事业得到更进一步发展，从而为提高广大人民的文化水平和精神境界创造条件。

其三，新中国建设初期，在社会风气的改善和"移风易俗"方面也取得不小的成绩。这主要体现在开展了一场旨在以反对封建迷信为中心的取消会道门的运动；此外，党和人民政府还接续开展了严肃整治烟、赌、毒、娼等污染社会风气的不良行为，与此同时，在工矿企业中，废除了封建把头制度，建立民主的企业管理制度；有效地处理和安置失业游民，维护了社会发展的良好秩序，这些都有利于从思想和情感上增强民众对新中国的信心和支持。

其四，新中国还努力突破西方国家的封锁和限制，开展形式多样的对外文化交流，这对于展示崭新的中国和中国人的形象，增进与各国间的了解和友谊也是大有裨益的，"当时新中国的对外交流主要通过相互派遣各种文化代表团和艺术演出团体进行友好访问和演出；互相纪念对方的文化名人；交换影片放映；翻译书籍等形式，涉及的领域也很广泛，包括自然科学、哲学、史学、社会学、教育学、新闻学、图书馆学、文学、音乐、美术、

---

① 欧阳雪梅：《中华人民共和国文化史（1949-2012）》，当代中国出版社2016年版，第29页。

电影、戏剧、体育、卫生、科技、广播、文物等领域。"[1] 这对于传播优秀的新民主主义文化，提升中华文化的吸引力和增强中国民众文化的自豪感和自信心是很有助益的。

不可否认的是，由于新中国成立初期，文化领域的各项建设经验还很缺乏，再加之比较紧张恶劣的国内外发展环境所限，也不可避免地导致了在思想文化建设领域出现了过急、过快的弊病，如对知识分子的改造方面出现了一些过激行为。同时，在"全面学习苏联"的氛围下，出现了很多水土不服和过犹不及的现象，如院系调整中，取消了政治学等学科，一定程度上也不利于文化建设的全面发展。但是，总体观之，这一历史阶段新中国的文化建设和发展取得了很大成就，这极大地增强了广大人民群众对新中国的情感认同和自豪感、自信心。

（二）社会主义文化发展与增强文化自信的全面探索期（1956～1966年）

三大改造基本完成以后，中国进入了社会主义全面建设时期。全面建设社会主义的十年，也是积极探索开展社会主义文化建设的十年，此一历史时期的文化建设和政治发展的情势类似，取得较大成绩，也存在一些不足。但总体而言，成绩还是主要的。这一时期中国社会主义文化建设的进展主要有：

其一，在充分总结国内外社会主义建设的经验和教训的基础之上，提出"百花齐放、百家争鸣""古为今用、洋为中用""推陈出新"的文化建设方针，推动了文化的繁荣和发展。1956年4月25日，毛泽东在中共中央政治局扩大会议上作了《论十大关系》的报告，号召"以苏联为鉴，走自己的路"，要正确判断和处理社会主义建设中的各种重大关系。1956年9月，召开

---

[1] 欧阳雪梅：《中华人民共和国文化史（1949-2012）》，当代中国出版社2016年版，第66～70页。

了党的八大,正确分析了社会主义全面建设时期的基本矛盾,为指导这一阶段的社会主义建设提供了科学的理论指导。1957年2月,毛泽东在最高国务会议上作了《正确处理人民内部矛盾的问题》的报告,也是一个指导协调和处理社会主义建设时期社会内部矛盾的重要文件。为了进一步有效解决文化发展和科学研究中所面临的问题,中国共产党在1956年4月还正式提出了"百花齐放、百家争鸣"的方针,这对于促进文化的争鸣和繁荣是有利的。这些正确处理和协调社会矛盾、繁荣发展社会主义文化的方针、政策的有效落实是社会主义文化建设取得较大发展的重要保证。但令人惋惜的是,1957年以后,这些正确的论断和政策没有很好地得以贯彻执行,"左"的错误不断侵扰和阻碍社会主义社会的健康发展,文化建设领域受到了不小的影响。

其二,教育改革的探索和教育事业的发展取得了一定的成效。经过调整和改革,中国的教育结构日渐合理,学校的数量也得到发展,教育质量有了显著提高,"全面建设时期,中国探索适合国情的教育发展道路,整章建制,初步形成了比较完整的教育体系,以极大的努力满足了广大人民群众受教育的权利,初步改变了文化教育落后、文盲充斥的状况,培养了一代有社会主义觉悟、有文化的劳动者,为满足国家建设对于各方面专门人才的需要和提高全民族的科学文化素质,作出了重要贡献。这个时期培养的人才至今仍是社会主义现代化建设的骨干力量。同时,探索时出现的失误,也造成了教育发展的大起大落,教育质量受到一定程度的影响。"[①] 但是,总体上来看,此一时期中国的教育事业的发展取得了重大成效,有力地提升了民众的科学文化素质,提振了民众的文化自信心。

其三,科学技术领域取得重大进展。全面建设社会主义的十

---

① 欧阳雪梅:《中华人民共和国文化史(1949-2012)》,当代中国出版社2016年版,第119~120页。

年是中国科学技术事业艰苦创业,奠定基础的重要时期,主要的成效体现在,"首先,创建了一批科学研究机构,培养了一支比较庞大的科学技术研究队伍;在农业种植方面,中国不仅育成了世界上第一个水稻矮秆良种及一批矮化良种并进行了大面积的推广,大幅度提高了水稻单产;工业方面,早在50年代后期,中国突破了世界上研究一百多年未解决的高炉冶炼钒钛磁铁技术;基础科学研究方面,1961年研制成功了第一台红宝石激光器;1958年12月,中国开始人工合成胰岛素研究工作,于1965年9月17日研制成功;国防科学技术取得突破性的进步,1964年10月16日,中国成功地爆炸了第一颗原子弹。同年6月,第一枚运载火箭发射成功。1965年6月,中国第一台大型晶体管计算机109乙机通过国家鉴定,等等。"① 这些科学技术领域的重大进展的取得,极大地增强了中华民族自力更生、艰苦奋斗的意志,提振了广大民众对社会主义事业的认同和支持,也相当大地提振了中国社会主义文化自信心。当然除此之外,全面建设社会主义时期,中国文化建设还在文学创作、新闻出版事业、文物保护、体育发展等领域取得了可喜的丰硕成果,这些来之不易的成就都为进一步铸就中国社会主义文化自信心提供了有力支持。

(三)社会主义文化发展与文化自信的曲折和严重挫折期(1966~1976年)

众所周知,"文化大革命"的重要突破口就是从历史文化领域开始的。这一时期的文化建设和发展遭到了严重的挫折,文化发展问题被高度的"政治化""极端化""庸俗化"。文化建设领域成了政治运动的重灾区。中国文化自信总体上也处于较为严重的跌落期和困顿期。在"无产阶级专政下继续革命的理论"的

---

① 欧阳雪梅:《中华人民共和国文化史(1949-2012)》,当代中国出版社2016年版,第120~122页。

指导下,极"左"思潮严重泛滥,"文革"前党在文学艺术、学术、教育、新闻出版等领域的正确方针政策遭到否定。文化建设事业领域的工作者、负责人很多遭到迫害,有卓越贡献的知名文化人也蒙冤受害。在江青、林彪两个反革命集团的裹挟下,中国的优秀传统文化遭到了严重的创伤,对外交往事业也几近中断。当然,在这个特殊的历史时期,中国的文化建设并不是"一无所获",值得我们加以肯定的是,在以周恩来、邓小平等为代表的领导人的努力下,极力与极"左"思潮斗争,在整顿时期,还是一定程度上减小了损失,取得了一些突破,主要体现在国防尖端领域等方面的突破与发展:

其一,周恩来、叶剑英、邓小平、聂荣臻等人努力排除"文化大革命"的侵扰,积极采取各种措施,推动了国防尖端科技事业的继续发展,"1967年6月17日,首次全当量氢弹空爆试验成功;1970年4月24日,第一颗人造卫星'东方红一号'升空;1971年3月3日,'长征一号'火箭再次成功地发射了第二颗人造卫星——'实践一号';4月,第一艘鱼雷核潜艇研制成功,等等。"[①] 同时,这一时期中国在生物技术尤其是1973年,籼型杂交水稻实现配套;1972年屠呦呦从青蒿中成功提取了用于治疗疟疾的青蒿素,为中医走向世界作出了贡献等,总之,中国的科学家能够顶住"乱局"的侵扰,百折不挠,取得世界领先的科技成果,实属不易,这也为处于"大乱之中"的中国提供了"走向大治"的激励和鼓舞,为提振中国文化自信提供了一些底气。

其二,在周恩来的支持和中国考古工作者的齐心努力下,中国考古发掘取得了不少重大成效。"1968年8月,在河北省满城发掘出西汉中山靖王刘胜墓及王后窦绾墓,出土金缕玉衣、'长

[①] 欧阳雪梅:《中华人民共和国文化史(1949–2012)》,当代中国出版社2016年版,第165~167页。

信灯'等4 200多件珍贵文物。这是中国首次发现成套的金缕玉衣，不仅对研究汉代诸侯王贵族的丧葬制度有着重要价值，而且为研究汉代的冶炼、铸造、制玉、漆器、纺织等手工业和工艺美术发展情况提供了重要资料；1972年，陕西姜寨遗址和河南大河村仰韶文化遗址的发掘，对史前社会研究具有重要意义；1972年，湖南长沙马王堆墓的发掘，对研究汉代历史具有重大意义；1974年发掘出秦始皇陵兵马俑，是20世纪考古史上的伟大发现之一，等等。"[①] 这些历史文物的发掘对于更深刻地体认中华民族优秀的传统文化精神，提升民众对中华文化的自信具有一定意义。

其三，对外的文化交流有一定程度的发展，主要有，"与美国成功开展'乒乓外交'，为改善中美关系创造了有利条件。随着1971年中国被恢复联合国合法席位以后，中国与世界尤其是西方国家的文化交流有所拓展。1972年至1973年，国家派出38个艺术团体，出访了世界33个国家和地区。1973年1月至4月，中国武汉杂技团赴尼泊尔、缅甸、斯里兰卡、巴基斯坦、阿富汗五国访问演出。3月25日至9月20日，中国上海杂技团赴阿尔巴尼亚、罗马尼亚、法国、意大利、土耳其、英国等国演出，增进了友谊"[②]。这些难得的对外交流机会和活动对于传播中华优秀传统文化，增强社会主义文化的吸引力和亲和力，提升文化自信力也是起到了促进作用的。

（四）中国特色社会主义文化建设与文化自信的转折发展期（1976~2012年）

自从粉碎"四人帮"，结束"文革"以后，中国各项事业的

---

① 欧阳雪梅：《中华人民共和国文化史（1949-2012）》，当代中国出版社2016年版，第168~169页。
② 欧阳雪梅：《中华人民共和国文化史（1949-2012）》，当代中国出版社2016年版，第170~171页。

发展进入了转型和调整，即"拨乱反正"的时期。1978年12月18～22日召开了党的十一届三中全会，确定了"解放思想，开动脑筋，实事求是，团结一致向前看"的重要指导方针，中国从此进入了改革开放新的历史时期。中国的各项建设事业迎来了难得的发展机遇和光明的发展前景，文化的建设和发展总体上也能"迎难而上，顺势而为"，为繁荣发展社会主义先进文化，增强中华民族的文化自信打下了较为坚实的基础。众所周知，改革开放三十多年以来，中国文化建设涉及的内容十分广泛，取得的成果十分丰硕，很难"事无巨细"般地予以一一呈现。但是，总体观之，有以下几个重要的发展阶段，取得了具有重大历史意义的阶段性建设成果：

第一阶段，从1976年至1992年，这是中国文化事业发展的重要转型期和中国文化自信的提振期。主要的建设成果和历史创造有：文化建设领域和其他社会主义建设事业一样迎来了"全面拨乱反正"的新时期。我们党果断纠正"文革"时期文艺发展过度"政治化"的错误，顺势而为提出了"二为"即"为人民服务、为社会主义服务"的文艺发展方向。中共中央"不继续提文艺从属于政治这样的口号"①，我国的文艺发展进入了新的历史时期；教育事业发展方面，提出了恢复在"文革"时期遭到破坏和扭曲的高考制度，同时提出"向科学技术现代化进军"以及"尊重知识，尊重人才"的口号和政策；中共中央及时提出建设社会主义精神文明的战略任务，并且通过开展"五讲四美三热爱"和"文明礼貌月"等先进性学习活动来深入贯彻落实社会主义精神文明建设战略政策；此外，在此期间党中央还果断地对文化建设领域出现的"精神污染"，资产阶级自由化思潮采取有效抵制和治理措施，从而确保社会主义精神文明建设的正确轨道和发展方向。也正是在以邓小平同志为核心的党的第二代领

---

① 《邓小平文选》第2卷，人民出版社1994年版，第255页。

第二章 中国文化自信的嬗递

导集体的正确领导下,中国社会主义文化发展势头良好,空前繁荣,以至于还促进了80年代的"文化热"现象,极大地解放了人们的思想,也取得了丰富多样的文化建设成果,"各级各类的教育事业如高等教育、九年制义务教育、中等职业技术教育、成人教育等建设全面展开,教育事业蓬勃发展;科技发展与体制改革方面成效显著,提出了'科学技术是第一生产力'的指导思想,积极建立有利于经济发展和科技进步的新体制机制,因此,这一时期,基础科学和尖端科技领域研究突飞猛进,众多科学研究水平跻身国际行列。"[1] 除此之外,中国在新闻出版、传媒和竞技体育事业的发展方面也取得了令世界瞩目的成绩,这些都在相当程度上增强了中华民族文化自信的底气。

第二个阶段,从1992年至2002年,这一阶段是中国在世界社会主义运动处于曲折发展的过程中,顶住国内外的压力,积极有为,"一枝独秀"的重要历史时期。中国的文化建设也取得了更大的成效。在以江泽民同志为核心的党的第三代领导集体的领导下,中国继续在以思想道德建设为重点的社会主义精神文明建设领域阔步前行,并且顺势提出把以德治国和依法治国有机统一起来。1997年9月,江泽民在党的十五大报告中正式全面系统地提出了建设中国特色社会主义的文化,"建设有中国特色社会主义的文化,就是以马克思主义为指导,以培育有理想、有道德、有文化、有纪律的公民为目标,发展面向现代化、面向世界、面向未来的,民族的科学的大众的社会主义文化。"[2] 这标志着中国共产党人对文化建设规律的自觉认识发展到了新的历史阶段和水平,在中国特色社会主义文化建设思想的指导下,提倡弘扬主旋律,提倡多样化的文化发展思路,中国在文化体制改

---

[1] 欧阳雪梅:《中华人民共和国文化史(1949—2012)》,当代中国出版社2016年版,第231~239页。
[2] 《江泽民文选》第2卷,人民出版社2006年版,第17~18页。

革、文化建设的各项事业发展等方面取得了重大成绩，主要有："丰富多样、与时俱进的文化基础设施的建设成效显著，这为满足市场经济时代广大人民群众日益增长的文化需求创造了条件；作品题材、形式、风格日益多样的文学艺术的发展包括大众文化等，成就了这一时期中国的重要文化景观，也极大地解放了文化生产力，促进了文化事业和文化产业的跨越式发展。"① 此外，这一重要历史时期，中国在历史文化遗产保护、体育竞技事业的发展以及对港澳台地区的文化交流和全方位的、与世界各国的交流方面也卓有成效。这些文化建设成果的取得都很大程度促进了中国文化自信心的提升。

第三个阶段，从2002年到2012年，这一阶段是在以胡锦涛同志为总书记的党中央的领导下，中国牢牢把握难得的战略发展机遇期，努力推进国内的各项事业的有序改革，积极融入全球发展格局的重要历史时期。中国的文化建设和发展也在得益于中国整体良好、强劲的发展势头的基础上，交上了一份份"满意的答卷"，这为继续推进中国文化的大繁荣、大发展，提升中国特色社会主义先进文化的影响力和传播力，为提振中华民族的文化自信注入了新的动力。回望这段历史，中国的文化建设领域发生了若干意义深远的变革，主要有：在继承和传扬发展中国特色社会主义先进文化历史任务的基础上，2006年10月召开的党的十六届六中全会围绕着构建和谐社会的主题，顺势提出和阐发了构建社会主义核心价值体系的任务。全会通过的《中共中央关于构建社会主义和谐社会若干重大问题的决定》中明确指出，"马克思主义指导思想，中国特色社会主义共同理想，以爱国主义为核心的民族精神和以改革创新为核心的时代精神，社会主义荣辱观，

---

① 欧阳雪梅：《中华人民共和国文化史（1949-2012）》，当代中国出版社2016年版，第294~297页。

构成社会主义核心价值体系的基本内容。"[1] 在此基础上提出要把社会主义核心价值体系融入国民教育和精神文明建设的全过程、贯穿到社会主义现代化建设的各个方面，真正做到社会主义核心价值体系"入心入脑"。这表明我们党对中国特色社会主义文化建设规律和态势的自觉力有了新的提升。2011年党的十七届六中全会从更高的战略层次来谋划社会主义文化的发展，会议通过了《中共中央关于深化文化体制改革　推动社会主义文化大发展大繁荣若干重大问题的决定》，其中重点论及了"坚持中国特色社会主义文化发展道路，努力建设社会主义文化强国""推进社会主义核心价值体系建设，巩固全党全国各族人民团结奋斗的共同思想道德基础""全面贯彻'二为'方向和'双百'方针，为人民提供更好更多的精神食粮""大力发展公益性文化事业，保障人民基本文化权益""加快发展文化产业，推动文化产业成为国民经济支柱性产业""进一步深化改革开放，加快构建有利于文化繁荣发展的体制机制""建设宏大文化人才队伍，为社会主义文化大发展大繁荣提供有力人才支撑""加强和改进党对文化工作的领导，提高推进文化改革发展科学化水平"等有关中国特色社会主义文化发展的重要问题，这体现出党中央对于中国特色社会主义文化建设的高度自觉，这一系列科学的文化发展政策的出台，为繁荣发展社会主义文化提供了政策支持和思想引领。

在党中央这些文化政策的有力支持下，中国特色社会主义文化建设取得了重大成效，主要有，"公共文化服务体系基本形成，大力度促进基本文化服务标准化、均等化，公共文化服务的质量和水平有显著提高；文化产业蓬勃发展，提升了中国文化的竞争力；传媒业不断壮大，其中包括新闻出版的大发展、广播影视业的转型升级，文学艺术不断繁荣；科教体育事业的创新发展，其

---

[1] 《十六大以来重要文献选编》下册，中央文献出版社2011年版，第661页。

中包括，建设创新型国家战略的不断得以推进和实施，国家的综合创新力有了提升，中国的教育实现了跨越式的发展，教育公平不断得到维护，教育质量有很大提升；竞技体育和全民健身全面发展等等。"① 在此基础上，党中央提倡和推行大力弘扬中华优秀文化，整合文化发展力量，主动实施文化"走出去"战略，扩大中华文化的影响力和感召力，这为提振中华民族的文化自信力开创了新局面。同时也为今后中国共产党领导中国文化建设取得新成就，打造了良好基础。

（五）中国特色社会主义先进文化自信发展的新时期（2012年至今）

党的十八大以来，在以习近平同志为核心的党中央的领导下，中国各项事业的发展进入了全面深化改革新时期。在国际形势风云变幻的时局下，中国继续保持了稳定的战略定力和良好的发展态势，以更加负责和自信的姿态活跃在世界舞台上，正如习近平指出的，"当今世界，要说哪个政党、哪个国家、哪个民族能够自信的话，那中国共产党、中华人民共和国、中华民族是最有理由自信的。"② 中国的这份自信不仅基于在中国共产党的领导下经济等方面的建设取得了令世界瞩目的成就，以及中国有博大精深、源远流长的优秀传统文化的深厚积淀，有丰厚的、光芒四射、沁人心扉的优秀革命文化，有丰富的"振奋人心、鼓舞士气"社会主义先进文化资源，而且还因为中国共产党能够在全面深化改革时期以高度的文化自觉，坚持"不忘本来、吸收外来、面向未来"的正确文化战略发展方针，顺势提出"文化自信"的时代命题，把文化自信提高到与道路自信、制度自信、理

---

① 欧阳雪梅：《中华人民共和国文化史（1949—2012）》，当代中国出版社2016年版，第328~360页。
② 习近平：《在庆祝中国共产党成立95周年大会上的讲话》，载于《人民日报》2016年7月2日。

论自信一样的、新的战略高度,"坚定中国特色社会主义道路自信、理论自信、制度自信,说到底是要坚定文化自信。文化自信是更基本、更深沉、更持久的力量。"① 同时,以习近平同志为核心的党中央还在此基础上较为详细地阐释了中华文化自信的重要内涵,"文化自信,是更基础、更广泛、更深厚的自信。在5000多年文明发展中孕育的中华优秀传统文化,在党和人民伟大斗争中孕育的革命文化和社会主义先进文化,积淀着中华民族最深层的精神追求,代表着中华民族独特的精神标识。我们要弘扬社会主义核心价值观,弘扬以爱国主义为核心的民族精神和以改革创新为核心的时代精神,不断增强全党全国各族人民的精神力量。"② 也明确了构建中国文化自信重要目的是实现建设社会主义文化强国,从而为实现中华民族伟大复兴的中国梦提供精神支持。

在增强文化自信,建设社会主义文化强国这一战略目标的指引下,中国在文化建设方面也取得了重大进展,如在社会主义核心价值体系的基础上更为明确地提出社会主义核心价值观建设,为引领新时代亿万人民众志成城、齐心协力团结在以习近平同志为核心的党中央周围,从而奋力实现中华民族伟大复兴的中国梦提供核心价值驱动和价值砥砺;党的理论创新工程取得与时俱进的成果,如"实现中华民族伟大复兴的中国梦"战略目标、"四个全面"战略部署、"五位一体"的战略布局、"五大发展理念""人类命运共同体",等等,这一系列涉及内政外交军事国防等领域的新思想、新理念、新战略的提出,充分体现了中国共产党人高度的理论创新与文化发展的自觉,这也是不断助力中国文化自信的重要引领和保证;在传播和发扬中华优秀传统文化、优秀

---

① 习近平:《在哲学社会科学工作座谈会上的讲话》,载于《人民日报》2016年5月19日。
② 习近平:《在庆祝中国共产党成立95周年大会上的讲话》,载于《人民日报》2016年7月2日。

革命文化与社会主义先进文化方面，新一届党中央基于提升中国文化软实力，推动中华文化"走出去"战略的同时，还加大力度促进更好地传播中国声音、讲好中国故事，即在宣传阐释中国特色，"讲清楚每个国家和民族的历史传统、文化积淀、基本国情不同，其发展道路必然有着自己的特色；讲清楚中华文化积淀着中华民族最深沉的精神追求，是中华民族生生不息、发展壮大的丰厚滋养；讲清楚中华优秀传统文化是中华民族的突出优势，是我们最深厚的文化软实力；讲清楚中国特色社会主义植根于中华文化沃土、反映中国人民意愿、适应中国和时代发展进步要求，有着深厚历史渊源和广泛现实基础"[1] 等方面下大气力，从而为更好地提升中国文化的影响力和感召力书写了新篇章。凡此种种的在文化建设和发展领域所做出的努力和取得成效都为进一步切实增强中国的文化自信铸就了坚实的基础。

---

[1] 《习近平谈治国理政》，外文出版社2014年版，第155~156页。

第三章

中国文化自信的力量

文化自信是更基本、更深沉、更持久的力量。这种力量深深地体现在实现中华民族伟大复兴的中国梦上,体现在维护中国社会主义意识形态安全上,体现在与道路自信、理论自信和制度自信的辩证关系上。文化自信是实现中国梦的强大动力。它是中华民族伟大复兴的精神力量,是实现国家富强的内在动力,是创造人民幸福生活的思想保证,是实现和平发展合作共赢梦想的重要保障。文化自信是维护中国社会主义意识形态安全的金钥匙。必须坚定对马克思主义和社会主义文化的自信、对本民族文化的自信,惟如此才能切实维护好意识形态安全。文化自信是筑牢道路自信、理论自信和制度自信(以下简称"三个自信")的坚强基石。它是"三个自信"的基础、渗透在"三个自信"中,而"三个自信"植根于文化自信之中。要言之,文化自信彰显出推进中国"巨轮号"前行的伟力。

一、实现中国梦的强大动力

中国梦具有丰富而深刻的内涵。中华民族伟大复兴是其核心内涵,蕴含着中华儿女百年来奋发进取的夙愿;国家富强、民族振兴、人民幸福是其基本内涵,赋予中国梦更多层面的追求,彰显其内容的全面和多样。此外，中国梦还是面对现实和未来的和平发展合作共赢的梦，表达了中华民族对于时代潮流的顺应及对于和平环境、共赢发展的企盼。

文化之于中国梦意义重大。实现中华民族复兴的中国梦是当代中国的最强音，是中国现代化的通俗表达，是全国各族人民的共同愿景和热切期盼。顺利实现这一宏伟目标，需要多方面的条件，其中作为重要支撑的文化则是强大的精神动力。"实现中国梦，是物质文明和精神文明均衡发展、相互促进的结果。没有文明的继承和发展，没有文化的弘扬和繁荣，就没有中国梦的实现。"[①] 可见，文化之于实现中国梦的意义。正因为如此，习近平强调指出："提高国家文化软实力，关系'两个一百年'奋斗目标和中华民族复兴中国梦的实现。"[②] 当然，与经济、科技、军事等硬实力不同，作为软实力的文化，其影响深刻、广泛而又久远。

文化自信是实现中国梦的力量源泉。"文化自信，是一个国家、一个民族、一个政党对自身文化价值的充分肯定，对自身文化生命力的坚定信念。"[③] 也就是说，不论是国家、民族，还是政党、民众，只有对自己文化有坚定的信心，才能获得坚持坚守的从容，鼓起奋发进取的勇气，焕发创新创造的活力。鉴于此，习近平指出："文化自信，是更基础、更广泛、更深厚的自信。"[④] 实现中国梦不是一朝一夕之事，需要长期坚持坚守；实现中国梦将会面临诸多矛盾和风险，需要不断奋发进取、创新创造。从这个意义上说，坚定的文化自信是实现中国梦"更基础、

---

① 习近平：《第三届核安全峰会并访问欧洲四国和联合国教科文组织总部、欧盟总部时的讲话》，人民出版社2014年版，第16页。
② 《习近平谈治国理政》，外文出版社2014年版，第160页。
③ 云杉：《文化自觉 文化自信 文化自强——对繁荣发展中国特色社会主义文化的思考》中册，载于《红旗文稿》2010年第16期。
④ 习近平：《在庆祝中国共产党成立95周年大会上的讲话》，载于《人民日报》2016年7月2日。

更广泛、更深厚"的力量源泉。

(一)文化自信是中华民族伟大复兴的精神力量

1. 实现民族复兴就是中华民族要为人类文明发展做出更大贡献。

"只有创造过辉煌的民族,才懂得复兴的意义;只有历经过苦难的民族,才对复兴有如此深切的渴望。"中华民族以其勤劳和智慧曾经创造过历史的辉煌,为人类文明的发展做出过十分重大的贡献。只是到了近代,由于帝国主义的侵略和封建统治者的无能,我们这个民族才落伍了,落到任人宰割的悲惨境地!可以说,中华民族所遭受的苦难在世界历史上也是罕见的。正是这种切肤的痛楚,使得国人在内心深处渐渐萌生了民族复兴的渴望和冲动。那么在国人内心热烈涌动的民族复兴到底是什么呢?

所谓复兴,通常是指衰落之后再重回兴盛。中国是一个拥有五千年文明历史的泱泱大国,从"贞观之治"到"康乾盛世",中国曾一度是世界上最为繁荣富强的国家,这也使得中华民族得以一直屹立于世界民族之林。在笔者看来,中国当时的强盛体现在两个方面。第一,国土面积辽阔。元朝时,元世祖忽必烈东征西讨,国家版图已扩展到了西伯利亚和东欧,达到一千五百多万平方公里;即便是到了中国封建社会晚期,清朝康熙年间与俄国签订《尼布楚条约》和设立台湾府之后,其疆域面积也达到了一千三百多万平方公里。由此可见,从古至今,中国的国土面积始终位居世界前列;而直到工业化信息化高度发达的今天,土地仍被视为财富的重要象征之一,古代中国的强盛景况由此也可见一斑。

第二,对世界文明发展历程的推动起到了巨大的作用。据学者考证,在16世纪之前,对于人类文明发展进步起到巨大作用、深刻影响人类生产生活方式的重大发明大约三百项,其中约有一半以上的发明都出自中国人民之手。正是因为这些中华民族勤劳和智慧的结晶,使得在很长的一段时期内,中国的农耕、纺织、印刷、手工制造等方面的技术都处于世界领先水平。即便是到了18世纪末19世纪初，中国的经济规模在世界经济体系中仍然具有举足轻重的地位。甚至直到鸦片战争前夕，连号称"日不落帝国""世界工厂"的英国在与中国的贸易中都一直处于入超地位，"贸易赤字"现象严重，他们销往中国的各类产品带来的收入尚远远不足以抵消丝绸支出的这一项。

可以看出，中华民族曾经是多么辉煌和令人骄傲！今天，我们讲中华民族的伟大复兴不是说要恢复到曾经拥有的历史版图，而是说要为人类文明的进步与发展作出中华民族应有的贡献！由此，使中华民族有尊严地屹立在世界民族之林。

中国希望能够在世界历史进程中起到积极作用，能够在国际社会的发展和国际事务的处理中承担一个大国应该承担的责任，这就是中华民族伟大复兴的真正内涵。古代中国曾经在人类文明历史的宝库中占据了重要席位。到了近代，由于反动政府反动统治的阻碍，也由于一百多年帝国主义列强的侵略和压迫，使得中国一度被世界甩在了后面，经济、科技水平等均落后于世界平均水平。但即便如此，近代中国有识之士仍在面对民族危亡的时刻表现出了应对民族危机积极心态：振兴中华、变法自强、反帝爱国的疾呼，戊戌维新、义和团运动、辛亥革命的声浪，既延缓了中国社会的半殖民地化程度，也在近代中国走向复兴的历史进程中产生了重大影响，[①] 同时在这些争取民族独立、谋求民族复兴的行动中，先人们的思想、观点、著作等也对当时的世界产生了巨大影响，为其他殖民地国家的解放运动提供了经验和遵循，推动了世界历史进程的发展。如今，经过改革开放三十多年来的蓬勃发展，我们愈发稳定地走在中国特色社会主义道路上。在这样一个改革发展的新时期，中国作为一个人口占世界总人口数1/4的

---

① 孙占元：《甲午战争与中华民族复兴的历程》，载于《河北学刊》2015年第7期。

第三章　中国文化自信的力量

大国，希望能够在自身发展前进的同时承担更多的国际责任，为人类文明的进步贡献更多的力量和成果。所以，"实现中华民族的伟大复兴"是指希望中华民族能够像曾经的那样，促进和推动人类文明的发展，为世界历史的前进做出更大的贡献。正如毛主席曾经指出的那样："因为中国是一个具有九百六十万平方公里土地和六万万人口的国家，中国应当对人类有较大的贡献。而这种贡献，在过去一个长时期内，则是太少了。这使我们感到惭愧。"[①]

2. 文化繁荣兴盛为实现民族复兴提供丰厚滋养和精神支撑。

文化是民族生存和发展的重要力量。2013年11月26日，习近平在山东曲阜考察时强调，一个国家、一个民族的强盛，总是以文化兴盛为支撑的，中华民族伟大复兴需要以中华文化发展繁荣为条件。这里，习近平明确指出了文化与民族复兴的紧密关联。这就是：文化发展繁荣是民族复兴的重要支撑和必备条件。

时隔一年，2014年10月15日，习近平在文艺工作座谈会上发表重要讲话，再次强调这个问题。讲话从民族复兴的高度审视文化问题，深刻指出："没有中华文化繁荣兴盛，就没有中华民族伟大复兴。"[②] 这是因为，"一个民族要实现复兴，既需要强大的物质力量，也需要强大的精神力量。"[③] 固然，强大的物质力量是民族复兴的重要物质基础，但光有强大的物质力量还不够，如果没有强大的精神力量作支撑，一个民族的复兴很难走得实、走得稳、走得远。

"一个伟大民族的过去、现在和未来，都有文化的发展和繁荣相伴随。"[④] 中华文化伴随着中华民族曲折绵延发展，一路走

[①]《毛泽东文集》第7卷，人民出版社1999年版，第156~157页。
[②]《十八大以来重要文献选编》中册，中央文献出版社2016年版，第121页。
[③]《习近平总书记系列重要讲话读本（2016年版）》，学习出版社、人民出版社2016年版，第187页。
[④]《习近平总书记在文艺工作座谈会上的重要讲话学习读本》，学习出版社2015年版，第6页。

来。在民族与文化的关系问题上,钱穆认为民族创造了文化,但民族亦由文化而融成。[①] 在他看来,中华民族由小到大、由弱到强,绵延发展,"正是文化陶铸之功"。众所周知,中华民族有着5000多年的文明史,近代以前中国一直是世界强国之一。在几千年的历史流变中,中华民族从来不是一帆风顺的,遇到了无数艰难困苦,但我们都挺过来、走过来了,其中一个很重要的原因就是世世代代的中华儿女培育和发展了独具特色、博大精深的中华文化,为中华民族克服困难、生生不息提供了强大精神支撑。[②] 不仅如此,中华民族之所以在世界有地位、有影响,不是靠穷兵黩武,不是靠对外扩张,而是靠中华文化的强大感召力和吸引力。

中华文化是中华民族发展的润滑剂和黏合剂。域内民族间文化的交流互通交融,能够增强民族内部成员之间的认识和了解,从而减少误解、增加理解,缩小分歧、扩大共识。从这个意义上说,文化是民族发展的润滑剂。文化亦能够教育人、影响人,团结人、凝聚人,形成社会发展的正能量。从这个意义上说,文化是民族发展的黏合剂。要言之,中华文化"对中华文明形成并延续发展几千年而从未中断,对形成和维护中国团结统一的政治局面,对形成和巩固中国多民族和合一体的大家庭,对形成和丰富中华民族精神,对激励中华儿女维护民族独立、反抗外来侵略,对推动中国社会发展进步、促进中国社会利益和社会关系平衡,都发挥了十分重要的作用"。[③] 可以说,中华文化像雨露似阳光,滋养和温暖着古老的中华民族,激励着人们始终百折不挠、自强不息。

[①] 钱穆:《民族与文化》,九州出版社2012年版,第3页。
[②] 《十八大以来重要文献选编》中册,中央文献出版社2016年版,第119页。
[③] 习近平:《在纪念孔子诞辰2565周年国际学术研讨会暨国际儒学联合会第五届会员大会开幕会上的讲话》,人民出版社2014年版,第5~6页。

中华民族有着非凡的文化创造力。每到重大历史关头，文化都能感国运之变化、立时代之潮头、发时代之先声，为亿万人民、为伟大祖国鼓与呼。中华文化既坚守本根又不断与时俱进，使中华民族保持了坚定的民族自信和强大的修复能力，培育了共同的情感和价值、共同的理想和精神。先秦时期出现的百家争鸣的兴盛局面，开创了中国古代文化的一个鼎盛期。20 世纪初的五四新文化运动对社会变革产生了重大影响，成为全民族思想解放运动的重要引擎。民主革命和社会主义革命时期，文化给人以希望、憧憬和鼓舞，激励着人们战胜艰难困苦。社会主义建设时期，文化给人以力量，推动着人们积极投入火热的社会主义建设实践之中。改革开放新时期，文化给人以思考，引导人们解放思想，由此，开启了中国社会主义现代化建设的新征程。今天，在实现"两个一百年"目标和中国梦的新长征中，文化依然发挥着牵引和指导作用。可以说，中华文化成为中华民族在坎坷中不断前行、历经磨难而不坠青云之志的力量源泉和精神寄托。我们深信："中华民族创造了源远流长的中华文化，中华民族也一定能够创造出中华文化新的辉煌。"①

一言以蔽之，中华民族伟大复兴，离不开中华文化的繁荣兴盛。

3. 坚定文化自信，助推民族复兴梦早日实现。

2012 年 11 月 29 日，在参观《复兴之路》展览时习近平郑重指出"两个一百年"目标一定能实现，"中华民族伟大复兴的梦想一定能实现"。之后他在不同场合，多次强调这一点。作为大国领袖，习近平的自信溢于言表。这种实现民族复兴梦想的自信来自哪里呢？

2013 年 12 月 26 日，习近平在纪念毛泽东同志诞辰 120 周年座谈会上讲话时是这么说的："站立在 960 万平方公里的广袤土

---

① 《习近平谈治国理政》，外文出版社 2014 年版，第 156 页。

地上，吸吮着中华民族漫长奋斗积累的文化养分，拥有13亿中国人民聚合的磅礴之力，我们走自己的路，具有无比广阔的舞台，具有无比深厚的历史底蕴，具有无比强大的前进定力。中国人民应该有这个信心，每一个中国人都应该有这个信心。"①

由此可见，习近平关于实现民族复兴梦想的自信来自于中华民族长期积累的"文化养分"和拥有的深厚"历史底蕴"。这是实现民族复兴梦想的重要资本。有学者指出，"中华民族的伟大复兴，不仅仅意指经济的繁荣、政治的发展或社会的进步；在更为深远的意义上，民族复兴意指中华民族在文化、文明上的重新崛起和再度辉煌"。②因此，文化复兴是民族复兴的题中应有之意，是其重要内容和重要组成部分。所以，实现中华民族伟大复兴的中国梦，关键是坚持发展中华文化，坚定文化自信。

坚定文化自信有助于中华民族对内凝聚复兴的伟力，对外展示中国形象。"没有文化的弘扬和繁荣，就没有中华民族伟大复兴的中国梦的实现。"③弘扬和繁荣中华文化需要我们对其有坚定的信念。换言之，需要我们对自己的文化充满信心。这是因为"文化，是一个民族置放灵魂、安顿信仰、确证生命价值和存在意义的精神场所与心灵港湾"。因此，"一个对自身文化没有自信的民族，也必将丧失自我确证、自我认同的根基，从而流为四分五裂的散沙。"④可见，文化自信对民族认同与民族团结至关重要。从这个意义上说，文化自信承载着民族复兴的中国梦。事实上，中国梦具有浓重的文化底色。如果脱离了中国文化，中国梦就会失去其赖以生存的文化根基。可以说，中国梦只有基于中国

---

① 《习近平谈治国理政》，外文出版社2014年版，第171页。
②④ 刘水静：《当代中国文化自信建设的战略意蕴》，载于《教学与研究》2016年第11期。
③ 郑承军：《文化自信：更基本更深沉 更持久的力量》，载于《深圳特区报》2016年7月5日。

文化基础之上，方能获得源源不断的生命支持，即把中国梦的根系深植于我们自己的文化土壤里，才能枝繁叶茂，展示无限的生机。① 难怪有学者说，"文化是民族的生命，没有文化，就没有民族。"② 中国梦强调民族复兴，主要是从文化层面考虑的。从对内而言，民族梦注重从文化传统的层面唤起族群共识，可以与文化强国战略巧妙地勾连起来，着力从文化传统中建立共同体的认同感；从对外而言，民族梦从文化层面来说明中国、演绎中国，淡化了咄咄逼人的"暴发户"气息，让世界感到，中国人是有深厚文化积淀的，中国不仅是经济大国，也是一个文化大国。③

坚定的文化自信有助于中华民族为人类文明增添新内容。人类文明的百花园，需要各民族不断做出贡献，"众人拾柴火焰高"，才能使之生机盎然，熠熠生辉。如前所述，中华民族伟大复兴就是要中华民族对人类文明做出更大贡献。为人类文明贡献理论成果，丰富人类文化宝库，则是题中应有之意。在漫长的历史长河中，"中华民族产生了儒、释、道、墨、名、法、阴阳、农、杂、兵等各家学说，涌现了老子、孔子、庄子、孟子、荀子、韩非子、董仲舒、王充、何晏、王弼、韩愈、周敦颐、程颢、程颐、朱熹、陆九渊、王守仁、李贽、黄宗羲、顾炎武、王夫之、康有为、梁启超、孙中山、鲁迅等一大批思想大家，留下了浩如烟海的文化遗产。"④ 这些文化遗产包含着丰富的哲学社会科学内容、治国理政智慧，为人类认识世界、改造世界提供了

---

① 张涛甫：《"中国梦"的文化解析》，重庆出版集团、重庆出版社2014年版，第22、23页。
② 钱穆：《从中国历史来看中国民族性及中国文化》，九州出版社2011年版，第13页。
③ 张涛甫：《"中国梦"的文化解析》，重庆出版集团、重庆出版社2014年版，第11～12页。
④ 习近平：《在哲学社会科学工作座谈会上的讲话》，人民出版社2016年版，第4～5页。

重要遵循。可以说，中华民族为世界文明贡献了华彩篇章。"中华民族素有文化自信的气度，正是有了对民族文化的自信心和自豪感，才在漫长的历史长河中保持自己、吸纳外来，形成了独具特色、辉煌灿烂的中华文明。"[①] 有了这份豪迈的文化自信，中华民族定会为人类文明不断增添新的内容。

坚定的文化自信有助于中华民族为解决人类面临的问题提供新思路。为解决人类面临的问题提供智慧和力量，显然是中华民族为人类做出贡献的重要体现。众所周知，凝结着中华民族智慧的四大发明，为解决人类改造自然、传承文明等问题提供了不可多得、难能可贵的力量。如今，人类文明飞速发展，取得巨大进步。同时，人类也面临着诸如"贫富差距持续扩大，物欲追求奢华无度，个人主义恶性膨胀，社会诚信不断消减，伦理道德每况愈下，人与自然关系日趋紧张"等突出难题。瑞典诺贝尔物理学奖获得者汉内斯·阿尔文指出，21世纪人类如果要过和平幸福的生活，就应该到2500年前中国的孔子那里寻找智慧。我们有理由相信，博大精深的中华文化蕴藏着解决当代人类面临的难题的重要启示，比如，关于道法自然、天人合一的思想，关于天下为公、大同世界的思想，关于以民为本、安民富民乐民的思想，关于为政以德、政者正也的思想，关于苟日新日日新又日新、革故鼎新、与时俱进的思想，关于集思广益、博施众利、群策群力的思想，关于以诚待人、讲信修睦的思想，关于俭约自守、力戒奢华的思想，关于中和、泰和、求同存异、和而不同、和谐相处的思想，等等。这些思想，"可以为人类认识和改造世界提供有益启迪，为治国理政提供有益启示，也可以为道德建设提供有益启发。"[②]

[①] 云杉：《文化自觉 文化自信 文化自强——对繁荣发展中国特色社会主义文化的思考》中册，载于《红旗文稿》2010年第16期。

[②] 习近平：《在纪念孔子诞辰2565周年国际学术研讨会暨国际儒学联合会第五届会员大会开幕会上的讲话》，人民出版社2014年版，第6~7页。

第三章　中国文化自信的力量

"现在,我们比历史上任何时期都更接近实现中华民族伟大复兴的目标,比历史上任何时期都更有信心、更有能力实现这个目标。"① 在这庄严的宣示背后有着坚定的文化自信作为有力支撑。实现民族复兴的中国梦,文化自信不可缺席。

(二) 文化自信是实现国家富强的内在动力

1. 文化富强是国家富强的应有之义。

富强,词意指富足而强盛,即财富充裕,力量强大。② 国家富强,顾名思义,即国家富裕且强大。它是生产力发展的结果和体现,生产力发展是社会进步的最高标准。因此,我们相信"国家富强"这个目标是在任何历史时期任何历史阶段都需要我们去努力实现的,是"中国梦"必须不断追求的主题之一。

国家富强这个词的字面意思或许很好理解,但是其中所蕴含的丰富的寓意,则需要我们细细思量和揣摩。"富"与"强"二者并非是相互独立的存在,它们之间可以说是相互联系的,不能简单地孤立地看待它们。富是强的基础,强是富的体现。纵观世界历史的发展进程,没有哪一个贫穷落后的国家被冠以"强国"的称号。但是,仅仅实现了富裕并不意味着就一定能带来国家的强大。也就是说,经济实力在一个国家中的重要性固然毋庸置疑,但却绝非是决定国力强大与否的唯一因素。其他如科技实力、军事实力、国防能力也是影响国家强大与否的关键指标。

以上是从有形的硬实力角度审视国家的富强。实际上,还可以从意识形态、价值理念、精神力量等文化软实力视角对国家富强进行考量。一个国家若只有物质财富的丰富而无思想道德素质和科学文化素质的提高,就谈不上是一个强大的国家;一个国家

---

① 《习近平关于实现中华民族伟大复兴的中国梦论述摘编》,中央文献出版社2013年版,第82页。

② 孙来斌:《中国梦之中国复兴》,武汉大学出版社2015年版,第111页。

若只是经济强国、军事强国而非文化强国,也谈不上是一个真正的强国。数千年的中外历史事实表明,凡是文化繁荣发展的阶段都是国家兴旺昌盛之时,也是国家凝聚力空前强大之时;反之,文化没落衰败,很难产生凝聚力,更谈不上国家富强。[1] 显然,"离开了文化支撑,即使有繁荣的经济,强国地位也难以确立,更不易巩固。"[2] 可见,文化富强是国家富强的题中应有之义。文化的富,是精神财富之丰富,不仅要有量的充盈,还要有质的提升。文化的强,是指文化的强大凝聚力、深远影响力和强劲渗透力。文化富强要求国家要能够源源不断地产生适应时代发展要求的文化,惟如此,才是真正意义上的国家富强。

2. 文化自信是国家富强的重要目标和抓手。

文化自信是国家富强的体现和重要目标。追求国家富强的梦想一直是近代中国人不懈追求的目标。这个梦想在中国共产党成立之前没有实现也很难实现。中国共产党领导中国人民在前人探索的基础上,历经革命、建设和改革,使中国逐步走上富强之路。如今,中国已经解决了"挨打""挨饿"的问题,但还没有从根本上解决"挨骂"的问题。换言之,我们的文化软实力还不够强还不够大,致使有时候我们有理说不出,或者是说出了传不出去。

显然,中国还不能称得上是一个强国。因为文化实力和竞争力是国家富强的一个重要标志。"文化软实力集中体现了一个国家基于文化而具有的凝聚力和生命力,以及由此产生的吸引力和影响力。"[3] 纵观世界近现代史可以发现,英、法、美、德、俄、日等国之所以强大,一个主要原因是其思想文化的影响力大。英

---

[1] 叶文成、王玉斌、康福升等:《中国梦的文化图景》,载于《光明日报》2013年11月25日。
[2] 本书编写组:《〈中共中央关于深化文化体制改革 推动社会主义文化大发展大繁荣若干重大问题的决定〉辅导读本》,人民出版社2011年版,第62页。
[3] 《习近平总书记系列重要讲话读本(2016年版)》,学习出版社、人民出版社2016年版,第206~207页。

第三章 中国文化自信的力量

国前首相撒切尔夫人曾说过：中国成不了超级大国，因为今天中国出口的是电视机而不是电视节目。电视机只是一种物件，但电视节目就迥然不同了，它代表的是文化，承载着思想观念。无独有偶，美国前国务卿希拉里也曾说过类似的话：一个不能输出价值观的国家，不能说它是一个强国。她们的话听起来刺耳，但却不无道理。中国是经济大国是一个不争的事实，但要说是文化大国可能还为时尚早。因此，中国在文化上要大有作为，尽快培育我们的文化自信，这理应成为建设富强国家的重要目标，因为"文化自信是更基本、更深沉、更持久的力量"。正如有学者所言："一个缺乏文化自信的国家不可能成为真正意义上的现代强国。"[1]

文化自信亦是实现国家富强的重要抓手。古往今来，任何一个大国的发展进程，既是经济总量、军事力量等硬实力提高的过程，也是价值观念、思想文化等软实力提高的进程。在这一过程中，文化在发挥着重要作用。塞缪尔·亨廷顿以加纳和韩国的发展悬殊来说明这一点。他说，20世纪60年代初，这两个国家的经济水平极其相似：它们的人均国民生产总值大致相当。30年后，韩国经济名列世界第14位，而加纳却没有发生这样的变化。他认为，文化是一个重要原因。[2] 所以，大力发展文化事业和文化产业，不断提升人们的文化自信，自然就成为我们实现国家富强的重要抓手。

3. 坚定文化自信，实现国家富强的梦想。

文化自信为实现国家富强凝神聚气。习近平指出："一个国家综合实力最核心的还是文化软实力，这事关精气神的凝聚，我们要坚定理论自信、道路自信、制度自信，最根本的还要加一个

---

[1] 陈曙光、杨洁：《论文化自信》，载于《文化软实力研究》2016年第3期。
[2] ［美］塞缪尔·亨廷顿、劳伦斯·哈里森主编，程克雄译：《文化的重要作用——价值观如何影响人类进步》，新华出版社2010年版，第7页。

文化自信。"这就是说，文化自信是事关凝聚实现国家富强梦想力量的大问题。改革开放以来，中国社会活力迸发，国家经济社会发展取得了被世人誉为"中国奇迹"的巨大成就。但与此同时，各种历史性和共时性矛盾交织叠加，各种诉求相互碰撞，各种力量竞相发声，给实现"两个一百年"目标带来了极大考验。在这种背景下，亟须进一步凝聚起披荆斩棘、闯关夺隘的中国力量。凝聚中国力量，离不开文化。文化具有强大的感召力、聚合力，是人民构建精神家园、增进思想认同的"最大公约数"。所以，在今天实现国家富强梦想的新长征中，迫切需要充分发挥文化的强大力量，不断增强文化自信，统一思想、凝聚共识、形成合力，汇聚起书写中国特色社会主义发展新篇章的强大力量。[1]而文化自信一旦树立起来就具有稳定性和长期性，就成为左右一个人、一个群体甚至一个社会所有活动的内在基因，其影响不仅深刻而且长远。[2]

　　文化自信是提升综合国力的重要引擎。当今世界，综合国力成为衡量一个国家富强与否的重要指标。由此，国家之间的竞争主要体现在综合国力的较量上。在这日趋激烈的竞争中，文化的地位和作用更为凸显，日益成为关键内容与重要场域。文化"越来越成为综合国力竞争的重要因素、越来越成为经济社会发展的重要支撑"。[3]可以说，中国要成为一个富强的国家，除了凭借经济、科技、军事等硬实力外，最终还是要借助于文化的力量。一定程度上说，文化决定一个国家的前途与命运。"一个国家文化的普世性和它具有的建立一套管理国际行为的有利规则和制度之能力，是至关重要的权力源泉。在当今国际政治中，那些软权

---

[1] 陈俊卿：《为增强文化自信作出新贡献》，载于《党建》2016年第9期。
[2] 杜飞进：《让文化自信之光照亮复兴之路》，载于《人民日报》2016年9月27日。
[3] 任仲文：《学习贯彻十七届六中全会精神推动社会主义文化大发展大繁荣学习参考》，人民日报出版社2011年版，第3页。

第三章 中国文化自信的力量

力源泉正变得越来越重要。"① 在全球化深入发展、世界格局正在进行深刻调整和重组的今天,只有充分认识到文化软实力在国家发展中的意义和价值,才不会在全球化中错失良机。实际上,文化作为软实力是有其"硬道理"的,这个"硬道理"就在于文化具有无处不在的普遍性、无缝不入的渗透性、无所不包的融通性和无往不复的连续性。也就是说,文化是一种普遍存在的力量、全面渗透的力量、融会贯通的力量和恒远连续的力量。② 正因为文化具有如此特性,它才能够成为支撑经济社会发展的重要力量,成为提升综合国力的重要引擎。

改革开放以来特别是党的十八大以来,中国文化软实力得到显著提升,但总体上说,西强我弱的局面仍未发生根本性的改变,西方发达国家依然掌握着国际舆论的话语权。鉴于此,习近平强调,我们不仅要让世界知道"舌尖上的中国",还要让世界知道"学术中的中国""理论中的中国""哲学社会科学中的中国"。他在这里所要求的,就是要我们不断提升中国文化软实力。之所以如此,是因为,"从现实来看,缺少软实力的硬实力很可能缺少持久力;从长远来看,真正的强国最终是靠文化、价值观、制度文明这些软实力才能坐实,才能为世界作出更多更大贡献,才能发挥其引领和影响作用。"③ 实际上,"文化是一个没有硝烟的战场,失去文化自信的国家,其结果就是西方文化的强势入侵和殖民,就是本民族文化被挤入时代的暗角而失去自我更新、新陈代谢的能力,就是民族国家在竞争性格局中被迫蜗居于边缘地带,沦为西方的附庸。"④ 可见,提升综合国力,实现国家富强的梦想,树立文化自信意义重大。

---

① 彭岚嘉:《中国梦的文化指向》,兰州大学出版社 2015 年版,第 116 页。
② 任仲文:《学习贯彻十七届六中全会精神推动社会主义文化大发展大繁荣学习参考》,人民日报出版社 2011 年版,第 17 页。
③ 陈晋:《我们为什么要坚持文化自信》,载于《学习月刊》2016 年第 13 期。
④ 陈曙光、杨洁:《论文化自信》,载于《文化软实力研究》2016 年第 3 期。

（三）文化自信是创造人民幸福生活的思想保证

1. 人民幸福的文化意蕴。

"人民是历史的创造者，群众是真正的英雄。""人民群众是历史发展和社会进步的主体力量。"① 这是马克思主义历史唯物主义的根本观点。习近平指出："'中国梦'归根到底是人民的梦，必须紧紧依靠人民来实现，必须不断为人民造福。"② 这说明了人民幸福就是"中国梦"的最高价值追求。

"幸福"是什么？可能不同的人有不同的理解，会给出不同的答案。一般而言，作为名词的"幸福"指的是"使人心情舒畅的境遇和生活"；作为形容词的"幸福"指的是"（生活、境遇）称心如意"。③ 可见，"幸福"指的是主体对境遇和生活的一种主观感受和体味。因而，"幸福"有一定的主观性。但这种主观性又有其客观的东西——主体生存发展需求的满足。只有生存发展的需求得到满足，主体才能"心情舒畅""称心如意"，即才能谈得上幸福。所以，幸福首先是物质富裕。古人云："仓廪实而知礼节，衣食足而知荣辱。"就非常清楚地把人民的物质富裕放在了第一位。显然，对"幸福"的认识和理解，不应该也不能排除物质生活的富裕。但仅有物质富裕还是不够的，现实生活中，我们常常发现，有的人腰缠万贯却老是说并不幸福。这是因为"把物质富裕当成幸福的单项标准会因欲壑难填而永远无法满足""还会因为物质攀比而难以感受幸福"。④ 因此，对幸福的理解应该是物质和精神两方面的满足。正因为如此，我们国家一直强调物质文明和精神文明两手一起抓，两手都要硬。历史和实

---

① 《习近平谈治国理政》，外文出版社2014年版，第27页。
② 《习近平谈治国理政》，外文出版社2014年版，第40页。
③ 《现代汉语词典（第5版）》，商务印书馆2010年版，第1527页。
④ 刘仰：《中国自信：民族复兴大思维》，北京联合出版公司2015年版，第17页。

践充分证明,只有物质文明和精神文明建设都搞好,"全国各族人民物质生活和精神生活都改善,中国特色社会主义事业才能顺利向前推进"。① 这里的精神生活实际上就是文化生活。所以说,人民幸福内涵文化意蕴。换言之,没有文化生活的富足,人民幸福会大打折扣的,充其量只是残缺的、不圆满的,甚至是不可能的。

2. 文化自信是人民幸福的体现和内容。

文化自信彰显人民幸福。人民对自己民族和国家的文化充满着自信,这本身就是幸福之事。可以想象得出,一个人如若对自己民族和国家的文化能够如数家珍地与他人交流,那种幸福感会是多么地真切和令人神往!梁漱溟曾说,"世界未来文化就是中国文化的复兴,有似希腊文化在近世的复兴那样。"② 这不仅指出中国文化对世界未来文化发展的意义和价值,更凸显了对中国文化未来发展的高度自信。毛泽东曾自豪地说,"随着经济建设的高潮的到来,不可避免地将要出现一个文化建设的高潮。中国人被认为不文明的时代已经过去了,我们将以一个具有高度文化的民族出现于世界。"③ 可以看出毛泽东对新中国文化建设充满着信心。他还从中国文化在世界文明中的地位来表达自己的自豪感和自信心:"世界文明分东西两流,东方文明在世界文明内,要占个半壁的地位。然东方文明可以说是中国文明。"④ 这种对中国文化成就的充分肯定以及对其未来发展的憧憬和期待,体现了高度的文化自信。正是在这样强烈的文化自信的鼓舞和激励下,人民的幸福指数会持续攀升。

文化自信促进人民幸福。人民幸福体现在全面发展上,而发

---

① 《习近平总书记系列重要讲话读本(2016 年版)》,学习出版社、人民出版社 2016 年版,第 187 页。
② 梁漱溟:《东西文化及其哲学》,商务印书馆 2010 年版,第 220 页。
③ 《毛泽东文集》第 5 卷,人民出版社 1996 年版,第 345 页。
④ 《毛泽东传(一)》,中央文献出版社 2011 年版,第 47 页。

展的最高境界是文化。所以从一定意义上说，人民幸福的满足程度依赖于文化。恩格斯在《反杜林论》中提出："最初的、从动物界分离出来的人，在一切本质方面是和动物本身一样不自由的；但是文化上的每一个进步，都是迈向自由的一步。"①可见，人类社会的文明程度和水平对于实现人的自由全面发展意义重大。可以说，作为一种内在精神需求，文化是检视人的自由全面发展的标尺，同人类社会的进步紧密相连。文化是凝聚人心的精神纽带，又直接关系人民幸福。一个社会如果没有文化的充实和丰盈，就谈不上有真正美好的生活。改善民生、促进人民幸福是党的性质和宗旨要求，也是我们最大的政治。试想：改善人民生活，如果不改善文化条件与环境，那么这种改善可能是深层次和全面的吗？显然不是，很可能是粗鄙的、浅层的和片面的。提高人民的幸福指数，如果没有文化这个十分重要的元素，那么这种幸福指数也可能是失去内在特质的低层次的生存指数，很难称得上是真正的幸福指数。因此，党的十八大强调"物质贫乏不是社会主义，精神空虚也不是社会主义。没有社会主义文化繁荣发展，就没有社会主义现代化"。没有文化的引领，没有人民精神生活的丰富，没有全民族精神力量的充分发挥，一个国家、一个民族就不可能屹立于世界民族之林。今天的中国正处在快速发展的历史新阶段，正在进行具有许多新的历史特点的伟大斗争。在这个新的历史时期，一方面发展成就喜人，另一方面矛盾和问题重重。因此，人们的思想出现困惑，精神上产生一定程度的焦虑。在此背景下，培养高度的文化自信，"以文化人""以文育人"，从而丰富人们的精神世界，提升人们的思想境界，促进人民幸福。②

---

① 《马克思恩格斯选集》第3卷，人民出版社2012年版，第456页。
② 求实：《为什么要树立社会主义的文化自觉与文化自信》，载于《商业文化月刊》2015年第11期，第11~19页。

3. 坚定文化自信,不断促进人民幸福梦想的实现。

文化自信助推经济又好又快发展,从而为人民的幸福生活奠定坚实的物质基础。物质贫穷不是社会主义,社会主义就是要实现富裕,而且是人民的共同富裕。"满足人民日益增长的物质需求,必须抓好经济社会建设,增加社会的物质财富。"[1] 这是因为物质财富的丰盈是人民生活幸福的现实基础和重要体现。为此,要坚持以经济建设为中心,推动中国经济又好又快发展,"只有推动经济持续健康发展,才能筑牢国家繁荣富强、人民幸福安康、社会和谐稳定的物质基础。"[2] 文化自信作为精神力量总是"润物细无声"地融入经济力量之中,成为经济发展的强大"助推器"、人民幸福生活的重要支撑。

当今时代,经济发展的一个显著特点是经济文化化和文化经济化,文化对经济的影响越来越大,经济发展越来越依靠文化的力量。"文化赋予经济发展以深厚的人文价值,使人的经济活动与动物的谋生行为有质的区别;文化赋予经济发展以极高的组织效能,促进社会主体间的相互沟通和社会凝聚力的形成;文化赋予经济发展以更强的竞争力,先进文化与生产力中的最活跃的人的因素一旦结合,劳动力素质会得到极大提高,劳动对象的广度和深度会得到极大的拓展,人类改造自然、取得财富的能力与数量会成几何级数增加。"[3] 可见,文化从多方面影响经济发展,渗透到经济发展的全过程。文化自信就是主体对自己民族国家的文化之于经济社会发展意义与价值的充分肯定。所以,从这个意义上说,高度的文化自信是推动经济发展的巨大力量,必将为人民的幸福生活提供坚强的物质后盾。

文化自信构建民族精神家园,丰富人民精神生活,从而实现

---

[1] 《习近平总书记重要讲话文章选编》,党建读物出版社、中央文献出版社2016年版,第191页。
[2] 《胡锦涛文选》第3卷,人民出版社2016年版,第628页。
[3] 习近平:《之江新语》,浙江人民出版社2013年版,第149页。

人民幸福梦想。人民幸福既体现在殷实富足的物质生活上，更反映到丰富多样的精神文化生活上。这主要包括两个方面：国家层面和个人层面的精神富足。这种精神上的富足能够给人民带来更深厚、更持久、更高远的幸福感。从国家层面看，"文化是一个国家、一个民族的灵魂。"① 它是凝聚团结国民的精神纽带，是人民的共有精神家园。文化自信能够提升国民的尊严和自豪感，能够提供整个民族安身立命的精神家园，从而能够为人民幸福提供源源不断的精神动力。为此，我们要大力弘扬以爱国主义为核心的民族精神和以改革创新为核心的时代精神，大力弘扬中华优秀传统文化，大力发展社会主义先进文化，构建中华民族民族共有精神家园。"文化所建构的精神家园，能够驱散人之精神的漂泊、空虚之感，而赋予其较强的归属感和安全感，使其在舒心、安心、希望和自豪当中生发幸福。"②

文化自信的核心是价值观自信。建构精神家园，价值观至关重要。习近平指出："人类社会发展的历史表明，对一个民族、一个国家来说，最持久、最深层的力量是全社会共同认可的核心价值观。"③ 这是因为核心价值观在一定社会的文化中是起中轴作用的，是决定文化性质和方向的最深层次的要素，是一个国家的重要稳定器。"人们据之以观世界、思人生、辨善恶、别曲直、识美丑，也以之为向心凝聚、一体认同、创新创造的依据和向导。"④ 在当代中国，我们要坚守的核心价值观就是党的十八大所提出的24字社会主义核心价值观。它把涉及国家、社会、公

---

① 习近平：《在中国文联十大、中国作协九大开幕式上的讲话》，人民出版社2016年版，第6页。
② 薛艳丽：《文化强国视域下的幸福追寻》，载于《山西高等学校社会科学学报》2013年第5期。
③ 《习近平总书记系列重要讲话读本（2016年版）》，学习出版社、人民出版社2016年版，第189页。
④ 沈壮海：《文化如何成为软实力》，天津出版传媒集团、天津教育出版社2016年版，第22页。

民三个层面的价值要求融为一体,深入回答了我们要建设什么样的国家、建设什么样的社会、建设什么样的公民的重大问题。概言之,"它让人民的生活有确定的目标,有前进的方向和坚实的道路,有美的期冀和超越的精神追求,那内心深处生发的自然是踏实、希望和幸福。"[1]

国家层面的精神富足为人民幸福生活提供了良好的条件和氛围。而个人层面的精神富足则是人民幸福生活的真实体现。因此,党的十八大提出了"全面提高公民道德素质"和"丰富人民精神文化生活"的要求。这体现了中国共产党对人民幸福的科学认识,也反映出党的性质和宗旨。今天,在全球化与市场经济的大背景下,有的人往往过于注重物质财富、权力地位等外在的东西,而忽略了内心世界与精神生活的丰盈。导致在物质繁华的表征下,不同程度地出现精神空虚、迷茫、焦虑、疲惫、孤独等现象,很难感受到幸福。可以说,精神世界的危机和困境是这些人幸福感缺失的根源。树立文化自信是解决这一危机和困境的良药金方。有了高度的文化自信,人们才能认识到"文化是民族的血脉,是人民的精神家园"这一深刻道理。认识到这一点,才能不忘本来,礼敬自己的民族文化;吸收外来,认真对待外来文化。在继承、弘扬、创新自己民族文化的基础上,吸纳外来文化的优秀成果,能够为国民构建共有精神家园。"人只有生存在文化当中才能领悟到生存的意义从而拥有幸福。人也只能借助文化才能平衡躁动不安的情绪或者为这些情绪找到宣泄的出口。"[2]可以说,拥有了文化就拥有了开启幸福的钥匙,拥有了通达幸福彼岸的佳径。[3]

---

[1][3] 薛艳丽:《文化强国视域下的幸福追寻》,载于《山西高等学校社会科学学报》2013年第5期。

[2] 谭大友:《人类生存的家园——自然生态、社会关系与精神文化的协调和统一》,载于《武汉大学学报》(哲学社会科学版)2004年第1期。

(四) 文化自信是实现和平发展合作共赢梦想的重要保障

1. 中国梦是和平发展合作共赢的梦想。

习近平在会见潘基文时曾提出:"国际社会应该共同努力,促进世界和平与发展,走出一条和衷共济、合作共赢的新路子。"①"冷战"结束之后,美苏争霸的"两极格局"已经土崩瓦解,第三世界国家的实力和影响力不断提升,多极化的趋势逐渐显现,世界各国更多地把各自竞争的重心放在了综合国力的提升上,这种形势带来的更多是对话与合作,意识形态等领域的对抗冲突已经逐渐成为了人们普遍抵制的现象。在世界历史中,曾经出现过"修昔底德陷阱"的说法,关于这个观点的相关论述最早来自于古希腊的一位研究历史学的学者修昔底德,意思是:一个新崛起的大国与现有的大国,二者之间的矛盾和对立是必然的,这样战争也就变得不可避免。② 于是这种经验思维就使得一些国家开始带着怀疑的态度审视"中国梦",审视中国历来坚持的和平崛起的说法;更有甚者,一些敌对国家和反华势力的学者在国际上的各类期刊文献上多次提及"中国威胁论"和"中国崩溃论",并大肆宣扬其所谓的"历史必然性",宣称中国的发展不可能跳出"修昔底德陷阱"。如何让中国历来坚持的和平崛起、共赢发展的理念更加深入人心,让国际社会了解到中华民族伟大复兴其中所蕴含的和平意图,这是一个亟待解决的问题。"中国人自古就主张和而不同。我们希望,国与国之间、不同文明之间能够平等交流、相互借鉴、共同进步,各国人民都能够共享世界经济科技发展的成果,各国人民的意愿都能够得到尊重,

---

① 《习近平谈治国理政》,外文出版社2014年版,第250~251页。
② 周梦澜:《中美避免"修昔底德陷阱"的现实基础及途径探析》,载于《阜阳师范学院学报》(社会科学版)2014年第1期。

各国能够齐心协力推动建设持久和平、共同繁荣的和谐世界。"①习近平用中华民族传承数千年的优秀历史文化传统深切表达了中国人民历来爱好和平也愿意积极维护自身与世界和平的愿望,有力地回击了国际上所谓的"中国威胁论"。

进入21世纪以来,全球化的趋势已经不可逆转,社会结构多元化、文化信息化持续推进,这样一种趋势愈发呼吁我们携手打造人类命运共同体。与此同时,经济危机、次贷危机频发,周期越来越短,危害性却不断增强;资源环境约束加剧、能源使用安全性问题等一系列问题都日益突出,促进国际间交流与合作、推进各国之间共赢互利等任务都不得不面临这些严峻的挑战。不过如果从另一方面考虑,虽然目前世界发展的形势从整体上看仍不平衡,国家与国家、地区与地区之间力量对比差距较大;虽然世界的稳定和和平仍需要化解来自多方的风险和挑战;虽然各国尤其是发达国家与第三世界国家在经济发展、生态保护等方面争议冲突不断,但从总体上看,"对立""冲突"之类的思维已经逐渐落后于时代的潮流,为人们所摒弃,求同存异的观点已经深入人心,合作与共赢无疑是当今世界各国发展的理性选择,这也是"中国梦"的重要内涵中所倡导和坚持的。新形势下,无论哪一个国家或地区国家都不可能再进行"闭门造车"式的发展,而只能携手合作、同舟共济、共赢发展。改革开放实行至今,中国的发展取得了无数令世人瞩目的成就,这不仅依靠党带领全国各族人民的共同努力,也得益于相对来说比较和平稳定的国际环境。

实践证明,中国走的是一条能够跳出"修昔底德陷阱"的道路,是一条能够发展与他国和谐关系的道路,我们在参与全球化进程的同时,坚持贯彻和平合作共赢式发展的理念;既要实现中国梦,也要实现世界各国人民的梦,始终以一个大国的姿态和

---

① 《习近平关于实现中华民族伟大复兴的中国梦论述摘编》,中央文献出版社2013年版,第68页。

气度参与处理国际事务,主动承担责任。在20世纪90年代和2008年的经济危机中,世界货币的"领头羊"美元都曾数次贬值,但人民币却始终"一枝独秀",坚挺地撑起了亚洲乃至世界的金融市场,为世界经济的复苏贡献了力量。根据世界银行最新公布的数据估算,2015年中国经济增长对全球经济增长的贡献率达到26.1%,拉动全球经济增长达0.625个百分点,居全球第一位。① 事实已经证明了,"中国梦"是复兴的梦,但这种复兴并不带有侵略性质,相反是对整个世界历史发展都具有推动作用的复兴;"中国梦"意味着发展和共赢,这样的梦想的实现对于世界的和平与稳定一定能做出重要的贡献。

总之,"中国梦是和平、发展、合作、共赢的梦。""实现中国梦给世界带来的是和平,不是动荡;是机遇,不是威胁。"②

2. 中国文化蕴含和平发展合作共赢的意指。

中国文化秉持和平发展理念。习近平指出,"爱好和平的思想深深嵌入了中华民族的精神世界,今天依然是中国处理国际关系的基本理念。"③ 历史发展表明,中华民族历来是一个爱好和平的民族,爱好和平的思想在中华文化中有很深的渊源。中国人自古以来就推崇并坚守"协和万邦""亲仁善邻,国之宝也""四海之内皆兄弟也""远亲不如近邻""亲望亲好,邻望邻好""国虽大,好战必亡"等和平思想。应该说,中华民族在长期实践中培育和形成的这些思想理念,不论过去还是现在,都有其永不褪色的价值。④ 在中华文化数千年绵延发展的历史进程中,产

---

① 赵晋平:《中国经济仍是促进全球增长最积极因素》,人民网,2016年2月29日,http://finance.people.com.cn/n1/2016/0229/c1004-28156493.html。
② 《习近平关于实现中华民族伟大复兴的中国梦论述摘编》,中央文献出版社2013年版,第70、71页。
③ 习近平:《在纪念孔子诞辰2565周年国际学术研讨会暨国际儒学联合会第五届会员大会开幕式上的讲话》,人民出版社2014年版,第3页。
④ 习近平:《在文艺工作座谈会上的讲话》,人民出版社2015年版,第25、26页。

生了儒、释、道、墨、名、法、阴阳、农、杂、兵等各家学说，其中，儒家思想长期居于主导地位。儒家思想与其他学说既对立又统一，既相互竞争又相互借鉴，但始终和其他学说处于和而不同的局面之中。中华文化蕴含的和平发展思想，得到了中外学者的认同。张岱年认为，中国有一个传统，就是既要维护自己民族的独立，又不向外扩张，其理想的民族关系模式是通过道德的教化去"协和万邦"。这是中国爱好和平的优良传统。① 意大利学者利玛窦也提出，中国当时虽有"装备精良的陆军和海军，很容易征服邻近的国家，但他们的皇上和人民却从未想过要发动侵略战争"。进而说，"我仔细研究了中国长达四千多年的历史，我不得不承认我从未见到有这类征服的记载，也没听说过他们扩张国界。"② 习近平指出，"中国历史上曾经长期是世界上最强大的国家之一，但没有留下殖民和侵略他国的记录。"③ 正是持有这种和平发展的思想，中华民族在长期的发展进程中既发展了自己，又促进其他民族的发展。

中国文化强调合作共赢处世之道。和平与发展是中国文化所追求的目标，为此，中国文化强调合作共赢。"各美其美，美人之美，美美与共，天下大同""和而不同"与"合则强，孤则弱"是中国文化处理不同文明、不同民族之间关系所坚守的根本原则。"各美其美"是说每个民族都要珍视自己民族的文化，这是民族的"根"和"魂"，是民族生生不息、发展壮大的重要滋养。正如习近平所指出的："无论哪一个国家、哪一个民族，如果不珍惜自己的思想文化，丢掉了思想文化这个灵魂，这个国家、这个民族是立不起来的。"④ "美人之美"就是说要尊重他国

---

① 张岱年、程宜山：《中国文化精神》，北京大学出版社 2015 年版，第 59 页。
② 何兆武、柳卸林：《中国印象：外国名人论中国文化》，中国人民大学出版社 2011 年版，第 5 页。
③ 《习近平谈治国理政》，外文出版社 2014 年版，第 265 页。
④ 习近平：《在纪念孔子诞辰 2565 周年国际学术研讨会暨国际儒学联合会第五届会员大会开幕式上的讲话》，人民出版社 2014 年版，第 9 页。

的文化,这是因为每个民族的文化都扎根于本民族的土壤中,都有自己的本色、长处和优点。"美美与共"意为不同民族间要相互尊重、欣赏和赞美对方文化。就是说,每个国家、每个民族不分强弱、不分大小,其思想文化都应该得到承认和尊重。"天下大同"并非以某种文化独霸天下,取代其他文化,这不需要也不可能。而是人类文明的共同繁荣,正所谓"一花独放不是春,百花齐放春满园"。"和而不同"亦是处理不同文化应坚持的原则。不同文化应和睦相处和谐共生而非一种文化附和苟同另一种文化。"合则强,孤则弱"则是中国"和文化"在处理民族国家关系上的体现。它要求国家之间只有实现联合解决面临的共同问题才能实现自强。正是遵循了这样的处世之道,"在长期演化过程中,中华文明从与其他文明的交流中获得了丰富营养,也为人类文明进步作出了重要贡献。"[1] 汉唐时期,中华民族对域外和少数民族的文化产生极浓厚的兴趣,大力搜求,广泛吸收,极大地推动了汉唐文化的发展。儒学本是中国的学问,但早已走向世界,成为人类文明的一部分。

3. 坚定文化自信,实现和平发展合作共赢的梦想。

世界上一些有识之士认识到,中国文化蕴藏着解决当代人类面临的难题的重要启示,比如,关于天下为公、大同世界的思想,关于集思广益、博施众利、群策群力的思想,关于以诚待人、讲信修睦的思想,关于中和、泰和、求同存异、和而不同、和谐相处的思想,等等。这些思想可以为实现和平发展合作共赢的梦想提供有益启发。因此,我们要善于从中汲取能量,"保持对自身文化理想、文化价值的高度信心,保持对自身文化生命力、创造力的高度信心。"[2] 我们所强调的文化自信就是"中华

---

[1] 习近平:《在纪念孔子诞辰2565周年国际学术研讨会暨国际儒学联合会第五届会员大会开幕式上的讲话》,人民出版社2014年版,第10页。
[2] 习近平:《在中国文联十大、中国作协九大开幕式上的讲话》,人民出版社2016年版,第6页。

民族对于自我文化理想、价值、活力与前景的确信"。"高度的文化自信,内含着我们这个民族对于自己文化理想的信仰与坚守、对于自己文化价值的肯定与认同。"①

秉持和平发展的文化理念,促进世界和平与发展的崇高事业。如前所述,中华文化蕴含丰富的和平发展思想,我们要以此为指导积极推进人类和平与发展梦想的实现。习近平指出,"和平与发展是当今时代的主题,也是事关各国人民幸福安康的两大问题。世界各国人民都希望生活在祥和的氛围之中,期盼战争、暴力远离人类。世界各国人民也都希望生活在安康的环境之中,期盼饥饿、贫困远离人类。"② 为此,首先要从思想上确立和平发展的理念。维护世界和平,促进共同发展,需要多管齐下、多方共济,其中很重要的一个方面就是从思想上确立和平发展的理念。思想是行动的先导。个人如此,民族国家亦如此。只有在人们心中牢固树立爱好和平的思想,才有可能实现人类和平发展的梦想。中华民族历来是一个爱好和平的民族。近代以来,中国人民蒙受了外国侵略和内部战乱的百年苦难,最懂得和平的宝贵、发展的重要。中国人把和平视为阳光和空气,没有阳光和空气,万物就不能生存生长,没有和平,人类就不能生存发展。从提出和平共处五项原则到和谐世界的主张,再到今天的人类命运共同体思想,无不彰显中国人民和平发展的理念。其次要加强文明的交流互鉴。文明的交流互鉴是推动世界和平发展的重要动力。文明如水,润物无声。通过文明的交流互鉴,人们可以从不同文明中寻求智慧、汲取营养,获得精神支撑和心灵慰籍,有利于携手解决人类共同面临的各种挑战。所以,我们要推动不同文明相互尊重、和谐共处,"让文明交流互鉴成为增进各国人民友谊的桥

---

① 沈壮海:《文化自信的维度》,载于《求是》2017 年第 5 期。
② 习近平:《在纪念孔子诞辰 2565 周年国际学术研讨会暨国际儒学联合会第五届会员大会开幕式上的讲话》,人民出版社 2014 年版,第 2 页。

梁、推动人类社会进步的动力、维护世界和平的纽带。"① 最后要坚持走和平发展道路。中国始终是和平发展道路的倡导者、支持者和实践者。走和平发展道路，是我们党根据时代潮流和中国根本利益作出的战略选择，是中国人民从近代以后苦难遭遇中得出的必然结论，也是中国文化和平发展理念的落实与彰显。这条道路是新中国成立以来特别是改革开放以来，我们党经过艰辛探索和不断实践逐步形成的。在这条道路上，我们也已取得举世瞩目的成就。因此，我们没有理由不坚持这一实现民族复兴唯一正确的发展道路。中国努力通过维护世界和平发展自己，又通过自身发展维护和促进世界和平与发展。维护世界和平、促进世界发展始终是中国外交政策的根本宗旨。当然，维护世界和平、促进世界发展不是哪一个国家的事，需要各个国家的共同努力。鉴于此，习近平指出，"中国走和平发展道路，其他国家也都要走和平发展道路，只有各国都走和平发展道路，各国才能共同发展，国与国才能和平相处。"② 历史发展表明，和平发展道路对中国有利，对世界有利。所以，我们想不出有任何理由不坚持这条被实践证明是走得通的道路。

遵循合作共赢的文化要求，实现合作共赢的梦想。中国文化合作共赢的精神要求我们树立新思维，摒弃零和博弈、丛林法则的旧思维。这是因为在全球化的背景下，国家之间的利益紧密相连，人类面临诸多共同问题，任何国家都不能独善其身。2014年6月28日，习近平在和平共处五项原则发表60周年纪念大会上指出："我们应该把本国利益同各国共同利益结合起来，努力扩大各方共同利益的汇合点，不能这边搭台、那边拆台，要相互补台、好戏连台。要积极树立双赢、多赢、共赢的新理念，摒弃

---

① 《习近平谈治国理政》，外文出版社2014年版，第262页。
② 《习近平谈治国理政》，外文出版社2014年版，第249页。

你输我赢、赢者通吃的旧思维。"① 这为处理新形势下国家关系指明了方向,提供了基本遵循。国家间没有永恒的朋友,只有永恒的利益。当然,这种利益可能是经济的物质利益,也可能是文化的精神利益,尤其可能是一个国家的政治安全利益。这就要求我们把利益作为连接国家关系的纽带,促进国家关系的润滑剂。显然,各国实现自身利益不能采取弱肉强食的丛林法则那一套做法,在国际关系日趋民主化的今天,这种做法注定是行不通的。因此,"合作共赢应该成为各国处理国际事务的基本政策取向。合作共赢是普遍适用的原则,不仅适用于经济领域,而且适用于政治、安全、文化等领域。"② 实际上,中国不仅是合作共赢的倡导者,更是积极实践者。中国致力于把自身发展同世界发展紧密联系起来,把中国人民利益同各国人民利益紧密结合起来,努力实现开放的发展、合作的发展、共赢的发展。中国由积极参与经济全球化到今天为推进经济全球化提出中国方案和中国智慧,以及提出和落实"一带一路"倡议表明我们一直坚持开放的发展。"丝路基金""亚投行""中国—东盟海上合作基金""金砖国家新开发银行""南南合作援助基金"等,这些由中国政府设立或主导的金融机构旨在为相关国家实现发展提供支持和帮助。不仅如此,60多年来,中国积极参与国际发展合作,共向166个国家和国际组织提供了近4 000亿元人民币援助,派遣60多万援助人员,为国际社会发展提供了不可多得的人力物力支援。还有,中国对最不发达国家、内陆发展中国家、小岛屿发展中国家截至2015年底到期未还的政府间无息贷款债务予以免除。这就是说,中国在谋求自身发展的同时,始终关注国际社会其他成员的发展。这些无不兑现着中国政府和人民"合作的发展、共赢的发展"的国际承诺。今天的人类比以往任何时候都更有条件朝和

---

①② 习近平:《弘扬和平共处五项原则建设合作共赢美好世界——在和平共处五项原则发表60周年纪念大会上的讲话》,人民出版社2014年版,第9页。

平与发展目标迈进,更应该努力构建以合作共赢为核心的新型国际关系。所以,习近平强调:"我们要坚持多边主义,不搞单边主义;要奉行双赢、多赢、共赢的新理念,扔掉我赢你输、赢者通吃的旧思维。"① 这体现了当今世界"和平、发展、合作、共赢"的时代潮流。中国梦契合这一时代潮流,它"同世界各国人民的美好梦想息息相通,中国人民愿意同各国人民在实现各自梦想的过程中相互支持、相互帮助,中国愿意同各国尤其是周边邻国共同发展共同繁荣"。②

二、维护意识形态安全的金钥匙

(一) 意识形态及其安全

1. 何谓意识形态。

学界一般认为,意识形态这个概念是由法国哲学家德斯杜特·特拉西首先提出的。1797年(一说1796年)特拉西在其四卷本巨著《意识形态原理》中最早提出"意识形态"一词。他把意识形态看作一个肯定性的概念,主要是指"观念的科学",即观念学、概念学或意识学,其目的是为了把意识形态与经院哲学、宗教神学的种种谬误区分开,以便于研究认识的起源、认识的界限及认识的可靠性,进而去改造社会。③ 然而,不同的学者由于其所处时代、国度,所持政治立场、信仰以及世界观和价值观等的差异,使得他们对意识形态概念的界定有很大差异,甚至

---

① 习近平:《习近平在联合国成立70周年系列峰会上的讲话》,人民出版社2015年版,第16页。
② 习近平:《弘扬和平共处五项原则建设合作共赢美好世界——在和平共处五项原则发表60周年纪念大会上的讲话》,人民出版社2014年版,第13页。
③ 王永贵等:《经济全球化与社会主义意识形态建设研究》,人民出版社2005年版,第7页。

大相径庭。德国哲学家卡尔·曼海姆把意识形态看作"思想方式",并将其区分为"特定的意识形态"和"总体的意识形态"两种情形。前者为了自己派别的利益,虚伪地掩饰自己,丑化对方,怀疑"对手提出的思想和描述"。后者意味着不再怀有私心,是一种群体性的、阶级性的意识,是"一个时代或者一个具体的社会历史集团(比如阶级)的意识形态"。[①] 英国学者戴维·米勒、韦农·波格丹诺在《布莱维尔政治学百科全书》中提出:"意识形态是具有符号意义的信仰观点的表达方式,它以表现、解释和评价现实世界的方法来形成、动员、指导、组织和证明一定行为模式和方式,并否定其他的一些行为模式和方式。"

宋惠昌在《当代意识形态研究》一书中曾对意识形态有过这样的论述,"准确地说,'意识形态'是关于社会、政治问题的哲学范畴。因此,我们可以确定,'意识形态'是社会哲学(也就是政治哲学)的基本范畴。"[②] "作为社会哲学基本范畴的意识形态,也就是思想体系(ideology),是一定社会或阶级的思想体系。具体一些说,意识形态是社会的思想上层建筑,是一定社会或一定社会阶级、集团基于自身根本利益对现存社会关系自觉反映而形成的理论体系;这种理论体系包括一定的政治、法律、哲学、道德、艺术、宗教等社会学说、观点;意识形态是该阶级、该社会集团政治纲领、行为准则、价值取向、社会理想的思想理论依据。"[③] 我们认为,意识形态主要是指主流意识形态,也就是社会上占统治地位的阶级、阶层或社会集团基于自身根本利益对社会关系的自觉反映从而形成的思想理论体系。统治阶级的阶级意识决定了国家意识形态的性质,起着维护阶级利益,实

---

① [德]卡尔·曼海姆著,姚仁权译:《意识形态与乌托邦(一)》,九州出版社 2007 年版,第 115 页。
② 宋惠昌:《当代意识形态研究》,中共中央党校出版社 1993 年版,第 7 页。
③ 宋惠昌:《当代意识形态研究》,中共中央党校出版社 1993 年版,第 10 页。

施阶级统治的重要作用。中国是工人阶级领导的、人民民主专政的社会主义国家,"社会主义意识形态,作为社会主义经济、政治制度的思想理论基础,它的核心(或世界观基础)是马克思主义哲学即辩证唯物主义、历史唯物主义,因此,它的结构的最高层次是共产主义思想体系(包括共产主义理想、共产主义道德等),这是社会主义初级阶段的最高意识形态目标;社会主义意识形态的主体部分是与现阶段的社会主义经济、政治制度相适应的社会主义政治思想、社会主义法律思想、社会主义道德观,等等,这部分意识形态内容,是社会生活中对绝大多数成员的基本意识形态要求;社会主义意识形态的基础层次,则是社会主义的爱国主义、社会主义人道主义,等等,这是社会主义社会中具有最广泛社会基础的意识形态要求。社会主义意识形态的这几个基本层次的内容,是互相联系、相互制约的,马克思主义的基本观点贯穿于其中,因此,它既有广泛的指导作用,又有确定的思想原则性,成为社会主义社会精神生活的主导因素。"[1] 社会主义意识形态的创立和发展是为了满足无产阶级革命斗争与社会主义建设的需要,具有特定社会历史背景,反映了时代的需要和历史发展的必然趋势。

2. 意识形态安全的意蕴。

安全是主体没有危险的客观状态。所谓意识形态安全,就是"指国家占统治地位的思想观念形态体系不受威胁、没有危险、免遭危害,能够维持正常生存和发展的一种相对稳定与有序和谐的状态,是国家安全的重要组成部分和本质体现"。[2] 中国是无产阶级领导的社会主义国家,中国的主流意识形态就是社会主义意识形态,对社会主义意识形态安全的考察可以从四个方面进

---

[1] 宋惠昌:《当代意识形态研究》,中共中央党校出版社1993年版,第112~113页。
[2] 石云霞:《当代中国文化发展中的意识形态安全问题》,载于《中国特色社会主义研究》2012年第2期。

行。一是从主流意识形态的性质和功能的角度看，国家意识形态安全首先指主流意识形态安全，即主流意识形态正常发挥其巩固和维护政治合法性功能。二是从意识形态的社会基础角度看，国家意识形态安全意味着在特定的民族国家范围内，主要阶级和大多数民众对主流意识形态有较强的认同感。三是从国家政权的视角看，国家意识形态安全是指国家机器能够对其统治范围内的各种意识形态要素进行有效调控，同时避免受到外来意识形态的侵袭，使之有序运行，特别是使主流意识形态能够正常发挥其功能。四是由于在国家的一定发展阶段上，既存在着主流意识形态，又客观存在着多种国家意识形态要素。因此，国家意识形态安全，除了指主流意识形态能够维系其主导地位外，还意味着已有的主流意识形态和其他意识形态要素之间能够保持良性互动的结构性关系。[1] 维护中国的意识形态安全具体体现在要始终坚持马克思主义的一元指导地位和毫不动摇坚持中国共产党的领导，以社会主义核心价值体系与价值观有效引领各种社会思潮，使之"得到最广大人民群众的广泛认同"[2]。这样中国社会主义主流意识形态就能够健康发展。

意识形态安全事关党和国家前途命运。如果一个社会没有共同的思想基础，国家就可能分裂，民族就可能解体，因此，意识形态关系到社会的稳定、国家的安全。正如习近平在全国宣传思想工作会议上所指出的，"能否做好意识形态工作，事关党的前途命运，事关国家长治久安，事关民族凝聚力和向心力。"[3] 作为世界上最大的社会主义国家，中国长期面临各种敌对势力在意识形态领域的渗透和威胁，敌对势力一刻也没有放松在意识形态

---

[1] 高峰、艾辰：《国家意识形态安全论析》，载于《当代世界与社会主义》2013年第5期。

[2] 石云霞：《当代中国文化发展中的意识形态安全问题》，载于《中国特色社会主义研究》2012年第2期。

[3] 《习近平总书记系列重要讲话读本（2016年版）》，学习出版社、人民出版社2016年版，第193页。

领域与我们激烈较量。中国意识形态领域在总体上是健康稳定的，但也面临越来越大的压力，文化全球化的时代背景下，意识形态安全的问题更加突出。忽视意识形态工作就可能犯无可挽回的历史性错误。苏共垮台的一个很重要原因就是"意识形态建设出现了严重偏差和失误，放弃了马克思主义的指导思想地位"。①马克思曾说，"如果从观念上来考察，那么一定的意识形态的解体足以使整个时代覆灭。"② 因此，我们认为，"经济工作搞不好要出大问题，意识形态工作搞不好也要出大问题。"③ "一个政权的瓦解往往是从思想领域开始的，政治动荡、政权更迭可能在一夜之间发生，但思想演变是个长期过程。思想防线被攻破了，其他防线就很难守住。我们必须把意识形态工作的领导权、管理权、话语权牢牢掌握在手中，任何时候都不能旁落，否则就要犯无可挽回的历史性错误。"④ 近些年来，西方敌对势力对中国的意识形态渗透呈现出许多新特点。他们打着"民主""自由""人权""宗教信仰自由""普世价值"等旗号，借题发挥，蓄意炒作，与国内的代理人遥相呼应，内外勾结，通过互联网、非政府组织等渠道攻击中国政治制度、司法制度，直接威胁到中国文化安全和意识形态安全。在国内市场经济改革逐步深化，利益主体更加多元化的社会环境中，各种思潮相互激荡，噪音杂音时有出现。严峻的现实使我们必须正视这一问题。在全面深化各项事业改革的历史进程中，"全党同志一刻都不能放松政治这根弦，始终要坚持正确的政治方向、政治立场、政治观点，增强政治鉴别力、政治敏锐性。各级党委和政府要把意识形态工作作为关系国家安全和社会稳定、关系党和人民事业兴衰成败的重大工作抓

---

① 季正矩：《崩坍的山岳：苏联共产党兴衰成败经验教训研究》，湖南师范大学出版社 2015 年版，第 1 页。
② 《马克思恩格斯全集》第 46 卷下，人民出版社 1956 年版，第 35 页。
③ 《十六大以来重要文献选编》下册，中央文献出版社 2008 年版，第 684 页。
④ 李宝善：《充分认识意识形态工作的极端重要性》，载于《人民日报》2013 年 9 月 12 日。

紧抓好，始终坚持和不断巩固马克思主义在意识形态领域的指导地位。要加强马克思主义理论研究，不断增强说服力和战斗力，真正使马克思主义成为全党全国人民团结奋斗的精神支柱。"① 一定"要把意识形态工作作为关系国家安全和社会稳定、关系党和人民事业兴衰成败的重大工作紧紧抓好"。②

我们党历来重视意识形态工作，注重意识形态阵地建设，因为"意识形态领域历来是敌对势力同我们激烈争夺的重要阵地，如果这个阵地出了问题，就可能导致社会动乱甚至丧失政权。敌对势力要搞乱一个社会、颠覆一个政权，往往总是先从意识形态领域打开突破口，先从搞乱人们的思想下手。"③ 意识形态领域"社会主义思想不去占领，资本主义思想就必然会去占领"。④ 我们必须更加坚定地坚持马克思主义的指导地位不动摇，坚持用发展着的马克思主义指导社会主义建设和改革的各项事业，牢牢掌握意识形态主动权和话语权。

（二）文化与意识形态安全

1. 意识形态决定文化的发展方向，制约着人们文化创造的方式，使得文化具有鲜明的意识形态特征。

阶级社会中，意识形态是统治阶级的文化展现，某种意识形态对当时社会的具体反映通过各种文化信息、文化模式和各种文化交流活动来体现，文化便具有鲜明的意识形态特性，而意识形态则是文化各种形式和内容的表达。文化中的意识形态制约和规范着文化表现形式，也就是物质文化生产的目的、方法、制度文化的制定与实施、人文精神发展的趋势和途径等基本内容。一定

---

① 《十六大以来重要文献选编》中册，中央文献出版社 2006 年版，第 318～319 页。
②③ 《十六大以来重要文献选编》中册，中央文献出版社 2006 年版，第 318 页。
④ 《江泽民文选》第 1 卷，人民出版社 2006 年版，第 160 页。

社会关系中的文化创造和发展并不是漫无目的的无意识活动，人们总是聚焦于社会的某个方面或某个层次，而意识形态环境则成为人们定位所关注焦点问题的主要影响因素。由于阶级地位和阶级利益不同，必然形成不同的愿望和要求，不可能有统一的超越阶级的意识形态。某种意识形态支配下的文化行为代表着某种特定阶级集团的价值取向，具有明显的阶级特征。马克思曾经深刻地指出："统治阶级的思想在每一时代都是占统治地位的思想。这就是说，一个阶级是社会上占统治地位的物质力量，同时也是社会上占统治地位的精神力量。支配着物质生产资料的阶级，同时也支配着精神生产的资料，因此，那些没有精神生产资料的人的思想，一般是隶属于这个阶级的。占统治地位的思想不过是占统治地位的物质关系在观念上的表现，不过是以思想的形式表现出来的占统治地位的物质关系；因而，这就是那些使某一阶级成为统治阶级的关系在观念上的表现，因而这也就是这个阶级的统治思想。"[1] 统治阶级由于占据了物质力量而由此获得了精神的力量，也就是意识形态的力量，统治阶级的意识形态通过文化等非强制手段潜移默化地维护着统治阶级的利益。"每一历史时代的经济生产以及必然由此产生的社会结构，是该时代政治和精神的历史的基础。"[2] 意识形态是一定社会的行为规范和价值观念的综合，具有社会价值评价功能，统治阶级对符合自身意识形态的文化一般会采取吸纳和褒扬的态度，让这些文化继续创新发展并成为统治阶级意识形态新的组成部分。反之，对于那些不符合统治阶级意识形态的文化则采取批判和打击的态度，使其失去存在的社会基础。意识形态不断改造和选择着社会中的文化，统治阶级的意识形态引导、发展着这种文化。阶级社会中，作为社会文化内核的意识形态因其性质的不同对社会文化

---

[1]《马克思恩格斯选集》第1卷，人民出版社2012年版，第178页。
[2]《马克思恩格斯选集》第1卷，人民出版社2012年版，第380页。

的发展方向具有两种作用效果。一是当主流意识形态符合社会发展规律时，能够推动文化的大发展、大繁荣；二是当主流意识形态违背历史发展潮流时，则会严重阻碍社会文化的发展创新。社会存在决定社会意识，社会意识是对社会存在的反映。虽然意识形态的发展变化与社会存在的发展变化有时不一定完全同步，但作为一个社会的主流意识形态，却是与经济的发展水平大体同步的。

文化是对社会政治经济的反映，文化创新和创造必须与社会发展相适应，与社会成员生产活动相联系，才能得到社会的肯定和认同。阶级社会里，统治阶级的意识形态必然决定着该社会的文化发展方向，左右着社会成员的价值取向。"人们对世界的认识以及对世界的观念性再造是一个能动的过程，其中思维结构对于吸纳、处理和整合观念信息具有重要的意义。相同的观念信息在不同结构的处理中会呈现出不同的面貌。每个人的思维结构不是与生俱来的，而是在社会实践与交往中逐渐构造的。……在一定意义上讲，这种构造是意识形态在人心中的内化活动，思维结构是意识形态在人心中的沉淀。于是人们才有可以通约的观念及其逻辑形式，才有可以相互理解的意愿和兴趣，才有精神生产中的合作与配合。"[1] 每一个时期，每一个社会发展阶段，每一个社会领域的文化创新和创造，只有符合该社会的统治阶级的意识形态利益时，所进行的文化创新和创造才会具有合法性和生命力。正如恩格斯在《路德维希·费尔巴哈和德国古典哲学的终结》中所指出的，"任何意识形态一经产生，就同现有的观念材料相结合而发展起来，并对这些材料作进一步的加工。"[2] 正因为文化是统治阶级意识在现实生活中的折射和反映，与当时当地的政治经济必然发生千丝万缕的联系，其生

---

[1] 周宏：《论意识形态的文化意义》，载于《江海学刊》2002年第6期。
[2] 《马克思恩格斯选集》第1卷，人民出版社2012年版，第261页。

成和发展便具有浓厚的意识形态色彩，因而带有强烈的政治性和意向性。

2. 文化是意识形态产生和发展的基础，意识形态是广义文化范畴的重要组成部分。

文化是相对于我们所说的经济、政治而言的，包括人们在生产和生活中产生的思想观念、道德标准、文学艺术等精神方面的内容。意识形态建基在文化的土壤之上，文化是人们在生产生活的实践活动中产生，是人们在自觉或不自觉的实践活动中积淀而成的，当文化被阶级集团进行系统化和理论化之后，就会成为意识形态的文化。文化为意识形态的构建提供精神和物质支持，意识形态是这一历史时期或历史阶段的文化的现实反映。这种反映以一定的社会文化为基础，文化的价值判断标准直接影响意识形态的价值取向。意识形态不仅需要阶级集团的政治权力来维护，也需要文化潜移默化的承载和渗透，依靠通过文化的形式对其思想观念、道德情感、价值判断标准等在社会上进行传播，以形成广泛共识，从而更好地维护阶级统治。

文化是意识形态的源泉和母体，也是意识形态的表现形式，人类文化上的每一次进步都会推动意识形态从形式到内容的丰富和发展。传统文化在意识形态现实构建中或多或少地都会打上历史烙印，对传统文化的继承和发展是意识形态现实构建的重要历史资源。正如马克思在《路易·波拿巴的雾月十八日》中所描述的，"人们自己创造自己的历史，但是他们并不是随心所欲地创造，并不是在他们自己选定的条件下创造，而是在直接碰到的、既定的、从过去继承下来的条件下创造。一切已死的先辈们的传统，像梦魇一样纠缠着活人的头脑。当人们好像刚好正在忙于改造自己和周围的实物并创造前所未闻的实物时，恰好在这种革命危机时代，他们战战兢兢地请出亡灵来为他们效劳，借用它们的名字、战斗口号和衣服，以便穿着这种久受崇敬的服装，用这种借来的语言，演出世界历史的新的一幕。"① 文化的发展和意识形态的演化体现出历史与现实之间的继承关系。意识形态的现实构建不仅需要从传统文化之中汲取养分，也需要从现实文化的创新与发展之中获得素材和发展的动力。现实文化本质上是对当下社会生活的思想凝练，其必然承载着意识形态的内容，并为意识形态的更新与完善创造着新的思想文化背景和文化基础。

文化是对人类精神性存在的总概括，与人类社会共存亡，而意识形态作为阶级社会的思想体系，则是一个历史的范畴。文化的出现和发展先于意识形态，是意识形态生成的重要前提。某种程度上说，阶级社会中从事文化活动的人也在从事着意识形态生产。意识形态需要借助文化的内在张力与渗透力把其观念性的理论传达给社会成员，使其认同这种观念，并内化为其阶级价值观，从而上升为社会的主导性文化，以此来实现意识形态对社会核心价值取向的整合和凝聚。文化作为意识形态的外在表现形式，为意识形态的功能实现创造平台和场所。"文化要素越来越成为意识形态的重要组成部分，意识形态的凝聚力和吸引力逐步由主要通过政治方式的刚性干预向以文化的心理认同方式转变。作为意识形态核心的政治思想和政治纲领日益与文化结缘，更多地借助文化和价值观力量而获得更加广泛而有成效的传播，逐步内化到人们的生活世界中。"②

3. 文化全球化使中国意识形态领域呈现复杂局面。

习近平指出，"文明因交流而多彩，文明因互鉴而丰富。文明交流互鉴，是推动人类文明进步和世界和平发展的重要动力。"③ 当今世界，全球化趋势深入发展，科技、文化等领域的全球化也同步推进。文化全球化促进了各国文化更加深入的交

---

① 《马克思恩格斯选集》第1卷，人民出版社2012年版，第585页。
② 龚旭芳：《论意识形态的理性认知情感认同》，载于《湖北社会科学》2009年第12期。
③ 《习近平谈治国理政》，外文出版社2014年版，第258页。

流,从而在一定程度上推动了生产关系的调整和生产力的进步。然而,我们在看到文化全球化在促进各国文化交流、思想传播有利一面的同时,也应该看到,它也对中国的文化安全和意识形态安全提出了新的挑战。本应建立在平等互利双向交流基础上的文化交流,由于西方国家有意识、有目的夹带私货行为,造成了事实上的不平等,从而给中国的文化事业和意识形态安全造成了严重的损害。窗户打开,新鲜空气进来的同时,苍蝇和蚊子也进来了。文化安全事关意识形态安全。当前,中国文化安全问题既面临因文化产业竞争力较弱带来的负面效应,又有西方发达国家主导的全球化而面临"文化霸权主义"的冲击。马克思在《共产党宣言》中曾深刻指出,"资产阶级,由于开拓了世界市场,使一切国家的生产和消费都成为世界性的了。……物质的生产是如此,精神的生产也是如此。各民族的精神产品成了公共的财产。民族的片面性和局限性日益成为不可能,于是由许多民族的和地方的文学形成了一种世界的文学。"[①]"冷战"结束后,以美国为首的西方国家在经济全球化的大环境下,加强了文化扩张和意识形态渗透的全球攻势,企图控制全球文化资源和市场,垄断世界文化话语权。其根本目的在于维护资本主义在全球的垄断地位,维护西方资产阶级的集团利益。西方国家在向发展中国家特别是社会主义国家实施文化渗透时,一面鼓吹文化多元化,以消解别国主导性意识形态,一面又鼓吹新自由主义,以强行干涉别国内政,迫使别国接受自己的价值观。在他们看来,苏联解体之后,中国自然就成为他们下一个瓦解的主攻目标。有了瓦解苏联的"成功经验",对中国进行意识形态领域渗透自然成为他们的必然选择。这其中首先采用的手段,便是借助文化全球化推行所谓"普世价值",看似平等的文化交流背后,隐藏着资产阶级意识形态输出的险恶用心。

---

① 《马克思恩格斯选集》第 1 卷,人民出版社 2012 年版,第 404 页。

第三章　中国文化自信的力量

"当今全球化与意识形态有着密切的联系,无论从历史还是从现实看,全球化都具有明显的意识形态属性。这主要表现在两个方面:理论上,对全球化及其实质的理解上目前存在着性质不同的全球化观。……实践上,表现在'客观的全球化进程'与'西方主观的全球化战略'的区分、矛盾和斗争上,全球化已经成为西方企图控制世界的手段和工具,甚至已演变为西方某些国家的国家意识形态。""实际上,一方面全球化是社会生产力和现代化科技发展推动的必然结果,是一个客观的自然历史过程和发展趋势。……另一方面,由于当今全球化是在资本主义经济体系及其'游戏规则'主导和控制下进行的,这样,全球化进程就受到西方发达国家的控制和支配,它表明,当今全球化不断扩展的过程,实际上就是建立在资本主义经济基础之上的、代表资产阶级利益的意识形态在世界范围内不断扩展的过程。"[①] 从某种程度上说,全球化就是"西方化""美国化"的过程。在资本内驱力的推动下,西方国家企图将世界纳入资本主义世界体系,从而在政治、经济、文化、科技等各个方面实施全面控制,迫使其他国家纳入西方国家主导的全球体系之中,成为其附庸。在全球化的过程中,西方国家总是利用发达的科技优势,凭借各种先进技术手段,不遗余力地宣扬西方主流意识形态和价值观,以西方的视角强调西方文化的先进性、一元性和所谓的"普世性",预言未来全球文化的同一化,即西方文化取代其他文化成为全人类唯一的文化。

马克思、恩格斯在《共产党宣言》中明确指出,"资产阶级,由于一切生产工具的迅速改进,由于交通的极其便利,把一切民族甚至最野蛮的民族都卷到文明中来。它的商品的低廉价格,是它用来摧毁一切万里长城、征服野蛮人最顽强的仇外心理

[①] 王永贵等:《经济全球化与我国社会主流意识形态建设研究》,人民出版社2010年版,第8页。

的重炮。它迫使一切民族——如果它们不想灭亡的话——采用资产阶级的生产方式；它迫使它们在自己那里推行所谓文明，即变成资产者。一句话，它按照自己的面貌为自己的创造出一个世界。"① 坚持"西方文化中心论"的人，经常把自己的文化传统和价值观当成唯一合理正确的形式，并以此标准衡量其他文化，压制和贬损其他文化的发展，认为其他文化是一种落后文化，必须要接纳西方文化这一"普世"和唯一正确的文化，按照西方的价值观和意识形态生存才能够实现国家的现代化，从而进入现代文明。然而，即便是西方学者对这一观点也不完全赞同。正如亨廷顿在《文明的冲突》一书中所指出的，"普世文明的概念是西方文明的独特产物。……普世主义是西方对付非西方社会的意识形态。"② "现代化并不一定意味着西方化。非西方社会在没有放弃它们自己的文化和全盘采用西方价值观、体制和实践的前提下，能够实现并已经实现了现代化。西方化确实几乎不可能的，因为无论非西方文化对现代化造成了什么障碍，与它们对西方化造成的障碍相比都相形见绌。"③ 改革开放以来，中国经济高速发展，已经成为拉动世界经济增长的火车头。在这一和平崛起的过程中，我们始终坚持中国共产党的领导和马克思主义意识形态，在不断继承和发展优秀传统文化的基础上走出了一条有别于西方掠夺式发展的现代化新路，为其他国家提供了一种崭新的发展模式。

（三）坚定文化自信，切实维护好意识形态安全

1. 坚持对马克思主义和社会主义文化的自信是维护意识形态安全的重要前提。

---

① 《马克思恩格斯选集》第1卷，人民出版社2012年版，第404页。
② [美] 塞缪尔·亨廷顿著，周琪译：《文明的冲突》，新华出版社2013年版，第45页。
③ [美] 塞缪尔·亨廷顿著，周琪译：《文明的冲突》，新华出版社2013年版，第57页。

第三章 中国文化自信的力量

马克思主义是我们立党立国的根本指导思想,是社会主义意识形态的旗帜和灵魂。坚持和巩固马克思主义在中国意识形态领域的指导地位,是社会主义建设和改革事业能否沿着正确道路前进的根本思想保证。坚持马克思主义在意识形态领域的一元指导地位,是事关意识形态安全的核心问题。社会主义意识形态以马克思主义为核心,这是社会主义经济基础和政治上层建筑的自觉反映,以实现人的全面发展和社会的全面进步为出发点和落脚点,自觉反映最广大人民的根本利益的思想观念体系,是广大人民群众认识世界和改造世界的有力武器。列宁指出,"为什么马克思的学说能够掌握最革命阶级的千百万人的心灵?因为马克思研究了人类社会发展的规律,完全依据对资本主义社会所做的最确切、最缜密和最深刻的研究,借助于充分掌握以往的科学所提供的全部知识而论证了资本主义的发展必然会导致共产主义这个结论。"[①] 我们党在领导全国人民进行革命、建设以及改革的过程中,始终坚持高举马克思主义伟大旗帜,坚持把马克思主义同中国革命和建设的实践相结合,走出了一条马克思主义中国化的理论创新之路。正如习近平所指出,"马克思主义深刻揭示了自然界、人类社会、人类思维发展的普遍规律,为人类社会发展进步指明了方向;马克思主义坚持实现人民解放、维护人民利益的立场,以实现人的自由而全面的发展和全人类解放为己任,反映了人类对理想社会的美好憧憬;马克思主义揭示了事物的本质、内在联系及发展规律,是'伟大的认识工具',是人们观察世界、分析问题的有力思想武器;马克思主义具有鲜明的实践品格,不仅致力于科学'解释世界',而且致力于积极'改变世界'。在人类思想史上,还没有一种理论像马克思主义那样对人

---

① 《列宁全集》第39卷,人民出版社1986年版,第298页。

类文明进步产生了如此广泛而巨大的影响。"① 当前社会中存在着思想领域一元化和多样性之间矛盾的问题。一元就是作为主流意识形态的社会主义意识形态以马克思主义为指导,多样则是指社会转型时期,各种价值观和社会思潮的相互激荡。一元是根本,多样是内容,多样必须在一元的指导下才能有序发展。只有坚持马克思主义的指导地位,才能正确认识中国经济社会发展的现状,才能在纷繁复杂的各种社会思潮中固本清流,从而为社会主义现代化建设和改革事业提供强大精神动力。

2. 在文化交流中必须坚定对本民族文化的自信,切实维护好意识形态安全。

习近平指出,"宣传阐释中国特色,要讲清楚每个国家和民族的历史传统、文化积淀、基本国情不同,其发展道路必然有着自己的特色;讲清楚中华文化积淀着中华民族最深沉的精神追求,是中华民族生生不息、发展壮大的丰厚滋养;讲清楚中华优秀传统文化是中华民族的突出优势,是我们最深厚的文化软实力;讲清楚中国特色社会主义植根于中华文化沃土、反映中国人民意愿、适应中国和时代发展进步要求,有着深厚历史渊源和广泛现实基础。中华民族创造了源远流长的中华文化,中华民族也一定能够创造出中华文化新的辉煌。独特的文化传统,独特的历史命运,独特的基本国情,注定了我们必然要走适合自己特点的发展道路。"② 每一种文化的存在都有其合理性和独特的魅力,正像生物圈的物种多元化推动着生物的相互竞争和不断演化,文化的多元化使得人类社会变化万千、精彩纷呈,推动着人类文明的不断进步。我们灿烂悠久的文明史是我们文化自信的重要来源,中华民族优秀传统文化正是在历史上与其他文化相互交流、

---

① 习近平:《在哲学社会科学工作座谈会上的讲话》,载于《人民日报》2016年5月19日。

② 《习近平谈治国理政》,外文出版社2014年版,第155~156页。

第三章　中国文化自信的力量

相互借鉴中推动了古代中华文化达到了人类文明的高峰。当前，我们所从事的社会主义现代化建设和改革事业也要从中借鉴优秀成分。只有在不断继承、发展以及相互借鉴的基础上才能使文化更加辉煌，从而促进各项事业的发展。

目前，中国主流意识形态坚持以马克思主义为指导，但是坚持和巩固马克思主义指导地位的任务十分艰巨。全球化背景下，各国文化交流日益频繁。西方国家在苏联解体、东欧剧变后，将意识形态渗透的主要目标转向社会主义中国，加紧实施"西化""分化"的政治图谋，企图通过各种手段对中国施加影响，从而动摇马克思主义在我国意识形态领域的指导地位，扰乱人们的思想。美国前总统尼克松不无炫耀地说道，"我们的吸引力并非来自我们的财富或实力，而是来自我们的思想。归根到底，是思想而不是武器决定历史。当深知世界如何运转的政治家们以强大的思想为武器时，更是如此"。[①] 在竞争日益激烈的文化和意识形态领域，我们必须坚定对本民族优秀文化的自信，时刻对西方国家所宣扬的带有严重资产阶级意识形态倾向的文化和价值观保持警醒，坚定不移地做好自己的本职工作，在不断增强国家硬实力的基础上，扩大中国软实力的国际话语权。正如习近平在全国宣传思想工作会议上所强调，"经济建设是党的中心工作，意识形态工作是党的一项极端重要的工作。党的十一届三中全会以来，我们党始终坚持以经济建设为中心，集中精力把经济建设搞上去、把人民生活搞上去。只要国内外大势没有发生根本变化，坚持以经济建设为中心就不能也不应该改变。这是坚持党的基本路线100年不动摇的根本要求，也是解决当代中国一切问题的根本要求。同时，只有物质文明建设和精神文明建设都搞好，国家物质力量和精神力量都增强，全国各族人民物质生活和精神生活都

[①] [美]尼克松著，王观声等译：《1999：不战而胜》，世界知识出版社1989年版，第332~333页。

改善，中国特色社会主义事业才能顺利向前推进。"① 因此，坚持文化自信不仅出于对民族文化的价值认同和精神传承的需要，更是为社会主义现代化建设和改革事业提供坚强思想保障的社会主义意识形态安全的金钥匙。

三、筑牢"三个自信"的坚强基石

（一）"三个自信"的科学内涵

1. 道路自信：坚定不移走中国自己的发展道路。

所谓道路自信就是中国共产党和中国人民坚持走中国特色社会主义发展道路的坚定信心。习近平指出，"我们要坚信，中国特色社会主义道路是实现社会主义现代化的必由之路，是创造人民美好生活的必由之路。"②

中国道路是实现社会主义现代化的必由之路。可以说，追逐国家现代化一直是近代以来中华民族和中国人民孜孜以求的梦想。无数中华儿女为此进行了艰辛探索，付出了巨大的努力和牺牲。从开明的士大夫如林则徐、魏源等"睁眼看世界"到清王朝被迫开启的洋务运动；从农民阶级自发抗争的太平天国运动到资产阶级改良派掀起的戊戌变法再到革命派的辛亥革命，凡此种种的"救国图强"方案都终告失败。然而，先辈们的努力不会白费，鲜血不会白流。他们的探索为后继者们提供了重要参考和借鉴。中国共产党人接过实现国家现代化的接力棒，通过几代人的持续努力，渐次实现中国的现代化。"中国共产党自诞生之日

---

① 《习近平谈治国理政》，外文出版社2014年版，第153页。
② 习近平：《在庆祝中国共产党成立95周年大会上的讲话》，人民出版社2016年版，第13页。

起就是中国现代化的积极倡导者和设计者,新中国成立后又成为中国现代化的有力领导者和实践者,正是因为有了党的领导,中国现代化才找到了正确的道路,拥有了灿烂的现实,具备了光明的前景"。① 如今,中国在经济发展、科技进步、国防建设等综合实力诸方面均获得极大提升,国际地位显著提高,逐渐走到世界舞台的中央,已经并将继续发挥着越来越大越重要的作用。中国 60 多年来尤其是改革开放近 40 年来发展取得的非凡成就,被西方国家誉为"中国奇迹"。可以说,中国用六七十年的时间走过了西方国家二三百年才完成的现代化发展过程。"历史和现实都告诉我们,只有社会主义才能救中国,只有中国特色社会主义才能发展中国,这是历史的结论、人民的选择。"② 可以自豪地说,今天的中国比历史上任何时期都更接近实现现代化的目标,比历史上任何时期都更有信心、有能力实现这个目标。之所以这么说,是因为在这条道路上,我们业已取得巨大成就,我们没有理由舍此而另觅他途。针对有人企图走老路和邪路的错误思潮,习近平指出,"中国共产党领导中国人民开辟的中国特色社会主义道路是正确的,必须长期坚持、永不动摇。"③

中国道路是创造人民美好生活的必由之路。改革开放以来,党和政府十分重视并着力保障和改善人民生活。近 40 年来,是城乡居民收入增长最快、得到实惠最多的时期。人民群众家庭财产普遍增多,吃穿住行用水平显著提高。改革开放前困扰我们的短缺经济状况得到根本改变,人民生活发生翻天覆地的变化,不仅成功解决了温饱问题,而且在世纪之交达到了总体小康水平,现在正在建设全面小康社会,实现了历史性跨越。到 2016 年,

---

① 张健、肖光文:《"中国共产党与中国现代化"国际学术研讨会述要》,载于《中共党史研究》2011 年第 6 期。
② 《习近平谈治国理政》,外文出版社 2014 年版,第 22 页。
③ 习近平:《在庆祝中国共产党成立 95 周年大会上的讲话》,人民出版社 2016 年版,第 5 页。

我国城镇居民的人均可支配收入达到 33 616 元，农村居民人均可支配收入达到 12 363 元，人均国内生产总值约 8 126 美元。这三个数字在改革开放之初的 1978 年分别为 343 元、134 元和 190 美元。这个水平在当时处于世界最不发达的低收入国家行列。如今的水平可以说今非昔比，按照世界银行的标准，中国已经成为中等收入国家。始终把保障人民权利、维护人民利益放在首位是中国道路的一个显著特点。经济建设着眼于全面改善人民生活，提高人民生活水平；政治建设着眼于保障人民当家作主的权利，让人民享有各项合法权益；文化建设着眼于满足人民精神文化需求，丰富人们精神生活；社会建设着眼于保障和改善民生，尊重人的生命和价值，协调好各方面利益关系；生态建设着眼于保护人的生存和发展环境，促进人与自然和谐相处。正如习近平所指出的："检验我们一切工作的成效，最终都要看人民是否真正得到了实惠，人民生活是否真正得到了改善，这是坚持立党为公、执政为民的本质要求，是党和人民事业不断发展的重要保证。"[1]

2. 理论自信：实现国家发展的科学指南。

所谓理论自信，是对理论价值的充分肯定，对理论发展进程和未来的充分认识，对理论价值生命力的坚定信念。[2] 习近平指出，"我们要坚信，中国特色社会主义理论体系是指导党和人民沿着中国特色社会主义道路实现中华民族伟大复兴的正确理论，是立于时代前沿、与时俱进的科学理论。"[3] 可见，我们说的理论自信就是对中国特色社会主义理论体系的自信。

中国特色社会主义理论体系，就是包括邓小平理论、"三个

---

[1] 习近平：《全面贯彻落实党的十八大精神要突出抓好六个方面工作》，载于《求是》2013 年第 1 期。

[2] 本书编写组：《四个自信党员干部读本》，中共中央党校出版社 2016 年版，第 120 页。

[3] 习近平：《在庆祝中国共产党成立 95 周年大会上的讲话》，人民出版社 2016 年版，第 5 页。

代表"重要思想、科学发展观以及习近平治国理政新理念新思想新战略在内的科学理论体系,是对马克思列宁主义、毛泽东思想的继承和发展。这一理论体系是被实践证明了的科学理论。"一个国家实行什么样的主义,关键要看这个主义能否解决这个国家面临的历史性课题。"① 实现国家现代化和中华民族伟大复兴,是当代中国面临的重大历史性课题。正是在中国特色社会主义理论体系指引下,中国社会主义建设取得了举世瞩目的伟大成就,国家经济实力、综合国力不断增强,城乡面貌发生历史性变化,国际影响力日益增大。同时,政治建设、文化建设、社会建设、生态文明建设和党的建设等也取得显著成就。中国的发展,不仅使中华民族走上了复兴的广阔道路,而且为世界经济发展和人类文明进步做出了重大贡献。从20世纪90年代的亚洲经济危机到2008年的世界经济危机,中国在这其中扮演了十分重要的角色,发挥了关键性作用,成为引领世界经济发展的重要引擎。事实证明,中国特色社会主义理论体系是指引中国现代化建设和民族复兴的正确理论。中国特色社会主义理论体系是凝聚全党全国人民团结奋斗的共同思想基础。共同思想基础是一个政党、一个国家、一个民族赖以存在和发展的根本前提。只有形成共同的思想基础,全国人民才能在党的领导下,心往一处想、劲儿往一处使,形成国家发展的磅礴力量。作为拥有党员人数最多的世界第一大党、人口最多的世界上最大的发展中国家,面对深刻变化的国际国内环境,面对人们思想多元、多样、多变的新情况,必须形成能够把全党全国各族人民团结凝聚起来的共同思想基础。这个思想基础就是中国特色社会主义理论体系。"它把社会主义发展与民族复兴的历史任务紧密联系在一起,把实现社会主义现代化与人民共同富裕紧密联系在一起,把国家的兴盛与个人的幸福联系在一起,具有强大的感召力、亲和力、凝聚力,能够统一全

---

① 《习近平谈治国理政》,外文出版社2014年版,第22页。

党全国各族人民的思想，能够最大限度地凝聚各方面的智慧和力量，为实现共同的目标而团结奋斗。"① 可以说，在当代中国，只有中国特色社会主义理论体系而没有其他的理论能够引领中国在社会主义道路上实现"两个一百年"目标，进而实现民族复兴的伟大梦想。

中国特色社会主义理论体系是立于时代前沿、与时俱进的科学理论。中国特色社会主义理论体系是"适应中国和时代发展进步要求的科学社会主义"。② 从社会性质来看，中国特色社会主义是社会主义而不是其他什么主义。中国特色社会主义理论体系是对中国特色社会主义事业的理论应答和实践指导。因此，这一理论体系必然坚持科学社会主义基本原则，"科学社会主义基本原则不能丢，丢了就不是社会主义"。③ 同时，这一理论体系又是对中国发展和时代发展面临问题的有力回答。改革开放以来的中国面临诸多问题，在这些问题中存在一些重大理论和实践问题，要求我们必须作出回答，否则就很难推进中国社会向前发展。应该说，中国特色社会主义理论体系成功回答和解决了中国在改革开放不同历史进阶所面临的重大理论和实践问题。改革开放伊始，虽然我们有苏东社会主义国家建设的经验，但是他们在社会主义建设中出现的问题乃至后来出现的"颠覆性错误"表明，什么是社会主义、如何建设社会主义这个困扰社会主义国家的重大课题依然没有解决好。邓小平理论以宽广的历史视野，基于和平与发展的时代主题，科学回答了什么是社会主义、如何建设社会主义这一根本性问题，解决了社会主义建设进程中的一系列基本问题，奠定了中国特色社会主义理论的基石，开创了中国特色社会主义新局面。20世纪80年代末90年代初，国内外形势

---

① 本书编写组：《四个自信党员干部读本》，中共中央党校出版社2016年版，第99页。
② 《习近平谈治国理政》，外文出版社2014年版，第21页。
③ 《习近平谈治国理政》，外文出版社2014年版，第22页。

第三章 中国文化自信的力量

异常复杂,世界社会主义出现严重曲折,我们党的建设也暴露出了一些问题,正如邓小平曾指出的,我们这个党该抓了,不抓不行了。可见问题的严重性。因此,如不能得到及时有效解决党的建设面临的突出问题,很可能影响党的执政地位甚至危及国家与社会的和谐发展。在这种背景下,"三个代表"重要思想应运而生,创造性地回答了建设一个什么样的党、如何建设党的问题,成功地把中国特色社会主义推向21世纪。经过全国人民的共同努力,到21世纪初,我们实现了邓小平所设计的社会主义现代化的第二步战略目标,即人民总体上达到小康水平。但是总体小康是低水平的、不全面的、发展很不平衡的小康。不仅如此,经济社会发展的人口、资源、环境压力日益突出,不同地区、不同阶层的人群发展差距呈现拉大的趋势。我们国家发展中出现了"成长的烦恼"。这实际上提出了一个非常严峻的现实问题,我们应该实现什么样的发展、如何实现发展。科学发展观成功回答了这一问题。党的十八大以来,我国发展处在新的历史起点上。有学者把这种"新的历史起点"概括为"力量转移、时空压缩、结构调整、社会分化、安全困境、命运决断"等几个方面。① 这实际上涉及世情、国情、党情的新变化,伴随新起点而来的是新问题,比如由于中国的快速崛起,国际上对中国的疑虑在增多,怎样消除疑虑化解分歧,尤其是如何处理与守成大国之间的关系。还比如国家发展起来了,蛋糕做大了,如何妥善解决社会的公平、缩小发展不平衡问题。再比如党执政环境发生新变化,既经受"四大考验",又面临"四大危险"。这实际上提出了如何治理国家的大问题。习近平系列讲话所蕴含的治国理政思想"深刻回答了新形势下党和国家发展的一系列重大理论和现实问题,提出了许多富有创见的新思想、新观点、新论断、新要求,为我

---

① 韩庆祥:《思想的力量——新一届中央领导集体治国理政的基本思路》,中共中央党校出版社2014年版,第38页。

们在新的起点上实现新的奋斗目标提供了科学指南和基本遵循"。①

3. 制度自信：实现中国发展的根本保障。

所谓制度自信就是中国共产党和中国人民对中国特色社会主义制度特色和制度优势的深刻认识和坚定信念。习近平指出，"我们要坚信，中国特色社会主义制度是当代中国发展进步的根本制度保障，是具有鲜明中国特色、明显制度优势、强大自我完善能力的先进制度。"②

什么是中国特色社会主义制度？根据党的十八大的经典表述，中国特色社会主义制度，就是人民代表大会制度的根本政治制度，中国共产党领导的多党合作和政治协商制度、民族区域自治制度以及基层群众自治制度等基本政治制度，中国特色社会主义法律体系，公有制为主体、多种所有制经济共同发展的基本经济制度，以及建立在这些制度基础上的经济体制、政治体制、文化体制、社会体制等各项具体制度。③可见，中国特色社会主义制度是一个包括根本制度、基本制度以及具体制度即体制在内的制度体系，是具有鲜明中国特色、明显制度优势、强大自我完善能力的先进制度。

中国特色社会主义制度具有鲜明中国特色。这种特色体现为，中国特色社会主义制度是基于中国传统、历史、国情而形成的独创性的制度体系。一个国家选择什么样的社会制度，是由这个国家的文化传统、历史传承、基本国情决定的，是由这个国家的人民决定的。我们国家今天的制度是在中国独特的文化传统、

---

① 王伟光：《马克思主义中国化的最新成果——习近平治国理政思想研究》，中国社会科学出版社2016年版，第183页。

② 习近平：《在庆祝中国共产党成立95周年大会上的讲话》，人民出版社2016年版，第13页。

③ 胡锦涛：《坚定不移沿着中国特色社会主义道路前进　为全面建成小康社会而奋斗——在中国共产党第十八次全国代表大会上的报告》，人民出版社2012年版，第12~13页。

历史命运和基本国情的基础上,长期发展、渐进改进、内生性演化的结果。当然,在制度形成和发展过程中,我们也不断学习借鉴他人的好经验好做法。但是,中国特色社会主义制度"不是简单延续我国历史文化的母版,不是简单套用马克思主义经典作家设想的模板,不是其他国家社会主义实践的再版,也不是国外现代化发展的翻版",① 而是具有中国人自主产权的原版。这种特色亦体现为中国共产党的领导。可以说,党的领导是中国特色社会主义制度最根本最突出的特色。习近平指出,"中国特色社会主义最本质的特征就是坚持中国共产党的领导"。② 中国特色社会主义制度是在党的领导下形成确立和发展起来的,其进一步完善依然离不开中国共产党的领导。党的领导直接决定和影响中国特色社会主义性质。中国特色社会主义是社会主义而不是其他什么主义。社会主义的根本标志就是无产阶级政党的领导。因此,坚持党的领导与建设社会主义在根本上是一致的。正如有学者所言:"坚持中国共产党的领导,是坚持中国特色社会主义不变色、不变质的根本保证。"③

中国特色社会主义制度具有明显制度优势。有学者指出,我们今天的制度优势相当明显,在很多方面既超越了资本主义,又扬弃了传统社会主义。主要表现为"制度运行高效有目共睹、制度运行稳定很明显、制度运行和谐十分突出、制度运行和平最令人赞叹"等诸多方面。这些优势得到人们的普遍认同,彰显了中国特色社会主义制度的独特优势:能够集中力量办大事、和衷共济解难事、提高效率办好事。关于这一优势,邓小平早就指出,中国社会主义制度的明显优越性是"集中力量办大事"。习近平

---

① 习近平:《在哲学社会科学工作座谈会上的讲话》,人民出版社 2016 年版,第 21 页。
② 《习近平关于协调推进"四个全面"战略布局论述摘编》,中央文献出版社 2015 年版,第 138 页。
③ 闻言:《党的领导是中国特色社会主义最本质的特征——纪念中国共产党成立 95 周年》,载于《人民日报》2016 年 6 月 23 日。

指出,"我们最大的优势就是我国社会主义制度能够集中力量办大事,这是我们成就事业的重要法宝,过去我们搞'两弹一星'等靠的是这一法宝,今后我们推进创新跨越也要靠这一法宝。"① 中国特色社会主义制度之所以能够集中力量办大事,是因为这一制度实现了一系列"统一",即广泛民主与高度集中的统一、党的领导与人民当家作主的统一、民主决策与高效执行的统一、宏观调控与市场调节的统一、中央治理和地方自主的统一。这样的制度安排,使我们党和国家拥有强大的资源整合力、统筹协调力、组织动员力、决策执行力和危机应对力。近些年,我们成功举办奥运会、世博会、G20峰会等大事、要事,从容应对了汶川的地震、世界经济危机、钓鱼岛与黄岩岛事件等急事、难事,就是中国特色社会主义制度优势和伟力的最好诠释。

中国特色社会主义制度具有强大自我完善能力。恩格斯指出:"所谓'社会主义社会'不是一种一成不变的东西,而应当和任何其他社会制度一样。把它看成是经常变化和改革的社会。"② 作为秉承科学社会主义基本原则的中国特色社会主义制度不会一成不变,而是要在改革实践中不断发展完善。邓小平在1992年南方谈话时指出,"恐怕再有三十年的时间,我们才会在各方面形成一套更加成熟、更加定型的制度。在这个制度下的方针、政策,也将更加定型化。"③ 今天,摆在我们面前的一项重大历史任务就是"推动中国特色社会主义制度更加成熟更加定型,为党和国家事业发展、为人民幸福安康、为社会和谐稳定、为国家长治久安提供一套更完备、更稳定、更管用的制度体系。"④ 中国特色社会主义制度具有极强的自我完善能力。一方

---

① 本书编写组:《四个自信党员干部读本》,中共中央党校出版社2016年版,第161页。
② 《马克思恩格斯选集》第4卷,人民出版社2012年版,第601页。
③ 《邓小平文选》第3卷,人民出版社1993年版,第105页。
④ 《习近平谈治国理政》,外文出版社2014年版,第105页。

面，这一制度具有很强的学习吸纳能力。邓小平曾指出，"我们的制度将一天天完善起来，它将吸收我们可以从世界各国吸收进来的进步因素，成为世界上最好的制度。"中国特色社会主义制度具有鲜明的中国特色，同时还吸收了包括资本主义在内的世界各国制度的先进因素，"不断学习他人的好东西，把他人的好东西化成我们自己的东西"。[1] 另一方面，中国共产党具有高超的改革完善中国特色社会主义制度的魄力和定力。对于不适应经济社会发展的制度，中国共产党能够带领人民及时进行改革完善。对于怎么改、怎么完善，中国共产党人有主张、有定力。可以说，改革开放近40年来的历史进程，就是中国特色社会主义制度不断改革完善的过程。党的十八届三中全会把完善和发展中国特色社会主义制度作为全面深化改革的总目标，表明我们对这一制度及其完善能力有充分的自信。习近平指出，"制度自信不是自视清高、自我满足，更不是裹足不前、固步自封，而是要把坚定制度自信和不断改革创新统一起来，在坚持根本制度、基本制度的基础上，不断推进制度体系完善和发展。"[2] "中国共产党人和中国人民完全有信心为人类对更好社会制度的探索提供中国方案。"[3] 习近平的讲话，充分显示了中国人的制度自信。

（二）文化自信是"三个自信"的题中应有之义

关于文化自信和"三个自信"的关系，习近平做过多次阐述。通过研习习近平的有关著作文献，我们可以发现，他更多的是从文化自信和"三个自信"相统一的视角来谈二者的关系。不论是把文化自信看作"三个自信"的题中应有之义，还是把文化自信

---

[1] 《习近平谈治国理政》，外文出版社2014年版，第106页。
[2] 《十八大以来重要文献选编》中册，中央文献出版社2016年版，第62页。
[3] 习近平：《在庆祝中国共产党成立95周年大会上的讲话》，人民出版社2016年版，第14页。

看作"三个自信"的本质，抑或强调"三个自信"说到底是文化自信，都是从文化自信与"三个自信"一致性的维度来谈的。

文化自信是"三个自信"的题中应有之义。2014年10月15日在文艺工作座谈会上的讲话中，习近平指出，"增强文化自觉和文化自信，是坚定道路自信、理论自信、制度自信的题中应有之义。"①"义"的本义是正义，合宜的道德、行为或道理。"应有之义"意为应该有的义理。"题中应有之义"指主题中应当包含的义理。可见，在"三个自信"中蕴含着文化自信，讲"三个自信"不能不讲文化自信。因为在中国特色社会主义道路、理论体系和制度中，都蕴含着文化的内容。中国特色社会主义道路强调建设"社会主义先进文化""促进人的全面发展"，还把"富强民主文明和谐"作为国家现代化建设的奋斗目标。中国特色社会主义制度则是包含"文化体制"在内的制度体系，涵盖政治、经济、文化、社会等多个领域。中国特色社会主义理论体系中的邓小平理论、"三个代表"重要思想、科学发展观等都把文化作为不可或缺的十分重要的内容。十八大以来形成的习近平治国理政新理念新思想新战略，更是高度重视文化在治国理政进程中的巨大作用，把文化作为国家发展的软实力，强调其对于实现"两个一百年"目标和中国梦愿景的意义和价值。中国道路是我国发展的根本途径，中国理论是行动指南，中国制度是根本保障。中国人民在党的领导下沿着中国理论指导的康庄大道，遵循中国制度，在实现民族复兴的历史进程中业已取得举世瞩目的成就。"实践证明我们的道路、理论体系、制度是成功的。"② 有这样的道路、理论和制度，面向未来，我们充满期待和信心。因此，坚定"三个自信"就必然包括文化自信，文化自信也就成为"三个自信"的题中应有之义。

---

① 习近平：《在文艺工作座谈会上的讲话》，人民出版社2014年版，第25页。
② 《习近平谈治国理政》，外文出版社2014年版，第161页。

第三章　中国文化自信的力量

文化自信是"三个自信"的本质。2015年11月3日，在第二届"读懂中国"国际会议期间会见外方代表时，习近平指出，中国有坚定的道路自信、理论自信、制度自信，其本质是建立在5000多年文明传承基础上的文化自信。所谓本质就是事物本身所固有的根本属性，是与现象相对应的范畴，揭示的是事务内在的关系。由此观之，习近平的这个重要论断深刻指出了"三个自信"内在固有的根本属性，这就是文化自信。正如有的学者所指出的："文化自信是道路自信、理论自信和制度自信的内在要求和必然结果。道路自信、理论自信和制度自信都是偏外在的，而文化自信是倾向于内心和价值观，这种自信能够让人真正地心悦诚服。"[①] 习近平指出，"中国特色社会主义植根于中华文化沃土、反映中国人民意愿、适应中国和时代发展进步要求，有着深厚历史渊源和广泛现实基础"。[②] 中华文化历经五千多年的绵延发展，"记载了中华民族自古以来在建设家园的奋斗中开展的精神活动、进行的理性思维、创造的文化成果，反映了中华民族的精神追求"，是我们的突出优势和最深厚的文化软实力，是中国特色社会主义的丰厚滋养。众所周知，每个国家和民族的历史传统、文化积淀、基本国情不同，其发展道路、理论体系、制度构架必然有着自己的特色。正是由于有着独特的文化传统、独特的历史命运、独特的基本国情，我们的道路、理论和制度才拥有鲜明的中国特色。中国道路"是在改革开放30多年的伟大实践中走出来的，是在中华人民共和国成立60多年的持续探索中走出来的，是在对近代以来170多年中华民族发展历程的深刻总结中走出来的，是在对中华民族5000多年悠久文明的传承中走出来的"。[③] 这就深刻揭示出了中国道路所具有的深厚历史渊源和广

[①] 郑淑芬：《文化自信与道路自信、理论自信、制度自信的辩证关系》，载于《奋斗》2016年第9期。
[②] 《习近平谈治国理政》，外文出版社2014年版，第156页。
[③] 《习近平谈治国理政》，外文出版社2014年版，第39~40页。

泛的现实基础。其中,很重要的一个方面就是对中华文明的承继。同样,中国理论也具有这样的特色。中国特色社会主义理论体系的形成既是对我国发展历史与现实经验教训的总结,又深深打上了中华文化的烙印。比如,人民主体理论体现了"以民为本、安民富民乐民的思想",人类命运共同体理论则体现了"天下为公、大同世界的思想",等等。中国制度亦体现出鲜明的中国特色。人民代表大会制度、多党合作和政治协商制度体现了"集思广益、博施众利、群策群力的思想",民族区域自治制度、多种经济成分并存的基本经济制度体现了"求同存异、和而不同、和谐相处的思想"。作为我国民主制度重要实现形式的协商民主"源自中华民族长期形成的天下为公、兼容并蓄、求同存异等优秀政治文化",具有深厚的文化基础。

从以上分析可以发现,不论是中国道路、中国理论、中国制度外显的内容构成,还是其内在的精神力量,文化都是不可或缺的要素。可以说,中国文化浸润着中国道路、中国理论、中国制度,成为其血脉。从这个意义上说,对中国道路、中国理论、中国制度的自信就是对中国文化的自信。所以,习近平于2016年5月17日在哲学社会科学工作座谈会上强调,"坚定中国特色社会主义道路自信、理论自信、制度自信,说到底是要坚定文化自信。"①

(三) 文化自信是"三个自信"的基础

文化自信之于"三个自信"的奠基意义,习近平多次做了深刻阐述。2014年3月7日在参加贵州团审议时,习近平指出,体现一个国家综合实力最核心的、最高层的,还是文化软实力,这事关一个民族精气神的凝聚。我们要坚持道路自信、理论自

---

① 习近平:《在哲学社会科学工作座谈会上的讲话》,人民出版社2016年版,第17页。

第三章 中国文化自信的力量

信、制度自信,最根本的还有一个文化自信。这里的"最根本"强调的是文化自信在"三个自信"中的基础地位和作用。2014年12月20日在和澳门大学学生座谈时,习近平指出,五千多年文明史,源远流长。而且我们是没有断流的文化。建立制度自信、理论自信、道路自信,还有文化自信。文化自信是基础。在这次讲话中,习近平明确把文化自信作为"三个自信"的基础。

把文化自信作为"三个自信"的基础,意在强调"文化自信的基本性、基础性"。[①] 这种基本性、基础性体现在道路、理论、制度的形成发展都离不开文化。不仅要用文化范畴来阐述道路、理论和制度的内涵,文化还是确立道路、理论和制度的基础,这是因为道路、理论和制度的确立都无法脱离当代中国的基本国情,而文化发展水平则是我国基本国情不可缺少的重要组成部分。可见,道路、理论和制度中不可避免地包含文化的要素。因此,"没有文化自信,道路自信、理论自信、制度自信就会失去精神、智慧和道义的支撑。"[②] 尤其需要指出的是,马克思主义在当代中国文化中是居于指导地位的,如果对以马克思主义为指导的文化不自信,那么"三个自信"就会成为空中楼阁。

这种基本性、基础性还体现在文化认同是政治认同的前提和基础。认同即认可同意,人们只有对某种文化认可同意才可能对政治认可同意。一般来说,道路认同、理论认同、制度认同,属于政治认同。在这些认同中,文化认同则是最基础、最深层次的认同,其意义在于身份的识别。"北京人、上海人、四川人、香港人、澳门人、台湾人,我们都是中国人!"产生这种身份认同的一个关键因素是中华儿女的血脉中都流淌着民族文化的血液,民族文化成为我们共同的基因,正如习近平所说"中华优秀传统

[①] 沈壮海:《我们党要坚定什么样的文化自信》,载于《中国纪检监察》2016年第23期。

[②] 张国祚:《文化自信的特殊重要性》,载于《政策》2016年第10期。

文化代表着中华民族独特的精神标识"。有了这种文化认同才会产生对中国道路、中国理论、中国制度的政治认同。认同才会产生信心。对中华文化的辉煌成就、当下创新与未来发展充满信心,这是我们应当具有、不断增进的自信。道路自信、理论自信、制度自信是属于政治自信的范畴。文化认同是人们政治认同的前提和基础,与此相对应,文化自信则是滋养政治自信的重要条件。"对中华优秀传统文化、革命文化、社会主义先进文化的认同和自信,是人们进而更加深刻地理解、认同中国特色社会主义道路、理论、制度的重要基础。"①

(四) 文化自信渗透在"三个自信"中

习近平指出,文化自信是更广泛的自信。这种广泛性体现为文化自信存在的形式与涉及的领域之广泛,实际上则是文化自信贯穿、渗透在"三个自信"中。

作为精神文明的成果,文化所包含的内容极其丰富广大,不仅如此,文化还无处不在、无时不有地渗入、浸润于物质的、制度的成果与载体中。由此我们不难发现,文化渗透、影响一切。所以,文化自信除了表现出对文化方面的自我坚信外,在道路、理论、制度自信中也无不渗透着文化自信。文化自信是"坚定道路自信、理论自信、制度自信的题中应有之义"。"没有文化自信,道路自信、理论自信、制度自信都将无从谈起。"② 这是因为道路的开拓、理论的创造、制度的设计都离不开推动历史前进力量的人民群众。而文化视野、文化功底、文化理念、文化传统等都会对人潜移默化地产生影响。正如有学者所认为的那样,没有文化自信,道路开拓者、理论创造者和制度设计者就会缺少勇

---

① 沈壮海:《我们党要坚定什么样的文化自信》,载于《中国纪检监察》2016年第23期。
② 张国祚:《文化自信的特殊重要性》,载于《政策》2016年第10期。

气和定力,缺少气节和胆识,缺少智慧和修养。在这种背景下,道路自信、理论自信、制度自信就难以树立起来。有了坚定的文化自信,人们才能够自觉地将文化贯穿于其道路选择、理论发展和制度建构之中。中国文化自信作为当代中国最具凝聚力与感召力的精神力量,来自"党和人民对中国特色社会主义建设取得伟大成就的自觉认知,对道路探索的理性审视,对理论体系的深刻认识,对制度体系的真挚情感,对价值目标的不懈追求"。[①] 可以说,人们选择、创新和发展中国道路、中国理论和中国制度的过程,就是中国文化"人化"和"化人"的过程。与此同时,离开了文化自信,道路、理论、制度的践行者就可能会犹豫彷徨,困惑不解,甚至怀疑动摇。这样,道路自信、理论自信、制度自信就可能仅仅成为理想的目标或宣传口号,很难普遍地深入人心,落地生根。

作为道路、理论、制度重要体现的爱国统一战线,亦渗透着鲜明的而又强烈的文化自信。统一战线是中国革命胜利的三大法宝之一,在社会主义建设和改革进程中同样是不可或缺的重要力量。尤其是在实现"两个一百年"目标和民族复兴中国梦的背景下,更要发挥好统一战线的作用。爱国统一战线以工农联盟为基础,其构成包括:全体社会主义的劳动者,社会主义事业的建设者,拥护社会主义的爱国者和致力于实现祖国统一和中华民族伟大复兴的爱国者等。它是涵盖两个范围的联盟,一个是大陆范围内的,这是主体和基础,另一个是在大陆范围外的,这是重要的组成部分。爱国统一战线之所以能够把生活在不同地区不同国度中、不同社会政治制度下的广大中华儿女紧密团结起来,一个重要原因是不管是身处海内、还是海外,我们都有共同的精神家园。"我们的同胞无论生活在哪里,身上都有鲜明的中华文化烙

---

① 耿超:《中国特色社会主义文化自信论》,广西师范大学出版社2016年版,第32页。

印，中华文化是中华儿女共同的精神基因。"这种共同的精神家园包括共同的历史认知、共同的文化纽带、共同积淀的中华民族最深层的精神追求。这种共同的精神家园使实现中华民族伟大复兴的中国梦成为凝聚海内外中华儿女的最大公约数。① 从一定意义上说，这就是中华文化自信的力量。正如习近平所强调的，"博大精深的中华优秀传统文化是我们在世界文化激荡中站稳脚跟的根基。中华文化源远流长，积淀着中华民族最深层的精神追求，代表着中华民族独特的精神标识，为中华民族生生不息、发展壮大提供了丰厚滋养。"②

（五）"三个自信"植根于文化自信之中

习近平指出，文化自信是更深厚的自信。这种深厚性体现在文化的内涵及其深远影响上，实际上则是指"三个自信"根植于文化自信中。中国特色社会主义"植根于中华文化沃土"，"是在对中华民族5000多年悠久文明的传承中走出来的"，这说明道路、理论、制度的选择、创新和发展都离不开对中华优秀文化的继承和发展。从这个意义上说，"三个自信"植根于文化自信之中，文化自信则为"三个自信"提供智力支持、价值支撑和精神动力。

从内涵角度看，"文化内涵最丰富、思想最深邃、意蕴最厚重。"③ 因此，拥有了强烈的文化自信，道路自信、理论自信、制度自信才可能拥有深厚的内涵。中华优秀传统文化赋予中国特色社会主义以鲜明"特色"，使其彰显独特的魅力；党和人民在伟大斗争中孕育的革命文化和社会主义先进文化为中国特色社会主义指明正确方向和前进道路；社会主义核心价值观、以爱国主

---

① 颜旭：《文化自信是更基础、更广泛、更深厚的自信》，载于《四川统一战线》2016年第7期。
② 《习近平谈治国理政》，外文出版社2014年版，第164页。
③ 张国祚：《文化自信的特殊重要性》，载于《政策》2016年第10期。

义为核心的民族精神和以改革创新为核心的时代精神,为中国特色社会主义树立了正确的灵魂,展现了蓬勃的生机和开放的活力。正因为如此,习近平指出,"在5000多年文明发展中孕育的中华优秀传统文化,在党和人民伟大斗争中孕育的革命文化和社会主义先进文化,积淀着中华民族最深沉的精神追求,代表着中华民族独特的精神标识。我们要大力弘扬以爱国主义为核心的民族精神和以改革创新为核心的时代精神,大力弘扬中华优秀传统文化,大力发展社会主义先进文化,不断增强全党全国各族人民的精神力量。"[1]

从影响看,文化影响深入人心且持久。生活经验告诉我们,真正能够以文化的形态影响人心的东西,才会更深入地浸入人的习性,为人们日用而不觉。文化自信与"三个自信"紧密相连。道路指明方向,理论指引行动,制度规范行为,而文化则是黏合剂和混凝土,牢牢地把三者连接起来,成为推动中国特色社会主义事业不断前进的强大精神动力。和道路、理论、制度外化于行不同的是文化则内化于心。"随风潜入夜,润物细无声。"文化是潜移默化发挥作用的,但却是最深远、最稳定、最长效的。可以说,一个民族的思维模式、行为方式、价值准则无不受制于文化的制约和影响。可见,文化渗透于社会生活的方方面面,融汇于道路、理论、制度之中。正是有了文化自信的深度融合与有力支撑,道路自信、理论自信、制度自信才能真正树立并成为一个有机整体,从而迸发出强大动能,为实现民族复兴注入持久的精神动力。

文化自信是更深厚的自信,还表现在我们培塑中华民族文化自信的文化资源十分丰厚,这种丰厚性在世界上都是不多见的。中华文化绵延相承5000多年,是中华民族文化自信无可比拟的丰

---

[1] 习近平:《在中国文联十大、中国作协九大开幕式上的讲话》,人民出版社2016年版,第4~5页。

厚资源。"文化自信是更基础、更广泛、更深厚的自信"这一论断，不仅揭示了文化自信的特征及其在推进民族复兴伟业中的深远意义，还启发我们在坚定中国特色社会主义道路自信、理论自信、制度自信过程中，要充分用活我们的文化资源，切实发挥好文化的应有作用。

第四章

中国文化自信的资本

文化自信,是更基础、更广泛、更深厚的自信。它是经济大国走向强国的自我表征,是国家软实力提升的时代风范,是国家硬实力奠基的话语表达。纵观人类发展历史,但凡有国际影响力的大国都是文化辐射力巨大,对他国具有强烈文化吸引力的国家,其大国地位的获得及其存续时间的长短在很大程度上取决于该国文化国力的强弱和文化影响力的大小。人们越来越意识到,作为综合国力的重要组成部分,文化影响力实际上表明了一个国家的文化具有吸引力、凝聚力和扩散力。在国际交往不断扩展,经济联系不断深化的时代背景下,如何继承优秀传统文化,传承红色文化以及发展社会主义先进文化是增强中国文化自信,实现民族复兴伟大中国梦的时代主题。而中国"在5000多年文明发展中孕育的中华优秀传统文化,在党和人民伟大斗争中孕育的革命文化和社会主义先进文化,积淀着中华民族最深层的精神追求,代表着中华民族独特的精神标识",[1] 这是我们文化自信的基石和资本。我们有日益雄厚和强大的经济实力,有优秀传统文化的深厚底蕴,有在中国革命、建设和改革的伟大实践过程中孕育的革命文化和社会主义先进文化,也有日益健全和完善的法制

---

[1] 习近平:《在庆祝中国共产党成立95周年大会上的讲话》,载于《人民日报》2016年7月2日。

保障，更有引领中国社会主义建设事业，起着中流砥柱作用的中国共产党的坚强领导，这些奠定了我们文化自信的强大底气。

一、日益强盛的国力支撑

（一）文化自信是经济大国走向强国的自我表征

经济实力是综合国力的基础，是文化繁荣发展并对其他国家产生溢出效应的前提，没有坚实的经济基础作后盾，作为上层建筑的文化便不稳固，也就不能持续产生文化辐射力。西方国家发达的文化产业和强大的文化吸引力是建立在西方雄厚的经济基础之上的。因其经济和科技等方面的巨大成功，让其他国家的人民对其文化、制度和价值观产生了强烈认同感，进而会去主动了解并接纳发达国家的意识形态，加之西方国家掌控了国际舆论和世界话语体系的主导权，使西方发达国家所宣扬的所谓"普世价值"在国际上有着巨大市场，这给发展中国家的传统价值观造成了强烈冲击。一些历史上文化非常辉煌的发展中国家，因为经济和科技实力的相对落后，在文化、制度和价值观等方面就不能对其他国家产生强烈吸引力。中国是文化大国，但是一段时期内中国丰富的文化资源并没有随着中国经济地位的上升而产生对其他国家的同步文化吸引力和文化感召力。我们的文化影响力尚不足以同西方国家，尤其是美国相抗衡，文化话语权不强一直以来是我们国家文化建设方面的软肋。改革开放以来，中国坚持以经济建设为中心，将其作为发展社会主义生产力，提升综合国力，提高人民生活水平的根本。我们已经前所未有地接近"两个一百年"奋斗目标和中华民族伟大复兴。一个经济富强、政治民主、文化繁荣、社会和谐的社会主义现代化强国，已经越来越清晰地呈现在世人眼前。这就为中国文化事业的发展和文化影响力的扩

第四章　中国文化自信的资本

大，奠定了坚实的物质基础和文化自信的源泉。

得益于工业革命的推动，西欧国家率先进入工业社会。先进的生产力推动着封建自然经济在西欧的土崩瓦解，取而代之的是适应当时生产力发展的资本主义生产关系。先进生产关系的建立又不断促进生产力的快速进步，使得建立资本主义生产关系的国家在产品生产效率方面远远超过历史上的任何时期。"资产阶级在它的不到一百年的阶级统治中所创造的生产力，比过去一切世代创造的全部生产力还要多，还要大。"[1] 先进生产方式带来的巨大物质财富向世人提供了描述其文明优越性的有力证明。丰富的商品种类，不仅满足了资本主义制度下人们的贪婪欲望，同时也为西方世界的文化自信提供了最好的物质载体。与此相反，一些曾经文明发达的传统国家由于种种原因，没有赶上工业革命的浪潮，被时代远远抛在了后面，逐渐丧失对自身文化的信心，甚至导致文化自卑心理，从而产生对原属相对落后文明的西方文明由轻蔑到盲目崇拜的价值错位。认为凡是西方的就是好的，本国的就是落后的。我们国家也不例外，经济的落后动摇了我们对自身传统文化价值的肯定和对其生命力的信心。面对西方的坚船利炮，中国一度刮起了一股唯西方马首是瞻的"全盘西化风"。在这股风潮中，我们险些丧失了5000年来中华民族的自信，将传统文化当作历史的余孽一股脑儿地全部丢进历史的垃圾堆。究其原因，是近代以来我们国家全面落后于西方发达国家，落后于时代发展趋势，面对由西方资本主义构建起来的新的世界秩序，我们完全没有做好准备。在这场时代变革中，落后就要挨打。资本主义向外扩张的内在动力将我们天朝上国的自信击得粉碎，梦醒后的国人开始反思，最后将其原因归咎于中国文化的落后，要求全面抛弃传统文化的束缚，全面拥抱西方文化，认为只有西方文化才能救中国，才能发展中国。

---

[1] 《马克思恩格斯选集》第1卷，人民出版社2012年版，第405页。

"党的十一届三中全会以来,我们党始终坚持以经济建设为中心,集中精力把经济建设搞上去、把人民生活搞上去。只要国内外大势没有发生根本变化,坚持以经济建设为中心就不能也不应该改变。这是坚持党的基本路线100年不动摇的根本要求,也是解决当代中国一切问题的根本要求。同时,只有物质文明建设和精神文明建设都搞好,国家物质力量和精神力量都增强,全国各族人民物质生活和精神生活都改善,中国特色社会主义事业才能顺利向前推进。"① 正是在这一方针的指引下,中国取得了举世瞩目的成就,国家经济、政治、文化、科技、教育等各项建设快速发展,综合国力不断提升,中国正在以世界经济强国的身份伫立在世界秩序不断变革的新时代。随着中国国力日益强盛,中国文化对其他国家的吸引力越来越强,这进一步提升了中国民族自信心与文化自信心。在各种世界的舞台上,我们都可以看到中国人越来越自信的风采。以前只有少数西方文化精英在研究中国文化,但是现在,中国经济的成功使得西方普通民众重新审视中国传统文化的魅力,重新发现中国文化的时代价值。越来越多的人坚信,现代化不应一定要建立在西方文明之上,在东方文明之下同样可以开辟出自己的社会发展道路。西方文化有优于中华文化的地方,但中华文化也具有西方文化无可替代的优势。从全盘西化到学国学,重视青少年中传统文化的教育,这些变化背后反映的正是国家实力变化带来的对文化认可的变化,既包括其他国家对我们文化的认可,也包括我们自己对自身文化的认可。这两方面的认可极大提升了我们的文化自信。因此,文化自信一定程度上来源于国家综合国力的提高。在综合国力不断增强的基础上,更加坚定对本民族的文化自信,从而改变当前不合理的国际话语结构,重构国际话语体系。

文化的概念分为广义的和狭义的两种。广义的文化是相对于

---

① 《习近平谈治国理政》,外文出版社2014年版,第153页。

政治和经济而言的人类全部精神活动及其产品,包括物质文化和精神文化两部分;而狭义的文化指的是人类的精神文化产品。物质文化和精神文化会随着生产力的进步和生产关系的调整而不断发展变化。但是,我们也应该看到,精神文化作为上层建筑的一部分,它与经济基础之间也存在相对独立性,有时并不完全同步发展。正如恩格斯所指出,"经济上落后的国家在哲学上仍然能够演奏第一小提琴。"① 在经济上相对落后的德国,在哲学领域取得的成就远远超过当时经济实力胜于德国的英国和法国便是最好的例证。同样,我们也应该看到,文化不分高低优劣,经济相对落后的国家,未必不能在文化领域对整个人类做出贡献,关键是要有对本民族文化的自信。正如习近平所指出的,"无论哪一个国家、哪一个民族,如果不珍惜自己的思想文化,丢掉了思想文化这个灵魂,这个国家、这个民族是立不起来的。本国本民族要珍惜和维护自己的思想文化,也要承认和尊重别国别民族的思想文化。不同国家、民族的思想文化各有千秋,只有姹紫嫣红之别,而无高低优劣之分。每个国家、每个民族不分强弱、不分大小,其思想文化都应该得到承认和尊重。"② 他进一步指出,"我们说要坚定中国特色社会主义道路自信、理论自信、制度自信。说到底是要坚定文化自信。文化自信是更基本、更深沉、更持久的力量。"③ "中华民族为人类文明进步作出了不可磨灭的贡献。5000多年连绵不断、博大精深的中华文化,积淀着中华民族最深沉的精神追求,包含着中华民族最根本的精神基因,代表着中华民族独特的精神标识,是中华民族生生不息、发展壮大的丰厚滋养。包括儒家思想在内的中国传统思想文化中的优秀成分,对

---

① 《马克思恩格斯选集》第4卷,人民出版社2012年版,第612页。
② 习近平:《在纪念孔子诞辰2565周年国际学术研讨会暨国际儒学联合会第五届会员大会开幕会上的讲话》,人民出版社2014年版,第9页。
③ 习近平:《在哲学社会科学工作座谈会上的讲话》,人民出版社2016年版,第17页。

中华文明形成并延续发展几千年而从未中断，对形成和维护中国团结统一的政治局面，对形成和巩固中国多民族和合一体的大家庭，对形成和丰富中华民族精神，对激励中华儿女维护民族独立、反抗外来侵略，对推动中国社会发展进步、促进中国社会利益和社会关系平衡，都发挥了十分重要的作用。同时，中国优秀传统文化的丰富哲学思想、人文精神、教化思想、道德理念等，也蕴藏着解决当代人类面临的难题的重要启示，可以为人们认识和改造世界提供有益启迪，可以为治国理政提供有益启示，也可以为道德建设提供有益启发。"[1] 中国作为世界上有重要影响的文化大国，尽管近代以来落后于西方国家，但是近年来随着经济领域的成功，文化自信心也在逐渐恢复。同时，我们也应该看到，以习近平同志为核心的新一代领导人对中国优秀传统文化高度重视，一再强调中华优秀传统文化是中华民族的突出优势，中华民族伟大复兴需要以中华文化发展繁荣为条件，必须结合新的时代条件传承和弘扬好中华优秀传统文化。这是中国新一代领导人治国理政的重要思想文化源泉，也彰显了中国处在文化大国走向强国和国际秩序重构期的大国自信。

（二）文化自信是国家软实力提升的时代风范

软实力主要指一个国家通过其文化、价值体系、社会制度等因素体现出来的无形的影响力与辐射力。软实力以硬实力为物质凭藉、以物质力量为基础，没有强大的硬实力就不可能有强大的软实力。文化自信以软实力为重要载体，而软实力的发展离不开硬实力的强大。硬实力是一个国家的经济、军事、科技等表现出来的有形实力。两者既相互区别，也紧密联系。"硬实力为软实力提供基础，软实力影响着硬实力的发展。软实力只有建立在硬

---

[1] 《习近平总书记系列重要讲话读本（2016年版）》，学习出版社、人民出版社2016年版，第201~202页。

实力的基础上,才有支撑其成为实力的根本。离开了硬实力的软实力是无源之水、无本之木。"① 软实力建基于硬实力的基础之上,并不意味着随着硬实力的增强,软实力自然而然随之一同增长,软实力的增长具有一定的滞后性。对于我们国家来说,首先必须高度重视以经济实力为基础的国家硬实力的建构,促进经济、科技和军事实力的迅速提升,从而为软实力的发展打下坚实的物质基础。我们应该看到,尽管中国在经济领域取得了巨大成就,但与世界强国相比仍有不小差距,尤其在人均指标方面更是落差巨大。紧紧抓住经济建设这一核心问题,不断优化经济产业结构和经济发展方式,促进科技进步和社会各项事业的发展,仍然是我们当前和今后相当长的一段历史时期的中心工作。正如习近平所指出,"在全面深化改革中,我们要坚持以经济体制改革为主轴,努力在重要领域和关键环节改革上取得新突破,以此牵引和带动其他领域改革,使各方面改革协同推进、形成合力。"② 因此,我们必须紧紧抓住经济建设这一中心工作不放松,以经济的大发展为依托,从而带动国家软实力的全面增强。

习近平指出,"提高国家文化软实力,关系'两个一百年'奋斗目标和中华民族伟大复兴中国梦的实现。要弘扬社会主义先进文化,深化文化体制改革,推动社会主义文化大发展大繁荣,增强全民族文化创造活力,推动文化事业全面繁荣、文化产业快速发展,不断丰富人民精神世界、增强人民精神力量,不断增强文化整体实力和竞争力,朝着建设社会主义文化强国的目标不断前进。"③ 当今世界,国家间的竞争是包括硬实力与软实力两方面的综合竞争,在不断提升经济发展水平的过程中,更要充分重视文化生产力的提高,充分发挥文化因素在社会发展过程中

---

① 王静:《试论文化自信的四维根基》,载于《天府新论》2012 年第 3 期。
② 《习近平谈治国理政》,外文出版社 2014 年版,第 94 页。
③ 《习近平谈治国理政》,外文出版社 2014 年版,第 160 页。

的积极作用，推动文化产业和文化事业的大发展，积极实施"走出去"的文化战略，不断满足中国人民群众与其他国家人民群众的精神文化需要，从而提升中国先进文化的辐射力与吸引力。

从整个世界历史进程的发展来看，特别是过去数百年的人类文明史中，不同国力资源在不同的历史时期发挥着不同的作用，直接导致了世界上许多国家兴衰成败的差异表现。随着人类社会历史的发展和整体文明的进步，无形的资源在国家兴衰中的地位日益凸显，而且成为一种趋势。因此，未来国家的综合实力、竞争力和影响力的强弱，不仅表现在经济、军事、科技等"硬实力"方面，更会在国家的文化、制度、公民素质等"软实力"上凸显。习近平强调，"提高国家文化软实力，要努力夯实国家文化软实力的根基。要坚持走中国特色社会主义文化发展道路，深化文化体制改革，深入开展社会主义核心价值体系学习教育，广泛开展理想信念教育，大力弘扬民族精神和时代精神，推动文化事业全面繁荣、文化产业快速发展。夯实国内文化建设根基，一个很重要的工作就是从思想道德抓起，从社会风气抓起，从每一个人抓起。要继承和弘扬我国人民在长期实践中培育和形成的传统美德，坚持马克思主义道德观、坚持社会主义道德观，在去粗取精、去伪存真的基础上，坚持古为今用、推陈出新，努力实现中华传统美德的创造性转化、创新性发展，引导人们向往和追求讲道德、尊道德、守道德的生活，让13亿人的每一分子都成为传播中华美德、中华文化的主体。"[1]

如果我们不重视"软实力"建设，就必然影响国家长远发展，从而导致国际影响力和国际话语权的旁落。而话语权的旁落正是这些年中国在国际上处处被人掣肘，有理也不能说清的主要原因。正如习近平所指出，"讲好中国故事，必须解决'挨骂'

---

[1] 《习近平谈治国理政》，外文出版社2014年版，第160~161页。

问题。落后就要挨打,贫穷就要挨饿,失语就要挨骂。现在国际舆论格局总体是西强我弱,别人就是信口雌黄,我们也往往有理说不出,或者说了传不开,一个重要原因是我们的话语体系还没有建立起来,不少方面还没有话语权,甚至处于'无语'或'失语'状态,我国发展优势和综合实力还没有转化为话语优势。"①

国家话语优势的取得建构在文化软实力的基础之上。2006年11月11日,胡锦涛在中国文联第八次全国代表大会中国作协第七次全国代表大会上的讲话中第一次从国际层面论述了中国的软实力战略。他指出,"面对当今世界各种思想文化相互激荡的大潮,面对国家发展和人民生活改善对文化发展的要求,面对社会文化生活多样活跃的态势,如何找准我国文化发展的方位,创造民族文化的新辉煌,增强我国文化的国际竞争力,提升国家软实力,是摆在我们面前的一个重大现实课题。"② 在全球化不断发展的今天,一个国家越来越有必要通过增加自己的软实力或潜在影响力,在激烈的国际竞争中捍卫并拓展自身的长远战略利益,否则就会长期处于被动状态。习近平指出,"提高国家文化软实力,要努力提高国际话语权。要加强国际传播能力建设,精心构建对外话语体系,发挥好新兴媒体作用,增强对外话语的创造力、感召力、公信力,讲好中国故事,传播好中国声音,阐释好中国特色。对中国人民和中华民族的优秀文化和光荣历史,要加大正面宣传力度,通过学校教育、理论研究、历史研究、影视作品、文学作品等多种方式,加强爱国主义、集体主义、社会主义教育,引导我国人民树立和坚持正确的历史观、民族观、国家

---

① 《习近平总书记系列重要讲话读本(2016年版)》,学习出版社、人民出版社2016年版,第210页。
② 胡锦涛:《在中国文联第八次全国代表大会中国作协第七次全国代表大会上的讲话》,载于《人民日报》2006年11月11日。

观、文化观，增强做中国人的骨气和底气。"① 要让别人相信，自己首先要相信，要让别人认同自己的文化，首先自己要对自己的文化有自豪感。软实力的强大绝不是一句空话，它落实到我们每个人的具体行动中，通过每个人的言谈举止和精神风貌表现出来。讲好我们每个人的故事是讲好我们国家故事的基础，每个人都是这个伟大变革时代的一份子，个人"软实力"的提升最终也会体现在国家软实力的强大上。

（三）文化自信是国家硬实力奠基的话语表达

以经济、科技和军事为主要内涵的硬实力，是衡量一个国家传统实力强弱的主要标准，而经济实力则是硬实力的核心指标，直接决定了一国硬实力的大小，也决定了科技实力与军事实力。《十三五规划纲要》给了我们明确的指引，"发展才是硬道理，发展必须是科学发展。我国仍处于并将长期处于社会主义初级阶段，基本国情和社会主要矛盾没有变，这是谋划发展的基本依据。必须坚持以经济建设为中心，从实际出发，把握发展新特征，加大结构性改革力度，加快转变经济发展方式，实现更高质量、更有效率、更加公平、更可持续的发展。"②

物质资料生产是人类社会产生和发展的先决条件，也是国家存在的前提。人类要从事政治、经济、军事、科学、艺术、宗教等活动，首先要能够生存。为了生存，必须解决吃、喝、住、行等问题，这就需要生产资料和生活资料。为了获得这些生产资料和生活资料，就必须进行生产。"人们为了能够'创造历史'，必须能够生活。但是为了生活，首先就需要吃喝住穿以及其他一些东西。因此第一个历史活动就是生产满足这些需要的资料，即

---

① 《习近平谈治国理政》，外文出版社2014年版，第162页。
② 《十三五规划纲要》，新华网，2016年3月18日，http://www.sh.xinhuanet.com/2016-03/18/c_135200400_2.htm。

第四章　中国文化自信的资本

生产物质生活本身，而且，这是人们从几千年前直到今天单是为了维持生活就必须每日每时从事的历史活动，是一切历史的基本条件。"① 作为人类首要的和基本实践活动的物质生产是人类社会存在和发展的物质基础，是人类活动的出发点。有了物质生产，才能生产出生活资料和生产资料，从而使民族、国家得以存在和发展，使文化软实力主客体得以存在和发展。"任何一个民族，如果停止劳动，不用说一年，就是几个星期，也要灭亡，这是每一个小孩子都知道的。"② 生产力发展水平决定经济实力强弱，作为硬实力核心指标的经济实力，直接反映出一国生产力发展水平和人民物质生活水平，也是我们考察文化软实力的前提条件。

军事是政治的延伸，是国家硬实力的重要组成部分，军事实力的强弱直接决定国家经济发展成果是否能够为人民享有，政治是否安全稳定。建设一支与中国国际地位相称，与国家安全和发展利益相适应的巩固的国防和强大军队，是中国社会主义现代化建设事业的战略选择和内在要求。中国面临着远超其他国家的复杂国际环境和发展环境，同周边国家存在不少边界纠纷和海洋划界问题，同时还面临祖国统一问题。中国面临的生存安全和发展安全问题，传统威胁与非传统威胁相互交织，客观上要求中国国防事业有较大发展。习近平指出，"人民军队发展史，就是一部改革创新史。在党的领导下，我军从小到大、从弱到强、从胜利走向胜利，一路走来，改革创新步伐从来没有停止过。我军之所以始终充满蓬勃朝气，同我军与时俱进不断推进自身改革是紧密联系在一起的。现在，我国进入由大向强发展的关键阶段，国防和军队建设处在新的历史起点上，放眼世界，纵观全局，审时度势，应对国际形势深刻复杂变化，坚持和发展中国特色社会主

---

① 《马克思恩格斯选集》第1卷，人民出版社2012年版，第158页。
② 《马克思恩格斯选集》第4卷，人民出版社2012年版，第473页。

义，协调推进'四个全面'战略布局，贯彻落实强军目标和军事战略方针，履行好军队使命任务，都要求我们必须以更大的智慧和勇气深化国防和军队改革。对深化国防和军队改革，广大干部群众高度关注、积极支持，全军官兵热烈期盼、坚决拥护。总的来看，深化国防和军队改革主客观条件比较有利，面临难得的机遇。"① 他进一步指出，"我们这样一个发展中的社会主义大国，处于资本主义强国主导的国际战略格局之中，越是发展壮大，面临的阻力和压力就会越大，遇到的风险和挑战就会越多，强固安全基石、提供安全保障的重要性和紧迫性就越凸显。同时要看到，提出并实现强军目标还具有带动发展、提升国力等战略作用。国防和军队建设不仅维护国家生存权益，而且增创国家发展利益；不仅生产'安全产品'，而且创造'发展红利'。实现强军目标，必将推动军事高科技发展和高素质军事人才培养，进而带动经济社会发展，为强国提供强大的科技和人才支撑。实现强军目标，必将极大提升国防实力，并通过杠杆效应提升综合国力，产生巨大的综合性溢出效益，大大提升国家的经济、政治、文化和外交影响力，从而使我国在维护世界和平发展中发挥更大作用。"② 没有军事力量这个硬实力的保障，国家软实力的建设也就无从谈起。当今世界处于各种矛盾、冲突多发期和利益分化重组期，虽无世界性战争的威胁，但局部也是战争不断。以美国为首的西方国家借口民主、人权等所谓"普世价值"公然干涉主权国家内政，给这些国家造成严重内乱。对于社会主义中国，他们一刻也没有放松过颠覆我们政治制度的企图，加之国际恐怖势力、宗教极端势力和民族分裂势力对中国的严重威胁，因此，建设一支强大的人民军队是有效保卫人民根本利益，捍卫国家主

---

① 习近平:《全面实施改革强军战略 坚定不移走中国特色强军之路》，载于《人民日报》2015 年 11 月 27 日。
② 宋普选:《加快推进国防和军队现代化的行动纲领——学习习近平同志关于党在新形势下的强军目标的重要论述》，载于《人民日报》2013 年 9 月 18 日。

权的正确选择。

科技的发展引领着经济社会的发展，对社会生产力具有巨大的推动作用。马克思在《政治经济学批判》（1857~1858年草稿）中第一次明确提出了"生产力中也包括科学"的著名论断，邓小平进一步明确表示，科学技术是第一生产力。人类历史上历次工业革命都对社会生产力的发展产生了巨大的影响，深刻改变着社会的运行结构和人类社会的发展方向。每一种社会形态都会有对应的生产力表征，正如马克思的名言"手推磨产生的是封建主为首的社会，蒸汽机产生的是工业资本家为首的社会"中所描述的一样。面对蓄势待发的新一轮科技革命，面对迫切的国家重大战略需求，必须牢牢抓住科技创新这一重大战略指向，不断完善人才培养和使用机制。坚持以人才为本，围绕人才这一科技创新的核心要素做好相关制度创新和管理体制创新。习近平指出，"历史经验表明，科技革命总是能够深刻改变世界发展格局。在绵延5000多年的文明发展进程中，中华民族创造了闻名于世的科技成果。经过新中国成立以来特别是改革开放以来不懈努力，我国科技发展取得举世瞩目的伟大成就，科技整体能力持续提升，一些重要领域方向跻身世界先进行列，正处于从量的积累向质的飞跃、点的突破向系统能力提升的重要时期。纵观人类发展历史，创新始终是一个国家、一个民族发展的重要力量，也始终是推动人类社会进步的重要力量。不创新不行，创新慢了也不行。如果我们不识变、不应变、不求变，就可能陷入战略被动，错失发展机遇，甚至错过整整一个时代。实施创新驱动发展战略，是应对发展环境变化、把握发展自主权、提高核心竞争力的必然选择，是加快转变经济发展方式、破解经济发展深层次矛盾和问题的必然选择，是更好引领我国经济发展新常态、保持我国经济持续健康发展的必然选择。我们要深入贯彻新发展理念，深入实施科教兴国战略和人才强国战略，深入实施创新驱动发展战略，统筹谋划，加强组织，优化我国科技事业发展总体布局。"①唯改革者进，唯创新者强，唯改革创新者胜。中国实现现代化，是人类历史上前所未有的大变革，必须牢牢把握这一难得的历史机遇，利用新科技革命的后发优势，不断创新，加速发展。

与此同时，我们还应该看到，尽管这些年中国在经济、科技、军事等硬实力方面取得了巨大成就，但是世界话语体系的主导权仍然掌控在西方国家手中，中国仍然处于世界话语结构里的被动地位，俨然一个"行动的巨人、语言的矮子"。②"话语权在表面上是以话语为载体，但它之所以能产生吸引力和感染力，则是因为其包含着价值观和意识形态因素。"③ 西方国家在文化领域推行的霸权主义使得其牢牢控制住世界话语权，占据了金字塔的顶端。实现中华民族的伟大复兴，客观上要求我们必须改变现存的不合理的国家话语权力结构。"意识形态话语权，是体现阶级利益关系的'权力'"，④ 话语权领域的斗争，反映的是国家间意识形态领域的斗争，以及政治、经济等方面的综合竞争。文化是一个民族的灵魂，是一个民族区别于其他民族的重要标志。一个没有自身伦理道德和价值文化体系的民族，将会被淹没在世界民族之林。随着全球化趋势的持续发展，一方面大大推进了国际文化交流与开放，使不同国家可以分享彼此的文化；另一方面，伴随着文化交往的加深，各民族文化及其价值观上的差异越来越突出。西方文化经过数百年的扩张，在客观上有其促进相对落后地区发展的积极一面，但更重要的是，它也伴随着文化入侵、文化殖民的负面影响。经济基础决定上层建筑，以美国为首的西方

---

① 习近平：《为建设世界科技强国而奋斗——在全国科技创新大会、两院院士大会、中国科协第九次全国代表大会上的讲话》，人民出版社2016年版，第3~6页。
② 陈曙光：《中国话语与话语中国》，载于《教学与研究》2015年第10期。
③ 谢晓娟、刘世星：《当代马克思主义意识形态话语权建构的国际视角》，载于《河南师范大学学报》（哲学社会科学版）2016年第2期。
④ 葛彦东：《掌握意识形态话语权初探》，载于《思想理论教育导刊》2015年第1期。

第四章　中国文化自信的资本

发达国家不断利用其在信息技术和网络通信等方面的主导地位,对别国文化领域渗透控制,以图垄断国际思想文化市场。文化霸权构成了西方国家霸权主义战略的关键一环。文化霸权体现出一种控制与被控制的权力关系,文化霸权的推行必须以强势文化为基本条件,而"其根本基础则是强大的经济实力,其核心动力则是强烈的政治霸权欲望"。①

当前的国际话语体系,从本质上讲是维护西方国家价值观和既得利益的话语结构。随着近年来西方发达国家经济实力的相对下降和新兴国家的迅速崛起,尤其是2008年蔓延西方资本主义世界的经济危机的巨大冲击,西方世界普遍弥漫着心理上的失落感,这是自近代以来,在发达国家与发展中国家对话中从未有过的新变局。但是,即便西方国家的国力相对下降,却仍未改变其世界话语评判仲裁者和国际道德标准制定者的心理状态。一些国家依旧抱有宗主国心态,对前殖民地国家内部事务颐指气使,甚至粗暴干涉,严重损害了广大发展中国家的根本利益,造成了极为恶劣的国际影响。针对这一问题,习近平特别指出,"各国要致力于建设公平公正、包容有序的国际金融体系,提高新兴市场国家和发展中国家代表性和发言权,确保各国在国际经济合作中权利平等、机会平等、规则平等。"② 对中国进行全方位渗透成为西方国家推行文化霸权主义的重要目标。这种文化霸权主义的目标,不是占领他国领地,也不是掌控一国经济命脉,而是笼络和控制人心,并借此对另一国施加影响。文化霸权的形成需要经过由被动接收到主动接受的过程。西方的文化霸权是在别国人民毫不知觉,有时是主动配合的情形下,一点点建立起来的。全球一体化的背景下,中国融入世界,一方面大大加快了中国改革开

---

① 陈乔之、李仕燕:《西方文化霸权威胁与中国国家文化安全选择》,载于《暨南大学学报》(哲学社会科学版)2006年第1期。
② 杜尚泽、白阳:《习近平出席二十国集团领导人第九次峰会并发表重要讲话》,载于《人民日报》2014年11月16日。

放的进程；另一方面也对中国社会的方方面面产生了巨大影响，尤其是对中国的文化安全和文化产业发展带来了巨大挑战。西方教育资源不断涌入中国，对中国造成了价值观念的进一步冲击。在国与国之间的文化交流中，难以消除强势一方国家的价值观和生活方式的影响。随着国际教育领域交流不断扩大，西方发达国家凭借其经济、科技的主导优势，给中国带来了日渐严重的文化冲击，对中国意识形态工作造成很大负面影响，意识形态领域的斗争将愈发激烈。尽管扩大的国际交往使我们能够吸收借鉴更多优秀文化成果，但同时也会使大量西方文化糟粕乘机而入，对中国民族价值观和优秀传统文化造成极大损害。在文化和教育交流过程中，既要弘扬中华民族优秀传统文化，振奋民族精神，同时又要注重把握以我为主、为我所用的原则，充分吸收全人类一切优秀文明成果，积极构建具有中国特色的叙事方式，加大中国文化的外宣力度，讲好中国故事，扩大中国文化的国际影响。正如习近平所指出，"要着力推进国际传播能力建设，创新对外宣传方式，精心构建对外话语体系，创新对外话语表达，打造融通中外的新概念新范畴新表述，把我们想讲的和国外受众想听的结合起来，努力争取国际话语权，增强文化传播亲和力。要多用外国民众听得到、听得懂、听得进的途径和方式，积极传播中华文化，阐发中国精神，展现中国风貌，让世界对中国多一分理解、多一分支持。"①

  作为有着悠久历史传统的文明古国，我们的优秀传统文化给我们以自豪；同时我们又是人民当家作主的社会主义国家，革命战争年代造就的红色革命文化和社会主义建设和改革时期凝练的社会主义先进文化给了我们文化自信的力量。

---

① 《习近平总书记系列重要讲话读本（2016年版）》，学习出版社、人民出版社2016年版，第210页。

二、文以化成的民众赞同

（一）优秀传统文化给我们以自豪

中华文明源远流长，文化内涵博大精深，其中的优秀文化是中华传统文化中经历历史洗礼沉积下来的精华部分，是中华民族数千年文明智慧的基本元素和文化结晶，这些都已经成为中华民族的文化基因，植根于中国人内心深处，潜移默化地影响着中国人的思维方式和行为方式。2013年12月26日，习近平在纪念毛泽东同志诞辰120周年座谈会上的讲话中强调，"站立在960万平方公里的广袤土地上，吸吮着中华民族漫长奋斗积累的文化养分，拥有13亿中国人民聚合的磅礴之力，我们走自己的路，具有无比广阔的舞台，具有无比深厚的历史底蕴，具有无比强大的前进定力。中国人民应该有这个信心，每一个中国人都应该有这个信心。"[①] 这是因为，"自从文明的曙光初照神州，中华各民族的祖先就在这片古老而辽阔的土地上繁衍生息。经过五千多年的迁徙、演化和融合，形成了多元一体、不可分割的中华民族，创造了独具特色、灿烂辉煌的中华文化。影响深远的诸子学说，浩如烟海的历史古籍，气象万千的诗词歌赋，匠心独运的书画雕塑，泽被后世的四大发明……这些都令世人推崇备至，惊叹不已。中华文化具有海纳百川、地承万物的气魄，历来以博大的胸襟面向世界，因兼容并蓄而丰富多彩，因推陈出新而永葆活力，因特色鲜明而远播四方，成为世界四大古文明仅存的硕果。中华民族以自己非凡的智慧和创造力，为人类文明进步作出了不可磨

---

① 习近平：《在纪念毛泽东同志诞辰120周年座谈会上的讲话》，载于《人民日报》2016年12月27日。

灭的重大贡献。"① 然而，近代以来中国没有抵挡住西方坚船利炮的强大攻势，在经济、政治、军事和外交等方面的巨大溃败让中国的仁人志士开始反思。其中一股思潮便是从传统文化的角度分析中国近代以来导致全面溃败的原因，得出的结论是中国传统文化已然成为阻碍中国社会全面进步的绊脚石，必须彻底清除。同时全面拥抱西方所谓"普世价值"，主张全盘"西化"才能使中国走上正确的发展道路。无独有偶，以韦伯为代表的一些西方理论家也从欧洲中心论的角度分析中国传统文化，认为近代中国没有产生资本主义生产关系的原因，来自于中国传统文化尤其是儒家思想的阻碍。但是，近年来，中国在经济、科技、文化等方面取得的成就是举世瞩目的，这些发展成就正是在未改变中国传统价值观念和文化传统的前提下取得的。因此，中国传统文化不是我们今天寻找自信的负担，恰恰相反，传统文化是我们民族重建信心的内在动力。如何更好地继承和发扬中华优秀传统文化，并使之与当代中国发展需要内在契合，是当前和今后一个时期需要认真研究的时代课题。

中国在历史上曾经是世界公认的真正具有世界级影响力的大国，这其中文化的因素是奠定中国世界大国地位的重要因素。中国文化中孕育的价值观念、思想体系是中华民族对人类文明的重要贡献，而且在解决当今世界人类发展面临的各种严峻挑战时，也具有普遍的借鉴意义。正如习近平在纪念孔子诞辰 2565 周年国际学术研讨会暨国际儒学联合会第五届会员大会开幕会上的讲话中所指出，"包括儒家思想在内的中国优秀传统文化中蕴藏着解决当代人类面临的难题的重要启示，比如，关于道法自然、天人合一的思想，关于天下为公、大同世界的思想，关于自强不息、厚德载物的思想，关于以民为本、安民富民乐民的思想，关

---

① 刘延东：《伟大的文化推进伟大的复兴》，载于《人民日报》2005 年 10 月 13 日。

于为政以德、政者正也的思想，关于苟日新日日新又日新、革故鼎新、与时俱进的思想，关于脚踏实地、实事求是的思想，关于经世致用、知行合一、躬行实践的思想，关于集思广益、博施众利、群策群力的思想，关于仁者爱人、以德立人的思想，关于以诚待人、讲信修睦的思想，关于清廉从政、勤勉奉公的思想，关于俭约自守、力戒奢华的思想，关于中和、泰和、求同存异、和而不同、和谐相处的思想，关于安不忘危、存不忘亡、治不忘乱、居安思危的思想，等等。中国优秀传统文化的丰富哲学思想、人文精神、教化思想、道德理念等，可以为人们认识和改造世界提供有益启迪，可以为治国理政提供有益启示，也可以为道德建设提供有益启发。"[1] 当今世界，尽管和平与发展是时代主题，但环境破坏、恐怖主义、宗教冲突、战争杀戮、贫富分化等问题，对世界文明的发展提出了严峻挑战。1988年，诺贝尔物理学奖得主瑞典科学家汉内斯·阿尔文，指出"人类要在21世纪生存下去，必须回首2500多年前，去汲取孔子的智慧"。在联合国大厅里，赫然写着"己所不欲，勿施于人"的中国格言。这足以说明，一方面中国优秀传统文化在整个人类社会发展中的重要地位和深远影响；另一方面，中国文化中所包含的经世哲学为当今人类各种矛盾和冲突的解决提供了可供借鉴的智慧源泉。底蕴深厚的中国文化不仅推进了人类文明的跃进，显示了中国文化对世界的巨大影响力，也是今天实现中华民族伟大复兴的一座思想富矿和精神源泉。

2013年12月30日，习近平在中共中央政治局第十二次集体学习时强调，"提高国家文化软实力，要努力展示中华文化独特魅力。在5000多年文明发展进程中，中华民族创造了博大精深的灿烂文化，要使中华民族最基本的文化基因与当代文化相适

---

[1] 习近平：《在纪念孔子诞辰2565周年国际学术研讨会暨国际儒学联合会第五届会员大会开幕会上的讲话》，载于《人民日报》2014年9月25日。

应、与现代社会相协调，以人们喜闻乐见、具有广泛参与性的方式推广开来，把跨越时空、超越国度、富有永恒魅力、具有当代价值的文化精神弘扬起来，把继承传统优秀文化又弘扬时代精神、立足本国又面向世界的当代中国文化创新成果传播出去。要系统梳理传统文化资源，让收藏在禁宫里的文物、陈列在广阔大地上的遗产、书写在古籍里的文字都活起来。要以理服人，以文服人，以德服人，提高对外文化交流水平，完善人文交流机制，创新人文交流方式，综合运用大众传播、群体传播、人际传播等多种方式展示中华文化魅力。"① 鲁迅先生在《且介亭杂文集》中说："只有民族的，才是世界的。"世界本身就是由不同民族的多元文化所组成的，而每个民族文化都是独一无二的，只有先尊重自己的文化，保持自己文化的独特性，才能获得文化在世界上生存的权利。要充分认识并尊重本民族的优秀文化成果，一个不尊重自己文化，不以自己本民族文化为豪的民族是没有希望的民族，也就难以在日益激烈的国际竞争中找到文化立足点和自身文明传承的来源，必将难以立足于世界民族之林。

除了在世界范围内有重要影响的中国传统价值观和思想体系之外，中国在科学技术领域的成就也对世界范围内的生产力发展和文明的传播产生了巨大的推动作用。马克思在《机器、自然力和科学的应用》中曾说："火药、指南针、印刷术——这是预告资产阶级社会到来的三大发明。火药把骑士阶层炸得粉碎，指南针打开了世界市场并建立了殖民地，而印刷术则变成新教的工具，总的来说变成科学复兴的手段，变成对精神发展创造必要前提的最强大的杠杆。"② 培根在《新工具》一书中说道，"印刷、火药和磁石。这三种发明已经在世界范围内把事物的全部面貌和情况都改变了：第一种是在学术方面，第二种是在战事方面，第三种

---

① 《习近平谈治国理政》，外文出版社 2014 年版，第 161 页。
② 《马克思恩格斯全集》第 47 卷，人民出版社 2006 年版，第 359 页。

第四章 中国文化自信的资本

是在航行方面；并由此又引起难以数计的变化来；竟至任何帝国、任何教派、任何星辰对人类事务的力量和影响都仿佛无过于这些机械性的发现了。"英国学者李约瑟在他所著《中国科学技术史》中写道，"中国文献清楚地向我们展示了一个又一个不平凡的发明和发现，考古证据或绘画实物证实中国的发明与发现比欧洲的或照搬采用的发明与发现一般往往领先很长时间……不管你探究哪一页，中国总是一个接一个地居世界第一。"中国古代的天文、地理、数学、医学等领域内所取得成就极大地造福了包括中国人民在内的世界各国人民。关于中国传统文化中的瑰宝——中国传统医学，习近平曾有重要评价，他在出席皇家墨尔本理工大学中医孔子学院授牌仪式发表讲话时表示，"中医药学凝聚着深邃的哲学智慧和中华民族几千年的健康养生理念及其实践经验，是中国古代科学的瑰宝，也是打开中华文明宝库的钥匙。深入研究和科学总结中医药学对丰富世界医学事业、推进生命科学研究具有积极意义。"①

从当今世界的发展趋势来看，文化越来越成为民族凝聚力和创造力的重要来源，越来越成为综合国力竞争的重要因素，丰富精神文化生活越来越成为中国人民的热切期望。我们党准确把握时代发展趋势和文化发展方向，把提高国家文化软实力作为重要发展战略，摆在更加突出的位置。中华优秀传统文化是国家文化软实力的重要组成部分，继承和弘扬中国优秀传统文化，是社会主义文化事业大发展大繁荣的客观要求，对于提升国家文化自信，增强和壮大综合国力具有重要意义，这主要表现在三个方面。一是能够增强中华民族凝聚力。民族凝聚力是文化自信的重要体现，这种凝聚力来自于人们对核心价值观的认同与追求。要把全国各族人民凝聚起来，形成全面建成小康社会、实现中华民族伟大复

---

① 《习近平出席皇家墨尔本理工大学中医孔子学院授牌仪式》，载于《人民日报》2010年6月21日。

兴的强大合力，必须继承和弘扬中华民族优秀传统文化，形成强大的精神支柱和基本道德规范，增强对中华民族大家庭的向心力和归属感。二是能够提升中华民族的文化创造力。文化创造力的强弱直接体现人们的文化自信。只有对本民族文化自信的人才能够在民族文化传承和发展方面有所作为。创新是一个民族进步的灵魂，是一个国家兴旺发达的不竭动力。在建设创新型国家的今天，必须汲取和吸收传统文化中的优秀思想，发扬改革创新精神，树立创新理念，培育创新文化。三是能够扩大中国文化的影响力。让别人认同自己的文化，首先自己要相信本民族的文化是优秀的，就是要有文化自信。文化影响力的强弱是衡量一个国家软实力的重要标志。中华文化具有独特魅力，充分欣赏和挖掘传统文化中的时代元素，有利于中华文化更好地走向世界，扩大中国的国际影响。

　　作为人类文明史上唯一一个文明持续至今的国家，中国传统文化中蕴含大量合理成分，这些因素需要进行创造性转化，要与社会主义市场经济、民主政治、先进文化等方面协调适应，妥善处理好继承与发展两者之间的关系。也就是说，要按照时代发展特点，对那些至今仍有借鉴意义的方面加以改造，赋予其新的时代内涵和现代表达方式，重新激发其生命力。中华民族是一个兼容并蓄、海纳百川的民族，在漫长的历史进程中，中华民族一直同其他国家相互交流、相互借鉴，积极吸纳其他国家优秀文化，转化为自己的东西，成就了古代数千年文化的文化辉煌。闭关自守、盲目自大是造成近代以来中国文化落后，陷入被侵略、被蹂躏悲惨境地的重要原因。正反两方面经验告诉我们，要实现中国文化的伟大复兴，必须"要真正坚持从本民族实际出发，坚持取长补短、择善而从，讲求兼收并蓄，在不断汲取各种文明养分中丰富和发展中华文化"。[①]

[①]《习近平总书记系列重要讲话读本（2016年版）》，学习出版社、人民出版社2016年版，第204页。

（二）红色革命文化给我们以荣耀

红色文化是我们党在革命、建设和改革实践过程中形成的宝贵精神财富，也是中国共产党人领导中国人民进行革命、建设和改革的历史表征。它包括两方面内容，"一是物质层面的内容，包括静态的革命遗址、文物、博物馆、纪念馆、展览馆、烈士陵园等，这些直观的物质载体对人民群众具有很强的精神感染力和影响力，能够发挥良好的思想政治教育功能。二是精神层面的内容。指在长期的革命过程中形成的宝贵精神财富，包括以爱国主义、无私奉献、革命乐观主义为主要内容的精神载体。在革命战争年代形成的'井冈山精神、苏区精神、长征精神、延安精神、西柏坡精神'，在社会主义建设时期形成的'大庆精神、雷锋精神、两弹一星精神、铁人精神'，在改革开放新时期形成的体现农村改革的'大包干精神，体现城市改革的张家港精神，体现'更快、更高、更强'的奥运精神，抗洪精神等都是红色资源的重要内容。"[①] 中国共产党在长期的革命斗争领导中，高度重视先进文化的力量，培育了伟大的革命精神，创造了灿烂的革命文化，丰富了我们的民族精神和民族文化，为中国特色社会主义文化建设提供了可供继承的优秀成果和优良传统，为弘扬和培育民族精神，加强思想道德建设，提供了丰富而生动的思想资料。

中国共产党人历来高度重视红色文化的历史价值与现实意义，在红色资源的保护、宣传和开发方面做了大量工作。党的十八大以来，习近平深入基层和革命老区调研考察，先后来到瑞金、井冈山、百色、韶山、阜平、西柏坡、临沂、古田、延安、遵义等革命老区。在酒泉卫星发射中心，他向安葬在东风革命烈士陵园的聂荣臻元帅和为中国航天科技事业献身的英烈敬献花

[①] 舒毅彪：《以红色资源为依托推进社会主义核心价值体系大众化》，载于《求实》2013年第3期。

篮,向共和国的功臣们表示敬意。他勉励大家发扬"两弹一星"精神、载人航天精神和"东风精神",以"民族复兴为己任,追求卓越,扎根大漠,报效祖国和人民"。① 他在党的七届二中全会旧址召开座谈会时表示,"西柏坡我来过多次,每次都怀着崇敬之心来,带着许多思考走。对我们共产党人来说,中国革命历史是最好的营养剂。多重温我们党领导人民进行革命的伟大历史,心中就会增添很多正能量。"② 在赴兰考调研指导党的群众路线教育实践活动期间,他强调,"焦裕禄同志是县委书记的榜样,也是全党的榜样,他虽然离开我们50年了,但他的事迹永远为人们传颂,他的精神同井冈山精神、延安精神、雷锋精神等革命传统和伟大精神一样,过去是、现在是、将来仍然是我们党的宝贵精神财富,我们要永远向他学习。"③ 在延安杨家岭党的"七大"会址,他动情地说,"这里我来过多次,插队时每次到延安都要来看看,每次都受到精神上的洗礼。党的七大制定了正确的纲领和策略,集中概括了党在长期奋斗中形成的优良作风,确立了毛泽东思想在全党的指导地位。落实好全面建成小康社会、全面深化改革、全面依法治国、全面从严治党的战略布局,要求全党同志以与时俱进、奋发有为的精神状态,不断推进实践创新和理论创新,继续书写马克思主义中国化、时代化新篇章。"④ 在金寨县红军广场,他向革命烈士纪念塔敬献花篮,瞻仰金寨县红军纪念堂,参观金寨县革命博物馆。他深情地说,"一寸山河一寸血,一抔热土一抔魂。回想过去的烽火岁月,金

---

① 李刚:《习近平看望空军某基地酒泉卫星发射中心和兰州军区机关官兵》,载于《人民日报》2013年2月7日。
② 鞠鹏:《充分调动干部和群众积极性 保证教育实践活动善做善成》,载于《人民日报》2013年7月13日。
③ 丁林、李学仁:《大力学习弘扬焦裕禄精神继续推动教育实践活动取得实效》,载于《人民日报》2014年3月19日。
④ 霍小光、李学仁、兰红光:《向全国人民致以新春祝福 祝祖国繁荣昌盛人民幸福安康》,载于《人民日报》2015年2月17日。

寨人民以大无畏的牺牲精神，为中国革命事业建立了彪炳史册的功勋，我们要沿着革命前辈的足迹继续前行，把红色江山世世代代传下去。革命传统教育要从娃娃抓起，既注重知识灌输，又加强情感培育，使红色基因渗进血液、浸入心扉，引导广大青少年树立正确的世界观、人生观、价值观。"[①] 红色文化是我们党在革命、建设和改革中形成的宝贵精神财富，不管是在革命战争年代，还是在社会主义建设和改革时期，无数革命先烈留下的优良传统永远是激励我们砥砺前行的强大动力，给我们以荣耀，任何时候都不能丢。

红色文化独特的价值功能，不仅与社会主义核心价值观的实践性特点内在契合，还对打造具有中国特色和世界影响的红色文化名片，以及传播中国文化具有重要的促进作用。红色文化见证了"没有共产党就没有新中国"的历史。近代中国，国家积贫积弱，人民饱受磨难。为拯救国家和人民，无数仁人志士进行了长期的探索和斗争并为之流血牺牲，但都没有从根本上改变中国人民的悲惨命运。是中国共产党勇敢地担负起历史的重任，为中华民族的独立解放，为中国人民的平等自由作出了不懈的努力并付出了重大牺牲。红色文化倡导崇高思想境界和革命道德情操，传播其理念、彰显其精神，有利于红色革命精神深入人心。作为中国先进文化的重要组成部分，红色文化越发显示出其重要的历史和现实价值。

（三）社会主义先进文化给我们以方向

"社会主义先进文化是马克思主义政党思想精神上的旗帜，文化建设是中国特色社会主义事业总体布局的重要组成部分。没有文化的积极引领，没有人民精神世界的极大丰富，没有全民族

---

① 李学仁、李刚：《全面落实"十三五"规划纲要　加强改革创新开创发展新局面》，载于《人民日报》2016年4月28日。

精神力量的充分发挥,一个国家、一个民族不可能屹立于世界民族之林。物质贫乏不是社会主义,精神空虚也不是社会主义。没有社会主义文化繁荣发展,就没有社会主义现代化。"[1] 当代中国的先进文化本质上就是中国特色社会主义文化,发展先进文化就是建设中国特色社会主义文化。先进文化是当代中国的新文化,它以全新的面貌向世人展示中华文明的新形象。这种新就体现在它以社会主义核心价值观为核心内容,并以文化事业、文化产业等多种形式实现着人们在社会主义核心价值观指导下追求的思想观念和价值理念,展现着人们在追求理想信念过程中积极向上的精神面貌。社会主义先进文化的建立,本身就是创新与改革的成果,更是一种文化自信的表现。早在1940年,毛泽东就提出了新中国的文化纲领,即建立中华民族的新文化,也就是民族的、科学的、大众的新民主主义文化。新中国成立后,随着社会主义制度的建立,新民主主义文化逐步转变为社会主义先进文化。社会主义改造完成以后,社会主义制度正式在中国确立,社会主义文化也取代了新民主主义文化,成为我们国家意识形态领域的文化指导思想。1956年4月,中共中央确定"百花齐放、百家争鸣"为科学和文化工作的重要方针,随后八大又进一步强调要求予以坚持贯彻。"双百"方针的实质,就是承认社会主义科学文化的多层和多样格局,不是一"花"一"家"的单调形态。只要是赞成社会主义制度的知识分子,便是社会主义文化的创造者和建设者。"双百方针"是团结知识分子和文化人的情感纽带,是允许和鼓励不同观点、不同流派的文化形态和谐发展的指南。只要符合繁荣社会主义的经济文化这一民族的最根本利益,只要有利于促进和体现社会的进步,就应该纳入先进文化的格局范围。"双百"方针体现的是一种自信、开放和宽容的文化

---

[1] 《中共中央关于深化文化体制改革 推动社会主义文化大发展大繁荣若干重大问题的决定》,载于《人民日报》2011年10月26日。

心态，遵循的是符合文化发展繁荣的根本规律。这调动了人们文化建设的积极性，知识分子的科学研究和文艺创作热情空前高涨，极大地推动了社会主义文化的繁荣，增强了社会主义的吸引力。社会主义文化事业也取得了非凡成就，文化自信极大提高。改革开放初期，把社会主义精神文明建设提升到战略高度，邓小平一再强调，要"两手抓，两手都要硬"。此后中国共产党对社会主义精神文明的认识不断深化，形成了一个比较完整的体系，并提出了社会主义精神文明是建设有中国特色社会主义的重要组成部分和本质特征。党的十五大又明确指出，有中国特色社会主义的文化是综合国力的重要标志，就其主要内容来说，又同改革开放以来一贯倡导的社会主义精神文明一致。党的十五大还正式提出了建设有中国特色社会主义的文化纲领，即以马克思主义为指导，以培养有理想、有道德、有文化、有纪律的公民为目标，发展面向现代化、面向世界、面向未来的，民族的、科学的、大众的社会主义文化。进入新世纪，社会主义文化建设进入发展的新时期。随着中国经济建设取得的巨大成就，文化走出去战略稳步推进。正如习近平在会见第七届世界华侨华人社团联谊大会代表时所说，"中华文明有着5000多年的悠久历史，是中华民族自强不息、发展壮大的强大精神力量。我们的同胞无论生活在哪里，身上都有鲜明的中华文化烙印，中华文化是中华儿女共同的精神基因。希望大家继续弘扬中华文化，不仅自己要从中汲取精神力量，而且要积极推动中外文明交流互鉴，讲述好中国故事、传播好中国声音，促进中外民众相互了解和理解，为实现中国梦营造良好环境。"[①] 这些年，中国国外文化交流频繁，欧美国家"中国文化年""中国文化周""中国春节"以及其他各种形式的文化交流活动的陆续开展，扩大了中国文化在世界范围内的影响，孔子学院在世界各地的广泛设立进一步扩大了中国文化的传

---

① 《习近平谈治国理政》，外文出版社2014年版，第64页。

播范围，彰显中国文化的独特魅力与传播力。

坚持并发展社会主义先进文化，首先要旗帜鲜明地坚持马克思主义在文化建设领域的指导地位。我们党是用马列主义、毛泽东思想和中国特色社会主义理论体系武装起来的工人阶级的先锋队，也是中华民族的先锋队。马克思主义在思想文化领域的一元领导地位是我们党在长期的革命斗争和社会主义现代化建设实践中做出的历史的必然选择，是保证社会主义现代化建设和改革沿着正确路径前进的必然要求。思想文化建设离不开正确的世界观和方法论指导。马列主义、毛泽东思想和中国特色社会主义理论体系是经实践反复检验的正确的世界观和方法论，符合人类社会发展的一般规律，具有其他思想文化理论所不能取代的指导性和方向性，规定着社会主义文化建设的性质和指向，解决了为什么人，走什么样的道路这一根本问题。任何国家，不管存在多少思想文化理论，其根本性的意识形态只能有一个。我们是共产党领导的社会主义国家，在意识形态领域只能坚持马克思主义的指导地位。坚持马克思主义的指导地位是占领思想文化阵地，凝聚人性的可靠保障。在中国各项改革深入推进，利益主体日益多元，对外交流不断扩大的时代背景下，各种思想观念相互碰撞，先进文化与落后文化、进步思想与腐朽观念、真理与谬误并存，价值观念相互激荡，使得意识形态领域的矛盾和斗争日益激烈和复杂化。意识形态这一重要领域，无产阶级不去占领，其他非无产阶级就会去占领。苏联解体、东欧剧变的历史教训历历在目，时刻提醒我们绝不能动摇马克思主义在社会主义文化建设和意识形态领域的一元领导地位。当今的中国，改革进入攻坚期，人们的思想由于受到各种因素的干扰，呈现出易变、快变的趋势，思想变化频率加快，价值取向日益复杂。越是在这样复杂的情况下，越要坚持马克思主义在思想文化领域的一元领导地位，旗帜鲜明地反对思想文化领域的多元化，唯有如此才能坚持社会主义方向和人民主体地位，才能聚合思想，凝聚力量。正如习近平在

第四章　中国文化自信的资本

哲学社会科学工作座谈会上所指出,"坚持以马克思主义为指导,首先要解决真懂真信的问题,核心要解决好为什么人的问题,最终要落实到怎么用上来。我国哲学社会科学要有所作为,就必须坚持以人民为中心的研究导向。脱离了人民,哲学社会科学就不会有吸引力、感染力、影响力、生命力。我国广大哲学社会科学工作者要坚持人民是历史创造者的观点,树立为人民做学问的理想,尊重人民主体地位,聚焦人民实践创造,自觉把个人学术追求同国家和民族发展紧紧联系在一起,努力多出经得起实践、人民、历史检验的研究成果。"[①]

"马克思主义是随着时代、实践、科学发展而不断发展的开放的理论体系,它并没有结束真理,而是开辟了通向真理的道路。把坚持马克思主义和发展马克思主义统一起来,结合新的实践不断作出新的理论创造,这是马克思主义永葆生机活力的奥妙所在。"[②] 社会主义先进文化是马克思主义指导下的文化,但并不是说,社会主义先进文化就是固步自封的理论体系,它并不排斥吸收其他先进文化的合理成分,对于一切有益的人类文明成果,不管是国外的,还是传统的,都可以拿来为我所用,积极借鉴。同时,"对世界上出现的新事物新情况,对各国出现的新思想新观点新知识,我们要加强宣传报道,以利于积极借鉴人类文明创造的有益成果。要精心做好对外宣传工作,创新对外宣传方式,着力打造融通中外的新概念新范畴新表述,讲好中国故事,传播好中国声音。"[③] 扩大文化领域对外开放,是提升中国文化世界影响力的战略举措,也是扩展中国文化发展空间的迫切需要。在全国宣传思想工作会议上,习近平强调,"对我国传统文

[①] 习近平:《在哲学社会科学工作座谈会上的讲话》,人民出版社2016年版,第11~13页。
[②] 习近平:《在哲学社会科学工作座谈会上的讲话》,人民出版社2016年版,第13页。
[③] 《习近平谈治国理政》,外文出版社2014年版,第156页。

化，对国外的东西，要坚持古为今用、洋为中用，去粗取精、去伪存真，经过科学的扬弃后使之为我所用。"[1] 他进一步指出，"要坚持社会主义先进文化前进方向，用社会主义核心价值观凝聚共识、汇聚力量，用优秀文化产品振奋人心、鼓舞士气，用中华优秀传统文化为人民提供丰润的道德滋养，提高精神文明建设水平。"[2] 近些年来，中国文化对外开放取得显著成果，国际影响力不断加大。扩大文化领域的对外开放，关键是完善以民族文化为主体，吸收外来有益文化，推动中国文化走向世界的文化领域开放格局。为此，必须创新对外宣传方式方法，要采用国外听得懂、易接受的叙事方式。坚持官方与民间并举、文化交流与文化贸易并重，推动中国优秀文化产业和文化产品走向世界。要开展知识产权保护的国际合作，积极借鉴吸收国外优秀文化和成果，大力推进文化创新，拓展对外文化交流渠道，构建人文交流机制，促进中国优秀文化相互借鉴。党的十八大报告指出，"建设社会主义文化强国，必须走中国特色社会主义文化发展道路，坚持为人民服务、为社会主义服务的方向，坚持百花齐放、百家争鸣的方针，坚持贴近实际、贴近生活、贴近群众的原则，推动社会主义精神文明和物质文明全面发展，建设面向现代化、面向世界、面向未来的，民族的科学的大众的社会主义文化。"[3] 这充分体现了我们党高度的文化自觉和文化自信，也为中国特色社会主义文化建设指明了方向。我们要从党和国家事业发展全局的高度，从时代发展大局的高度，充分认识社会主义先进文化建设的重大意义，把握好文化建设的科学规律。党的十八大以来，我们党在中国特色社会主义伟大实践中不断进行文化领域改革创

---

[1] 《习近平谈治国理政》，外文出版社2014年版，第156页。
[2] 习近平：《在省部级主要领导干部学习贯彻党的十八届五中全会精神专题研讨班上的讲话》，载于《人民日报》2016年5月10日。
[3] 胡锦涛：《坚定不移沿着中国特色社会主义道路前进 为全面建成小康社会而奋斗——在中国共产党第十八次全国代表大会上的报告》，载于《人民日报》2012年11月18日。

新，推动文化建设迈上新台阶。社会主义核心价值体系建设深入开展，文化体制改革全面推进，公共文化服务体系建设取得重大突破，文化产业快速发展，文化创作更加繁荣，人民精神文化生活更加丰富多彩。党的十八大报告，准确把握中国经济社会发展新情况，针对人民群众的新要求和文化发展的新趋势，明确提出到2020年的文化建设目标，"文化软实力显著增强。社会主义核心价值体系深入人心，公民文明素质和社会文明程度明显提高。文化产品更加丰富，公共文化服务体系基本建成，文化产业成为国民经济支柱性产业，中华文化走出去迈出更大步伐，社会主义文化强国建设基础更加坚实。"[①] 这是我们党在新的历史起点上，对文化建设做出的战略部署和科学规划，体现了中国文化发展的规律和时代要求。党的十八大以来，以习近平同志为核心的党中央带领全国各族人民，走出了一条中国特色社会主义文化发展道路，使中国文化领域整体面貌和发展格局焕然一新。

三、民主科学的制度保证

文化自信需要有民主科学的制度保障。中国共产党的领导是社会主义建设和改革事业沿着正确道路前进的坚强保证，同时我们用社会主义核心价值观凝聚共识，用科学合理的法治体系确保了文化事业的健康发展。

（一）党对文化建设的导航引领

中国共产党是中国革命事业和社会主义现代化建设事业的领

[①] 胡锦涛：《坚定不移沿着中国特色社会主义道路前进 为全面建成小康社会而奋斗——在中国共产党第十八次全国代表大会上的报告》，载于《人民日报》2012年11月18日。

导核心。习近平在文艺工作座谈会上强调,"党的领导是社会主义文艺发展的根本保证。党的根本宗旨是全心全意为人民服务,文艺的根本宗旨也是为人民创作。把握了这个立足点,党和文艺的关系就能得到正确处理,就能准确把握党性和人民性的关系、政治立场和创作自由的关系。"[①] 加强和改进党对文化工作的领导,是推进文化改革发展的根本保证,也是加强党的执政能力建设和先进性建设的内在要求。文化建设领域事务繁重,面对文化建设存在的问题和来自国内外的各种挑战,中国共产党要清醒地把握世情、国情和党情,明确自身肩负的责任与使命,判明前进的目标与方向,必须加强和改善党在文化建设领域的领导,确保我们党始终成为中国特色社会主义事业的坚强领导核心。我们党历来都非常重视文化工作,新中国成立以来对于党的文化建设,更是有着深层次的探索。坚持党对文化工作的领导是党在社会主义革命时期和社会主义建设时期经过长期实践而累积下来的宝贵的经验,文化工作做得好不好事关社会主义建设和改革事业全局。坚持党对文化工作的领导,有利于保证社会主义建设的大方向、有利于营造社会主义发展的文化大环境、有利于保证共产主义事业的成功。坚持党对文化工作的统一领导,要使文化建设为社会的发展进步提供强有力的思想保证、精神动力和智力支持。坚持党对文化建设、思想工作的领导,也需要在坚持社会主义核心价值体系的基础上,尊重文化多样性。坚持党对文化工作的领导,对社会文化氛围的营造、社会舆论建设有着监督管理的积极功效,更是中国现代化建设和社会主义事业成功的巨大推动力,特别是在现阶段多元化社会思潮弥漫,西方意识形态和不良社会思潮同时对中国思想文化建设、社会舆论导向提出了严峻的挑战的历史关头。为此,只有坚持党对文化工作的领导,才能保证社

---

① 习近平:《在文艺工作座谈会上的讲话》,载于《人民日报》2015 年 10 月 15 日。

会主义思想的方向性，也才能保证一元主导、多元共存，从而推进社会主义建设的顺利进行。

"中国共产党从成立之日起，就既是中华优秀传统文化的忠实传承者和弘扬者，又是中国先进文化的积极倡导者和发展者。我们党历来高度重视运用文化引领前进方向、凝聚奋斗力量，团结带领全国各族人民不断以思想文化新觉醒、理论创造新成果、文化建设新成就推动党和人民事业向前发展，文化工作在革命、建设、改革各个历史时期都发挥了不可替代的重大作用。"[①] 中国共产党以高度的文化自觉和文化自信，肩负起传承和发展中华文化、实现中华民族伟大复兴的神圣使命。推动社会主义文化大发展大繁荣，关键在于加强和改进党对文化工作的领导。这既是推进文化改革发展的根本保证，也是加强党的执政能力建设和先进性建设的内在要求。党对文化建设的引领主要就体现在为文化建设提供坚强的政治、思想和组织人才等的保证方面。

党对文化建设的引领作用，首先体现在提供政治保证方面，也就是坚持从战略全局出发，正确制定和不断完善文化建设的方针、政策，以及具体目标、任务和措施。《中共中央关于深化文化体制改革　推动社会主义文化大发展大繁荣若干重大问题的决定》指出，为切实担负起推进文化改革发展的政治责任，"各级党委和政府要把文化建设摆在全局工作重要位置，深入研究意识形态和宣传文化工作新情况新特点，及时研究文化改革发展重大问题，加强和改进思想政治工作，牢牢把握意识形态工作主导权，掌握文化改革发展领导权。把文化建设纳入经济社会发展总体规划，与经济社会发展一同研究部署、一同组织实施、一同督促检查。把文化改革发展成效纳入科学发展考核评价体系，作为衡量领导班子和领导干部工作业绩的重要依据。制定社会主义核

---

① 《中共中央关于深化文化体制改革　推动社会主义文化大发展大繁荣若干重大问题的决定》，载于《人民日报》2011年10月26日。

心价值体系建设实施纲要。在全党深入开展社会主义核心价值体系学习教育，使广大党员、干部成为实践社会主义核心价值体系的模范，做共产主义远大理想和中国特色社会主义共同理想的坚定信仰者。深入做好文化领域知识分子工作，充分尊重知识分子创造性劳动，善于同知识分子特别是有影响的代表人士交朋友，把广大知识分子紧紧团结在党的周围。"[1] 党的十八大以来，以习近平同志为核心的党中央高度重视文化建设，对党在新的历史时期建设社会主义文化建设方面的重要作用有着清醒认识和正确分析，正如习近平所指出，"改革开放30多年来，我国经济社会发展之所以能够取得世所罕见的巨大成就，我国人民生活水平之所以能够大幅度提升，都同我们坚定不移坚持党的领导、充分发挥各级党组织和全体党员作用是分不开的。在我国，党的坚强有力领导是政府发挥作用的根本保证。在全面深化改革过程中，我们要坚持和发展我们的政治优势，以我们的政治优势来引领和推进改革，调动各方面积极性。"[2]

　　党对文化建设提供思想保证，主要是要始终坚持马克思主义在意识形态领域的指导地位，坚持社会主义先进文化前进方向。社会主义文化是马克思主义指导下的文化，必须牢固坚持马克思主义在文化建设和意识形态领域的根本性指导地位。市场经济环境下，利益主体更加多元，当前在意识形态领域，围绕发展模式和价值观的竞争更加激烈，各种思想文化交流、交锋日趋频繁。西方国家凭借雄厚的经济、军事和科技实力，借助其在世界上的媒体优势，利用互联网的开放性，不断兜售西方意识形态，宣扬西方文化。市场经济的深入发展，也使得人们在思想认识、价值取向、道德选择等方面的独立性、多样性和差异性日益增强，思

---

[1]《中共中央关于深化文化体制改革　推动社会主义文化大发展大繁荣若干重大问题的决定》，载于《人民日报》2011年10月26日。
[2]《习近平谈治国理政》，外文出版社2014年版，第118页。

想文化领域出现各种各样的文化思潮。多元化的利益主体不满足于文化建设领域中的马克思主义一元领导现实,通过各种手段和途径不断宣扬各种非马克思主义意识形态,企图颠覆马克思主义在意识形态领域的领导地位。各种非马克思主义思潮给主流文化和主流意识形态带来挑战与冲击,干扰了人们的正确的思想认识,严重影响了人们对于马克思主义意识形态的认同。

在当前意识形态领域内的斗争日益激烈和复杂的背景下,更要坚持党对文化建设工作的绝对领导方能取得胜利。意识形态斗争的一个很重要的表现就是各种敌对势力和我们争夺取青年群体。青年群体思想活跃,对新事物、新观念有很强的好奇心和接受能力,但是普遍缺乏明辨真价值与伪价值,真科学与伪科学的能力,他们容易受到各种非马克思主义思想和价值观念的影响。习近平特别重视青年群体的健康成长。他指出,"广大青年要坚持用邓小平理论、'三个代表'重要思想、科学发展观武装头脑,把理想信念建立在对科学理论的理性认同上,建立在对历史规律的正确认识上,建立在对基本国情的准确把握上,不断增强道路自信、理论自信、制度自信,增强对坚持党的领导的信念,永远紧跟党高高举起中国特色社会主义伟大旗帜。"[①] 这就要求我们要正确认识我们国家所处的历史发展阶段,对国情、党情有清醒认识。要始终坚持用马克思主义、毛泽东思想和中国特色社会主义理论武装我们的头脑,不断争取意识形态斗争和文化建设领域的新胜利。

党对文化建设提供组织人才保证,主要是坚持党管干部和党管人才原则。党对文化建设领域的政治领导和思想领导最终都要具体落实到组织领导上来。习近平在全国组织工作会议上强调,"把好干部选用起来,需要科学有效的选人用人机制。要紧密结

[①] 习近平:《在同各界优秀青年代表座谈时的讲话》,载于《人民日报》2013年5月5日。

合干部工作实际,认真总结,深入研究,不断改进,努力形成系统完备、科学规范、有效管用、简便易行的制度机制。要特别注意研究新情况新问题。要把加强党的领导和充分发扬民主结合起来,发挥党组织在干部选拔任用工作中的领导和把关作用。"[1]要完善工作机制,推进干部工作公开,坚决制止简单以票取人的做法,确保民主推荐、民主测评风清气正。因此,必须建设好文化领域的领导班子、党的基层组织、干部队伍和党员队伍,建设好文化人才队伍,要相信文化人才,给他们施展才华的舞台和空间。习近平进一步指出,"党的领导是社会主义文艺发展的根本保证。加强和改进党对文艺工作的领导,要紧紧依靠广大文艺工作者,选好配强文艺单位领导班子,诚心诚意同文艺工作者交朋友,尊重文艺工作者的创作个性和创造性劳动,政治上充分信任,创作上热情支持,营造有利于文艺创作的良好环境。要尊重和遵循文艺规律,切实加强文艺评论工作,把好文艺批评的方向盘,运用历史的、人民的、艺术的、美学的观点评判和鉴赏作品,在艺术质量和水平上敢于实事求是,对各种不良文艺作品、现象、思潮敢于表明态度,在大是大非问题上敢于表明立场。要适应形势发展,抓好网络文艺创作生产,加强正面引导力度。"[2]文化建设不同于其他领域的建设,有其自身发展规律和特殊性。文化领域的繁荣要靠广大文化工作者,人才因素是关键因素。不能很好地调动广大文化工作者的积极性和创造性,实现文化繁荣的目标就很难实现。在文化领域,要坚持德才兼备、以德为先的用人标准,配备好文化领域的各级领导班子,要特别注重各级领导班子的文化工作能力和水平,选择那些政治素养高、业务能力强的人才充实到文化领导队伍中去,充分发挥共产党员在文化建

---

[1] 《十八大以来重要文献选编》上册,中央文献出版社2016年版,第344~345页。
[2] 《中共中央关于繁荣发展社会主义文艺的意见》,载于《人民日报》2015年10月3日。

设中的先锋模范作用。真正做到内行领导内行，而不是外行领导内行。

（二）社会主义核心价值观的人文提升

当今世界，各国经济既相互融合又相互竞争，不同文化既相互借鉴又相互激荡。国家之间的竞争，既表现为经济、科技、军事等硬实力的竞争，也反映在文化、价值观吸引力所体现出来的软实力的较量。软实力诸多因素中，最关键的就是核心价值观，它直接反映着民族的凝聚力和国家的核心竞争力。文化软实力很大程度上表现为国民的精神状态、意志品格和内在凝聚力，这些主要来自于人们对核心价值观的认同。社会主义革命和建设的伟大实践告诉我们，如果一个民族没有核心价值作为思想的引导，就会出现思想上的迷茫和混乱，如果放任各种社会思潮的恣意泛滥，各种价值观念的矛盾激荡，主动放弃意识形态的领导权，就会直接干扰中国社会主义事业的顺利推进和民族复兴的伟大事业。理想是一个民族发奋向上的精神动力，中国共产党在革命和建设的伟大历程中始终抱有坚定的理想和信念，正是在这种理想信念的激励下，中国共产党人战胜一个又一个困难，取得了中国革命和建设的伟大胜利。随着社会主义市场经济的深入发展，一些市场经济固有缺陷所导致的负面影响也逐渐暴露出来。人们逐渐远离了高尚的精神文化追求，出现了精神上的困惑和价值观危机，精神文化追求淡化。面对种种精神文化和人文素养的缺失，我们必须用社会主义核心价值观引领人民群众的精神文化追求，以提升人民群众的人文素养。

社会主义核心价值观，从国家、社会和个人三个层面给新时期人们的人文精神设立了标准，提供了保障。首先，建设一个富强、民主、文明、和谐的现代化国家，是中国人民自古以来的国家梦想，是中华民族精神支柱和前进动力，是凝聚人心、鼓舞斗志的强大力量。富强就是民富国强，体现着在社会主义共同富裕的本质。民主就是人民当家作主，体现了一切权力属于人民的思想。人民民主作为一种价值追求，是无产阶级始终一直以来的政治理想，坚持人民民主就是要坚持中国共产党的领导、人民当家作主、依法治国的有机统一。文明是人类文化发展的进步成果，体现出社会主义文化建设的根本价值诉求。和谐的内涵是人与人、人与社会、人与自然之间呈现出协调共处的状态。社会主义核心价值观将国家的富强、政治的民主、社会的发展与人民群众的利益紧密联系在一起，包含对人是社会发展的主体推动力的深刻认识，体现了社会主义核心价值观的人文因素。其次，建成一个自由、平等、公正、法治的社会，是实现每个人全面而又自由发展的保障。人是社会的组成单元，人的自由而全面的价值理念构成了全社会自由而全面发展的价值共识，社会的价值共识又反过来促进个人的全面发展。自由一直是人类梦寐以求的理想目标，蕴含着人的自我创造、自我解放和自我实现。社会主义社会中的自由指的是人的自由全面发展。自由的实践基础和前提条件是平等，只有在平等的基础上人们才能获得本性的真正自由。生产资料的社会主义公有制保障了社会群体的真正平等，其根本目的在于使社会群体获得公平分配资源的权利，避免私有制下因资源分配不公而导致的对人的剥削。公正是社会主义的本质属性，是社会主义社会的基本价值准则。法治强调法律的尊严和权威，坚持法律面前人人平等，并使法律成为社会主义社会的运行规则。自由、平等、公正、法治的社会主义核心价值观反映出社会主义基本的社会关系准则及价值追求。从社会发展与人的发展相统一的角度考察人的发展，既体现着尊重、维护人的价值和权利，促进人的全面发展的价值需求，也包含对社会关系协调运转、社会秩序良性运行的价值追求。最后，爱国、敬业、诚信、友善是中国传统文化中的人文精神在新时代的继承。爱国是民族精神的核心，是民族生存与发展的重要精神支柱，是聚合全民族的强大精神动力，更是维系中华民族几千年血脉延续的精神力量。敬业是职业道德的核心,即尊重所从事的职业,专心致志地做好本职工作。它是对人们从事某种职业的客观要求,也是人们实践活动的一种价值尺度。它既是对社会承担职责和义务,又是对自我价值的肯定和呈现。敬业是国家与社会发展的基本推动力。诚信是社会主义社会的一项基本道德规范,是建构社会主义和谐社会的道德基础。友善是对中华民族传统道德规范的承继,是做人处世的社会基础。友善主张人与人之间和谐相处,通过建构一种互相尊重、团结友善、共同发展的新型人际关系,形成人与人之间的和谐关系。爱国、敬业、诚信、友善的社会主义核心价值观,体现人文关怀,通过强调人存在和发展的目的与意义,致力于人性的完善,追求崇高的价值理想。正如习近平所说,"富强、民主、文明、和谐、自由、平等、公正、法治、爱国、敬业、诚信、友善,传承着中国优秀传统文化的基因,寄托着近代以来中国人民上下求索、历经千辛万苦确立的理想和信念,也承载着我们每个人的美好愿景。"[①]

中国目前处于社会转型期,人民内部分化为不同的利益群体,出现了需求和观念的多样化、复杂化的趋势。人们物质生活显著提高的同时,精神生活世俗化倾向也越来越明显。人们习惯性地用实用主义和物质追求作为自身行动的指南,从而忽视精神追求,以至于金钱成为人们判断价值和是非曲直的衡量标准。人文精神所关注和追求的内容无形中被忽视和挤压。在这种利益多元化、实用主义至上的潮流中,人们迫切需要一种普遍的价值共识,也就是全社会所普遍认可的主流价值观,并使之成为评判对错是非的标尺。党的十八大报告中提出的社会主义核心价值观正是基于中国社会发展现实所设定的合理目标,更是新的历史时期人们实践活动的价值导向。正如习近平所说,"每个时代都有每

[①] 习近平:《青年要自觉践行社会主义核心价值观》,载于《人民日报》2014年5月5日。

个时代的精神。我曾经讲过，实现中国梦必须走中国道路、弘扬中国精神、凝聚中国力量。核心价值观是一个民族赖以维系的精神纽带，是一个国家共同的思想道德基础。如果没有共同的核心价值观，一个民族、一个国家就会魂无定所、行无依归。为什么中华民族能够在几千年的历史长河中生生不息、薪火相传、顽强发展呢？很重要的一个原因就是中华民族有一脉相承的精神追求、精神特质、精神脉络。"① 正是因为中国文化中特有的精神追求和价值纽带把中国人民维系在一起，形成统一的多民族国家，即使在多灾多难的近代，我们也维持了国家的统一和文化的完整性。在当前多元文化观念的冲击下，人们之间的凝聚力有所下降，社会整合的难度不断加大的背景下，必须坚持马克思主义指导，用社会主义核心价值观凝聚人心，形成价值共识和共同思想基础。必须要用民族精神和时代精神熏陶人，用社会主义荣辱观规范人们的思想共识，形成全体人民为社会主义共同奋斗的精神力量。寻求社会共识还要在尊重差异性的基础上，包容社会的多样性，必须用马克思主义来引领多样化的社会思潮，承认各种社会思潮之间的差异，同时坚持马克思主义在整个意识形态领域的主导地位，自觉用马克思主义武装全党和人民。社会主义核心价值观就是在寻求差异和包容多样中寻找契合点，提高社会整合能力，为社会主义现代化建设打下坚实的思想基础。

我们党立足于中国特色社会主义伟大实践，积极吸收和借鉴中华优秀传统文化和人类文明优秀成果，以"三个倡导"的形式提出了社会主义核心价值观，实现了对以往核心价值观的超越。社会主义核心价值观代表了当代中国发展和最广大人民愿望的价值追求，是文化强国的旗帜和方向，是实现伟大中国梦的精神指引。习近平指出，"国无德不兴，人无德不立。必须加强全

---

① 习近平：《在文艺工作座谈会上的讲话》，载于《人民日报》2015年10月15日。

社会的思想道德建设，激发人们形成善良的道德意愿、道德情感，培育正确的道德判断和道德责任，提高道德实践能力尤其是自觉践行能力，引导人们向往和追求讲道德、尊道德、守道德的生活，形成向上的力量、向善的力量。只要中华民族一代接着一代追求美好崇高的道德境界，我们的民族就永远充满希望。"[1]学习和实践社会主义核心价值观对于促进人们全面发展和社会和谐进步具有重要作用。这主要体现在它对社会主义和谐文化的引领，以及社会主义荣辱观对人民道德的规范上。人在本质上是一切社会关系的总和，这是马克思主义的基本观点。人的发展离不开社会，社会的进步更是需要靠人们实践改造。个人的全面发展与社会的和谐进步是社会主义发展过程中一体两面的因素，两者互相促进，互为条件。衡量人与社会发展的最重要的标准是生产力的发展，但生产力不是唯一标准，文明的进步同样表现为人类道德水平的提升和社会文化的进步。个人全面发展的一个重要方面是思想道德水平和人文素养的提高，树立正确的世界观、人生观和价值观是个人全面发展的前提，社会主义核心价值观在日常生活和道德实践层面为个人道德建设和人文素养提升指明了方向，有利于正确世界观、人生观和价值观的形成。同时，个人道德水平的提升，也为社会主义和谐文化建设提供了现实的道德保障，成为社会和谐进步的重要体现。

（三）民主科学的法治保证

"全面依法治国，是深刻总结我国社会主义法制建设成功经验和深刻教训作出的重大抉择。"[2] 党的领导、人民当家作主、依法治国有机统一是坚持中国特色政治发展道路的基本要求，也

---

[1] 谢环驰：《认真贯彻党的十八届三中全会精神　汇聚起全面深化改革的强大正能量》，载于《人民日报》2013年11月29日。
[2] 《习近平总书记系列重要讲话读本（2016年版）》，学习出版社、人民出版社2016年版，第86页。

是中国民主法治建设的根本保障。改革开放以来,我们党把加强民主法制建设摆在工作的重要位置,在不断推进经济体制改革的同时,积极深化政治体制改革,大力发展社会主义民主,持续健全社会主义法制,探索出一条具有中国特色的政治发展道路,为包括文化建设在内的社会主义各项事业的发展提供了有力的制度保障。"党的十一届三中全会以来,我们党把依法治国确定为党领导人民治理国家的基本方略,把依法执政确定为党治国理政的基本方式,始终把法治放在党和国家工作大局中来考虑、来谋划、来推进,依法治国取得重大成就。经验和教训使我们党深刻认识到,法治是治国理政不可或缺的重要手段。在我们这样一个大国,要实现经济发展、政治清明、文化昌盛、社会公正、生态良好,必须秉持法律这个准绳、用好法治这个方式。"[①]

全面依法治国的实施经历了一个长期发展的过程。1949年,新中国通过了具有临时宪法性质的《中国人民政治协商会议共同纲领》,揭开了中国法制化建设的序幕。1954年,新中国第一部宪法诞生,奠定了新中国法制建设的基础。此后,由于各种原因,使得中国法制化进程遭受严重破坏。改革开放以来,社会主义法制建设踏上了新的历程。邓小平在1978年12月中央工作会议上的讲话中指出,"为了保障民主,必须加强法制。""应该集中力量制定刑法、民法、诉讼法和其他各种必要的法律[②]。"在随后召开的党的十一届三中全会上,他又作了题为《解放思想,实事求是,团结一致向前看》的重要讲话,提出,"为了保障人民民主,必须加强法制建设,必须使民主法治化、法律化,使这种制度和法律不因领导人的改变而改变,不因领导人的看法和注意力的改变而改变。"[③] 这标志着我们党在依法治国和法制化建

[①] 《习近平总书记系列重要讲话读本(2016年版)》,学习出版社、人民出版社2016年版,第86页。
[②] 《改革开放三十年重要文献选编》上册,中央文献出版社2008年版,第5页。
[③] 《邓小平文选》第2卷,人民出版社1994年版,第146页。

设道路上的重大转变。邓小平同志进一步指出,"没有民主就没有社会主义。"① 要"从制度上保证党和国家政治生活的民主化、经济管理的民主化、整个社会生活的民主化"②,但是,要保证人民民主的真正实现,还必须加强社会主义法制建设,"还是要靠法制,靠法制靠得住些。"③ 随后,一系列重要法律法规相继颁布实施,进一步完善了中国特色社会主义法律体系,保证了国家和社会生活各方面有法可依,为全面落实依法治国基本方略提供了前提和基础。1997年,党的十五大正式确立了"依法治国,建设社会主义法治国家"的基本方略,并明确提出要在2010年形成中国特色的社会主义法律体系。党的十六大、十七大上进一步强调和完善了这一目标。2011年3月10日,时任全国人大常委会委员长的吴邦国同志在十一届全国人大四次会议上庄严宣布:"目前,涵盖社会关系各个方面的法律部门已经齐全,各法律部门中基本的、主要的法律已经制定,相应的行政法规和地方性法规比较完备,法律体系内部总体做到科学和谐统一。一个立足中国国情和实际、适应改革开放和社会主义现代化建设需要、集中体现党和人民意志的,以宪法为统帅,以宪法相关法、民法商法等多个法律部门的法律为主干,由法律、行政法规、地方性法规等多个层次的法律规范构成的中国特色社会主义法律体系已经形成,国家经济建设、政治建设、文化建设、社会建设以及生态文明建设的各个方面实现有法可依,党的十五大提出到2010年形成中国特色社会主义法律体系的立法工作目标如期完成。"④ 这标志着我们国家民主法治建设取得重大进展,依法治国方略得到进一步贯彻落实。

---

① 《邓小平文选》第2卷,人民出版社1994年版,第168页。
② 《邓小平文选》第2卷,人民出版社1994年版,第328页。
③ 《邓小平文选》第2卷,人民出版社1994年版,第179页。
④ 吴邦国:《全国人民代表大会常务委员会工作报告》,载于《人民日报》2011年3月19日。

党的十八大以来，以习近平同志为核心的新一代领导集体把全面依法治国作为新时期治国理政的重大战略部署，持续推进法治中国建设，为中国特色社会主义法治体系和社会主义法治国家建设提出了新的奋斗目标。2014年10月中国共产党十八届四中全会专门研究法治建设问题，就全面推进依法治国作出部署。这是我们党和国家历史上第一次专门就法治建设问题召开全会。会议强调："法律是治国之重器，良法是善治之前提。建设中国特色社会主义法治体系，必须坚持立法先行，发挥立法的引领和推动作用，抓住提高立法质量这个关键。要恪守以民为本、立法为民理念，贯彻社会主义核心价值观，使每一项立法都符合宪法精神、反映人民意志、得到人民拥护。要把公正、公平、公开原则贯穿立法全过程，完善立法体制机制，坚持立改废释并举，增强法律法规的及时性、系统性、针对性、有效性。"[1] 会议明确了中国特色社会主义法治建设的前提，那就是重点加强立法建设，突出了立法对整个法治体系建设的导向性作用，指出了立法工作以人民利益和人民意志为核心的价值取向，从而为下一步国家立法工作指明了方向和目标。正如习近平在《加快建设社会主义法治国家》一文中所指出的，"坚持人民主体地位，必须坚持法治为了人民、依靠人民、造福人民、保护人民。要保证人民在党的领导下，依照法律规定，通过各种途径和形式管理国家事务，管理经济和文化事业，管理社会事务。要把体现人民利益、反映人民愿望、维护人民权益、增进人民福祉落实到依法治国全过程，使法律及其实施充分体现人民意志。"[2] 社会主义建设事业是党领导下的事业，必须始终坚持人民主体地位，保证人民当家作主，维护好人民合法权益，这既体现我们党的根本宗旨，也是社

---

[1] 《中共中央关于全面推进依法治国若干重大问题的决定》，载于《人民日报》2014年10月29日。

[2] 习近平：《加快建设社会主义法治国家》，载于《求是》2015年第1期。

会主义法治建设的根本目的。

全面推进依法治国，建立中国特色社会主义法治体系，建设社会主义法治国家，是中国法治建设的总目标。文化建设是社会主义现代化建设整个系统工程中的重要组成部分。加强文化建设领域的法治化进程，首要条件是建立和完善文化领域的立法，使得文化领域做到有法可依。加强文化建设领域的法治工作，既能够为文化建设事业的持续健康发展提供保障，也能够促进社会主义文化事业的繁荣兴盛，更是全面依法治国重大战略在文化建设领域的具体体现。文化立法的目的就是要推动文化事业的健康发展，切实保障公民的文化权利。深化文化体制改革是实现社会主义文化大发展的基础，而良好的文化体制的构建离不开健全完善的法律保障。文化体制改革的重点就在于建立健全文化事业产业制度，形成科学、合理的文化产业格局。通过文化立法，规范文化领域公权力和保障公民文化权利，从而能够促进文化事业与文化产业的良性发展。此外，文化立法有利于形成对优秀传统文化的保护，增强我们的文化自信。文化立法能够为弘扬和保护优秀传统文化提供坚实的法律制度保障，同时，法律的导向和激励作用有助于文化主体提升自身的文化意识，形成文化规范素养，增强对文化的自觉和自信。

新中国成立60多年来，中国的文化领域法规立法从无到有、从少到多，逐步取得了一些成绩，特别是改革开放以来，文化建设方面的法律不断完善。党的十五大上明确提出"依法治国，建设社会主义法治国家"基本方略，党和国家将文化领域的法制建设摆上重要议事日程，文化立法进程加快。党的十六大上，明确提出了"加强文化法制建设"，与此要求相配套，中国修订和重新制定了一系列的法律法规，文化领域各项法律制度得到完善。党的十八届四中全会通过的《中共中央关于全面推进依法治国若干重大问题的决定》明确指出，"建立健全坚持社会主义先进文化前进方向、遵循文化发展规律、有利于激发文化创造活力、保障人民基本文化权益的文化法律制度。制定公共文化服务保障法，促进基本公共文化服务标准化、均等化。制定文化产业促进法，把行之有效的文化经济政策法定化，健全促进社会效益和经济效益有机统一的制度规范。制定国家勋章和国家荣誉称号法，表彰有突出贡献的杰出人士。加强互联网领域立法，完善网络信息服务、网络安全保护、网络社会管理等方面的法律法规，依法规范网络行为。"① 这就为社会主义文化建设从法治保障方面指明了新的方向。推进文化建设法治化进程要坚持马克思主义为指导，以社会主义先进文化为引领，和发挥人民群众在文化建设中的主体作用，让文化发展成果惠及全体人民。文化制度与法律制度都属于意识形态范畴。在推进文化建设法治化进程中必须始终坚持党的领导，坚持马克思主义在意识形态领域的主体地位，实践中要紧紧围绕党和国家中心任务，围绕文化强国战略，围绕人民群众的文化需求进行统筹谋划，从文化领域法律法规的制定上保证党在文化发展领域的领导地位，以顺利实现党的意志和主张在文化建设中得到全面贯彻落实。正如习近平所指出，"中国共产党是中国特色社会主义事业的领导核心，处在总揽全局、协调各方的地位。社会主义法治必须坚持党的领导，党的领导必须依靠社会主义法治。法是党的主张和人民意愿的统一体现，党领导人民制定宪法法律，党领导人民实施宪法法律，党自身必须在宪法法律范围内活动，这就是党的领导力量的体现。党和法、党的领导和依法治国是高度统一的。我们就是在不折不扣贯彻着以宪法为核心的依宪治国、依宪执政，我们依据的是中华人民共和国宪法。"② 全面依法治国是在党的领导下推向前进的，党领导立法工作、保证法律的正常实施，带头遵守宪法和法律，树立宪法

---

① 《中共中央关于全面深化改革若干重大问题的决定》，载于《人民日报》2013年11月16日。
② 习近平：《领导干部要做尊法学法守法用法的模范 带动全党全国共同全面推进依法治国》，载于《人民日报》2015年2月3日。

和法律的权威就是树立党对国家领导工作的权威。文化领域法律体系的完善需要立法机关通过民主的立法程序制定出能够充分体现人民意志和反映文化发展规律的规范性法律。文化领域的立法要在立法内容上体现民主,充分体现人们的意志和维护人民的利益。习近平强调,"人民群众对立法的期盼,已经不是有没有,而是好不好、管用不管用、能不能解决实际问题;不是什么法都能治国,不是什么法都能治好国;越是强调法治,越是要提高立法质量。"[①] 法律作为意识形态的组成部分,具有鲜明的阶级性。作为共产党领导下的社会主义国家,必须要将人民的利益放在首位。在文化法治化建设过程中,要回应人民关切,提高法律的科学性和可操作性,充分保障人民群众在文化建设过程中的主体地位。

[①] 《习近平关于全面依法治国论述摘编》,中央文献出版社出版2015年版,第43页。

第五章

中国文化自信的烦恼

随着中国经济、社会发展程度的日益提高，中国文化事业发展日新月异，中国文化自信显著提升。然而由于中国尚处于社会主义初级阶段，由于西方国家的经济科技实力比较强，总体上还没有扭转经济科技"西强我弱"的局面。受此影响，西方文化在国际上处于强势地位，能够引导国际话语，设置国际议题，在国际上发声。这些给中国文化自信带来挑战。近年来，全球化、信息化、网络化发展势头迅猛，以微信、微博等为代表的新媒体成为人们的新宠儿。新媒体使得文化的呈现方式和样态发生了根本性的变化，给文化自信带来前所未有的挑战。同时，随着中国人民生活水平的提升，人们的文化需求越来越旺盛、越来越高、越来越多样化，但我们今天所能够提供的文化产品远远满足不了老百姓的需求。我们每年需要从国外进口很多文化产品，这虽然在一定程度上有助于满足了人们的文化需求，但也给我们的文化自信带来潜在的威胁。长此下去，文化即不能自信，因为人们尤其是青年人满脑子是西方文化。可见，中国文化自信在成长中面临些许烦恼。

一、不容忽视的中西文化势差

如前文所述，中华文化为人类文化发展作出了十分突出而重

第五章　中国文化自信的烦恼

要的贡献。只是到了近代，由于帝国主义的入侵和封建主义的压迫，中国才落伍了。伴随而来的是中华文化一定程度上的落后。新中国成立以来尤其是改革开放以来，我们国家着力加强社会主义经济建设，不断完善社会主义政治制度，国家综合实力不断提高，国际影响力与日俱增。中国文化建设亦取得显著成就，但总体而言，中国文化在国际上的影响力还不够强、不够大，有待进一步提升。西方文化尚处于优势地位。中西文化存在一定势差。这种差距主要体现在西方文化在世界文化舞台上占据主导地位。恰如美国学者斯塔夫里阿诺斯在《全球通史》中所指出的，1500年后的世界是西方文化逐渐兴起并占据主导地位的时代。西方文化的主导地位不仅体现在其掌握国际话语权上，还体现在其强大的经济与科技实力上。这给中国文化自信带来一定挑战。

（一）西方文化拥有较强的话语权

自近代以来，一切事物（包括"器物"层面和思想层面）似乎只要打上"西方"的印记，那就是先进的、文明的，而"东方"则成了落后、愚昧的代名词。这种状况在近代哲学领域中体现得尤为突出。"哲学通史要包括所有民族的哲学。不过，不是所有的民族都已产生真正的思想体系，只有少数几个民族的思辨可以说具有历史。许多民族没有超过神话阶段。甚至东方民族如印度人、埃及人和中国人的理论，主要是神话和伦理学说，而不是纯粹的思想体系：这种理论同诗和信仰交织在一起。因此，我们的研究将限于西方国家"。[①]

实际上，西方文化的核心正是其所标榜的西方文化中心说。在他们看来，所有普遍文化史的核心问题"最终必定关涉西方中

[①] [美]梯利著，葛力译：《西方哲学史》，商务印书馆2005年版，序论第3页。

产阶级及其独特性起源"①。因此，西方文化居于现代文明的核心地位，其本身是一种普照的"以太"之光，代表并决定着人类的未来。虽然，近几年西方文明把理论的视角转向对世界文明的研究——尤其是对中国道路的研究，但就整体而言，"西方国家仍然是当今世界上最具压倒性优势的主导力量"，②依然是"西风"压倒"东风"。同时，这种西化的文明模式试图借西方文明的外衣推广自身核心的意识形态理念，以便从精神层面巩固自身的话语权。

毋庸置疑的是，西方文明的传播的确为当代中国的精神文明建设提供了可资借鉴的经验，"我们接受外国的长处，会使我们自己的东西有一个跃进。"③也就是说，对西方文化的接纳和认可一方面为人民群众的文化需求提供了多样的可选性；另一方面，西方文化在为文化的对外交流以及提高人民群众的生活需求方面也起了一定的作用。因此，本民族的文化可以在文化的交流中吸收外来文化的有益内容，从而更加地充满生机与鲜活的生命力。

但值得注意的是，文化的输出本身就是一种不平衡的意识形态输出。简而言之，文化交流本身可以算是意识形态对外"入侵"的载体。这种"入侵"不是明火持枪式的显性战争，而是"潜移默化"式的无硝烟的隐性斗争。因为"在当代世界体系中，发展中国家，特别是社会主义国家，由于经济实力的弱势和意识形态领域的狭小，始终处在被支配和受冲击的地位，在发达资本主义国家经济、政治、军事和文化的全球战略的覆盖下，文化安全形势异常严峻"。④"冷战"结束后形势尤为严峻，资本主

---

① ［德］马克斯·韦伯著，李修建、张云江译：《新教伦理与资本主义精神》，中国社会科学出版社2010年版，绪论第9页。
② ［英］马丁·雅克著，张莉、刘曲译：《当中国统治世界——中国的崛起与西方世界的衰落》，中信出版社2010年版，第38页。
③ 《毛泽东文集》第7卷，人民出版社1999年版，第82页。
④ 熊光清：《外来文化对人民群众精神文化生活的影响》，载于《学习论坛》2009年第12期。

义社会在凭借自身优势的基础之上,借助科学技术手段,向发展中国家进行文化入侵,进一步宣称其所标榜的意识形态理论,以至于文化交往已成为国际政治斗争的一种重要手段。

在这一背景下,文化交往貌似以一种和平的、对等的形式进行,但实际上,文化交往的过程在某种程度上已经转变为西方国家推销自身价值观念的过程。换言之,西方国家用各种手段竭力推行资本主义的民主制度、价值观念和生活方式,以便在此基础上对社会主义国家进行意识形态和思想领域的渗透,进而在思想层面上把控社会主义国家以及发展中国家的"话语权"。

当前,这一状况仍较为突出。实质就是资本主义国家试图通过占领思想层面的至高点,维护符合资本主义国家利益的国际旧秩序。

(二) 西方文化以具有优势的经济和科技实力为基础

文化形态在一定程度上来说是一个独立的体系,但是和社会的经济、政治等范畴又有着密不可分的联系,它们之间又是相辅相成,相互渗透的。恩格斯说:"唯物史观是以一定的历史的物质经济生活条件来说明一切历史事变和观念,一切政治、哲学和宗教的。"当前,在全球范围内的实力对比中,西方国家还处于强势位置,与其他地区相比有着突出的优势,具有其他国家和地区所不具有的特点和与众不同的现实因素。要想准确分析和认识这个问题的内在影响,必须要能够认识到其所具有的这种独特性。

系统科学始终把研究对象作为一个整体来看待,认为世界上各种事物、过程不是孤立、杂乱无章的偶然堆积,而是一个合乎规律的、由各要素组成的有机整体,这些整体的性质与规律只存在于组成其各要素的相互联系、相互作用之中。[1] 同样,在世界

---

[1] 刘汉成、孙凤文:《系统论与当前教育科学研究浅论》,载于《沈阳师范大学学报》(社会科学版) 1996 年第 2 期。

文化的比较和竞争中，西方文化的强势地位不是纯粹的现象。它的影响力与西方世界的发达的生产力、民主的社会制度、先进的科学技术和强大的国际战略力量结合在一起，铺垫了较高的文化势能。文化势能是文化借助于它相应的经济政治优势和强大的国际力量在人们的心目中衍生的放大了的主观效果，是人们进行文化比较和评价中的客观现象，是一个不可忽视的因素。看待西方文化的实力和影响力，不能从独立的封闭的视角出发，而是要把它与其所植根的社会环境联系起来进行宏观把握。总体而言，西方文化在人文关怀、制度文明、民主观念等方面在历史上产生并加速了深刻的具有先进性的社会变革，而这种影响力直到今天仍然表现在世界范围内国际力量的对比上。西方国家在国际格局中的强势地位，增强了自身在世界上的影响力。受此影响，一些民族、国家的人们对本民族、国家的意识形态、社会制度和民族文化产生了动摇，不同程度出现了妄自菲薄、崇洋媚外的民族虚无主义情绪。于是，他们对西方文化的兴趣、认同和向往增强了，从而扩大了西方文化在更大范围内的影响力和吸引力。

如果说非西方国家的人们对西方文化认同程度的提高主要在于西方文化的高势能，那么，直接推动了西方文化在全球化进程中的扩张则要归功于西方话语在其本质上的权力因素。其实无论是政治文化、大众消费文化，还是高雅文化，从本质上来看，都在心理层面上体现人们内心世界的创作表现能力，直接关注人们的价值认同、身份归属，体现对于不同体系与制度的认同与依赖。实际上，来自于世界上各种集团或群体的实力较量和权力分歧构成了不同文化力量的对比。"文化在世界上的分布反映了权力的分布。"[1] 其实质就是哪种文化具有世俗所赋予的"合法"发言权的问题，这一点主要体现在制度文明和政治观念为代表的

---

[1] ［美］塞缪尔·亨廷顿著，周琪等译：《文明的冲突与世界秩序的重建》，新华出版社2002年版，第88页。

政治文化和民族认同方面。

不同社会的经济发展、政治要求和人们的日常生产和生活方式随着市场经济体制在全球范围内的扩张而不断改变着，并以极强的力量改变着人们的实际状况、生存方式和运行规则，宣传和传播着开放、自由、竞争、民主等精神内涵和价值取向的同时，也直接冲击了其他国家的传统观念、价值体系和社会理想。

对外文化战略是西方国家国际战略的重要组成部分，这既来自于自身文化整体性的维护和强化，也是出自于自身利益的争取和扩张的需要。[1] 其内容是西方国家为了使发展中国家和竞争对手从心理层次上提高对西方政治经济模式的认同感和亲和力，通过信息传播、市场战略和政治压力三种形式，把自己的社会文化理念向发展中国家和竞争对手输送，

为了进一步巩固和强化自身的世界文化霸主地位，发达国家借助对国际政治问题和国际事务的参与，通过对外广播宣传、文化教育交流、技术输出和文化输出相结合等方式，极力宣传自己的国家制度、社会价值和行为规则，将大量的精神文化产品、社会政治理念和价值观念等输入他国，进行文化的渗透、控制与分化。在这种形势下，有的发展中国家自觉地服从西方国家的国际战略安排，在国际格局中处于被动和劣势地位。西方的"文化侵略"使有的地区不少人尤其是年轻人接受了西方的生活方式、思维方式和价值观念，这将给该国意识形态和社会体制带来非常大的挑战和冲击，有利于实现"文化帝国主义"的真正意图。

科学技术在生产力发展中的作用发生质的突变，它逐步成为决定生产力总体水平高低的首要因素。据有关资料，目前，在发达国家经济发展中，科学技术的贡献率达到70%～80%。而中

---

[1] 王东：《文化认同的可能与现实》，2008年北京交通大学硕士论文，第16页。

国科学技术对经济增长的贡献率只有30%（或者还要低），远远低于发达国家的科技贡献率。①

在科技全球化日趋明显的今天，西方国家自觉地对于科技进行着垄断，维护自身在科技竞争中的优越地位，并把科技作为参与全球经济竞争的霸权手段，争取和扩大自己的垄断利润。西方国家的科学技术优势已经渗透到它的信息传播、大众消费、影视娱乐、时尚品牌等领域中，以极强的塑造力改变着其内在质量和表现特征，大大提高了其独特的竞争力和扩张性。文化形态具体分析有两种表现形式，一种是物质性文化，另一种是观念性文化。其中科学技术是物质性文化中必要的组成部分，决定物质性文化的质量、水平和独具匠心的魅力，从而影响到这种文化的竞争态势和发展前景。西方文化之所以能够在全球有比较大的影响，是因为它内在地蕴含着高新科技的先进因素，直接体现在西方文化的内容载体和表现形式上，具体到质量、速度、效益、艺术风格、外观设计、表现效果等方面，无论是微软技术还是好莱坞电影，无论是网络设置还是可口可乐风味，无论是迪斯尼乐园还是动画片，无一不体现着高新科技的深刻塑造与独特运用，它对于吸引西方文化受众的注意力和兴趣发挥着重要影响。这种影响是不可忽视的，而且是独具魅力的。

目前，发达国家的文化工业已相当发达，成为全球经济领域不断壮大的"航空母舰"。在世界各地都可以看到麦当劳、可口可乐、肯德基等全球性文化产业，它们以高质量的服务、优雅的环境、响亮的品牌遍布世界各地。西方大众消费文化引导着不同地域的人们的消费时尚和消费欲望，以文化满足换取了高额利润，由于我们在饮食、时装和音乐方面进行了广泛的交流，一种新的、共同的、国际性的生活方式遍及马德里、大阪和西雅图等

---

① 张晓辉：《论影视文化作品影响下中西方文化关系的构建》，载于《电影文学》2009年第14期。

地，全球的"可口可乐化"趋势日趋明显。

事实上，大众消费文化本身具有的浓厚意识形态色彩，是我们必须要看到的。所以在向世界各地的人们提供文化消费形式与内容外表下，西方大众文化也把它们的社会理想、感情色彩、喜好取向和消费观念灌输给人们，以至于人们的行为特征和生活风格在自觉和不自觉中慢慢改变。同时，西方大众消费文化的批量性、复制性、市场性运行等负面效应在全球化趋势中得以放大和扩展，文化的品格境界和精神含量在其影响下不断下降。当前，中国以流行音乐、时装模特、影视广告、通俗读物、电子游戏、游艺场、娱乐厅等为主体形成的节奏热烈的文化浪潮，通过把握和调控人们感情世界的喜怒哀乐，稀释和宣泄人们对世俗生活的冲突和困惑，使人们成为关注感性苦乐、追求轻松愉快的消费性主体。不少人变得更加计较和关切利益的得失、享受的优劣，而忽视和放弃了对社会的责任，最终影响人的道德、文化和精神。

随着全球经济一体化的风起云涌，电视、电话、报纸、广播和网络等媒介相互渗透，世界逐渐变成了一个全球化的信息平台。全球化趋势在提供便利高效的传播工具的同时，也在文化的交流中扮演着重要的角色。它们利用自身的科技垄断和强大实力诠释着国际社会的事务和现象，并针对不同国家进行舆论宣传和思想渗透。

事实上，奠基于经济和科学技术的西方文化已经作为一种工具，以方便西方国家谋求自身的利益。只不过他们采用了一种更加隐蔽的推销方式。也就是说，西方国家凭借他们强大的经济、政治以及军事实力推行符合他们利益的价值观念，以便把自身的影响"照耀"到世界的各个角落。在他们看来，西方文明本身就是人类文明的核心，具有放之四海而皆准的普适性，"包括它的所有弱点和缺陷，……在文化上，如同在政治和经济上一样，在全世界担负起领导责任。"①

实际上，西方国家正是凭借其坚实的经济实力，在文化宣传以及意识形态输出方面花费巨额的人力、物力以及财力。例如，"冷战"时期，美国政府花费高达数十亿美元的文化宣传进行"文化冷战"，以便进行文化渗透。其中，西方国家以形形色色的基金会为名，吸引第三世界和社会主义国家的人才到美国接受文化教育，以在思想上加深他们对美国民主制度的认识，进而实现观念的变革。另外，那些方式多样、无孔不入的各种传播媒介，如对外广播、电影和电视宣传、新闻和图书出版、体育和艺术交流、卫生与科技合作，等等，则以一种直接的形式实行意识形态的渗透，以加深对西方文化的认同感，从而使别国人民有意或无意地认同和接受着西方文化，进而把政治与经济的威胁转型为文化的威胁。事实上，正如西方学者一针见血指出的："一件有利于理解文化全球化性质的新奇事物，即资本主义卖的不仅仅是商品和货物，它还卖标识、声音、图像、软件和联系。这不仅仅将房间塞满，而且还统治着想像领域，占据着交流空间。"②

二、文化舞台上的新宠儿

（一）无处不在的全球化对文化自信带来的机会与挑战

随着时代变迁，全球化浪潮越来越影响人们的生活，这种进程不局限于经济、政治方面，还有文化方面。在这种大背景下谈及文化自信，我们将面临一个不可逃避的新问题——全球化给中

---

① ［美］弗兰克·柯维奇著，钱存学译：《美国对外文化关系的历史轨迹》，载于《编译参考》1991年第8期。
② ［法］阿兰·伯努瓦著，王列、杨雪冬译：《面向全球化》，中央编译出版社1998年版，第10页。

国文化自信带来的机会与挑战。

文化的全球化到底意味着什么？它是否意味着经济上的霸权国家把自身的社会文化形态和文化产品"倾销"给弱势国家？还是指全球范围内的所有民族国家的文化大混合？

我们需要明白什么是文化全球化。文化资源在全球范围内的流动以及信息技术发展的加速，使得不同国家、民族的文化得到更深入地交流融合，联系变得更加紧密，同时界限也变得越来越模糊。当然，文化全球化并不意味着文化统一。胡启勇认为："在全球化进程中，不同民族文化通过相互交流，相互吸取和整合对方的文化成份，它们之间的文化共性会逐渐增大，在某些问题上会取得共识，呈现出一种全球互动的态势。但绝不是各民族文化的完全趋同，而只是全球各民族文化的整体化、互联化、依存化，即人类文化的普遍联系和全球互动。"[1] 毫无疑问，不管愿意与否，文化全球化是发展趋势。

在全球化的政治、经济、文化范畴中，应该说文化的全球化是最无形、影响最深远的一个范畴。全球化对文化的影响表现为既带来了机遇，也带来了挑战。正如文化理论家约翰·汤姆林森所认为的那样："除非通过概念上的文化词汇，否则很难理解在我们这个时代由全球化描绘出来的巨大转型过程；同样……这些转型正改变着文化经验的结构，并且确实影响着我们对'在现代世界里文化到底是什么'这一问题的认识。"

文化全球化背景下，各个国家文化的界限被打开，不同文化之间由封闭走向了融合，不同国家、不同民族之间文化交流逐渐增多。全球化是以经济为基础，以科技为载体的。在这一发展过程中，全球化促进了国家、民族、个人逐渐由封闭走向开放。以卫星为代表的通信技术的日益成熟，新闻、广告、电影等各类信

---

[1] 胡启勇：《全球化语境中的现代文化认同建构》，载于《贵州民族学院学报》（哲学社会科学版）2004年第4期。

息在全球范围内可以迅速传播，增强了来自世界各地人民的文化交流，丰富了人们的文化生活。

但与此同时，文化在全球范围内的交流势必会对本国文化造成一定的冲击。文化全球化在加强联系的同时，意味着文化界限也模糊了。文化具有民族性，每个国家、区域的文化都是独特的。因此，在全球化浪潮中，国家和地区之间的经济体制、政治模式、文化传统相互影响，会导致一定程度上的趋同倾向，如何保持自身的独特性是一个难题。这种情况下，文化认同的重要性尤为突出。加强民族文化认同是全球化进程中，本土文化寻求生存延续的基础。趋同不代表统一，承认外来文化有值得我们学习的地方，但不能放弃对本民族文化的认同。习近平强调要努力展示中华文化独特魅力。在5000多年文明发展进程中，中华民族创造了博大精深的灿烂文化，要使中华民族最基本的文化基因与当代文化相适应、与现代社会相协调，以人们喜闻乐见、具有广泛参与性的方式推广开来，把跨越时空、超越国度、富有永恒魅力、具有当代价值的文化精神弘扬起来，把继承传统优秀文化又弘扬时代精神、立足本国又面向世界的当代中国文化创新成果传播出去。

文化全球化使西方文化帝国主义的扩张越来越严重，西方发达国家能以更多、更快、更隐蔽的方式输出带有西方意识形态的文化产品，进而影响其他国家的社会生活，加强对其他国家进行文化渗透和控制。全球不同文化之间的交流原本应是双向、平等的，但是以美国为代表的西方资本主义国家利用丰富的信息生产资源和先进的信息传播技术这样的优势条件把他们的意识形态和价值观念以全球性的"普世价值"对外传播和推广，推动其文化在全球中不断取得支配地位，"随着以西方为模式的现代化进程的突飞猛进，一些不发达国家原有的传统文化也遭到西方文化的彻底摧毁，人们在西方话语的控制下，无法表述自己独立的思想和历史，从而不得不失去自己的主体性，屈从于西方意识形态，同时也成为政治和文化上的'被压迫者'。"① 在这一过程中，西方国家以文化为载体削弱他国文化的影响力，使得弱小国家、民族的人民对自己国家、民族文化的认同感和归属感逐渐减弱。

同时，随着世界经济和科技的迅猛发展，人类逐渐由工业社会走向了信息社会。此时，各种文化形态借助大众传媒，如报刊、杂志、广播、电视、互联网、手机短信等，已经渗透到每个大众的生活当中。现代社会人类生活在一个符号交流的信息世界，置身于一个开放、流动的公共空间。在这当中，文化和审美被市场化、技术化和全球化加以转换，提供给大众大量与文化紧密结合的机会。文化已不再是孤芳自赏的状态，而是演变成了一种信息，已逐渐失去了其传统的精英、小众状态，而成为了大众的文化，并逐渐脱离了浓厚的人文精神，而流于庸俗化和娱乐化。文化在大众化的同时，被打上了消费的烙印。庸俗、娱乐之风以市场和大众作幌子，为了能在广阔的全球市场中获得最大利益，文化艺术忘却了"精神"，蜕变为金钱的奴仆，成为了"通俗文化"。甚至一向标榜严肃的"高雅文艺"，也失去了理性思维和审美理想的光辉，而以嬉皮士和雅皮士风格，将歌舞厅、爵士乐、酒吧、麻醉品和艳情场景轮番展示，在平庸与琐碎中陷入流俗。所以，经济的全球化直接导致了文化的大众化。

（二）日益发展的新媒体技术对文化自信带来的挑战与冲击

我们生活在一个互联网时代，而在信息量繁杂的当下，人们通过多种信息传播的模式来了解这个世界，接触生活中的大事小事，上到国外政治下到小地方的娱乐趣事。传统的纸媒和电视媒体，难以更及时迅速地满足受众的需求，也就给了新媒体以市场。新媒体的诞生带动了文化的快速传播和发展。进入 21 世纪

---

① 田佑中：《论全球化时代价值冲突的形式及意蕴》，载于《现代国际关系》2001 年第 7 期。

以来，以 QQ、微博、微信等为代表的新媒体日益普及。它们的出现不仅是国家和社会发展的象征，同时也在不知不觉中丰富或改变着人们的生活方式，构建起人们之间交往的新渠道，丰富着人们的生活世界。以互联网为代表的新媒体在中国的发展始于 20 世纪末，虽然起步较晚，但是发展迅速，已经和中国经济、政治、文化、社会发展的方方面面密不可分。然而任何事物都有两面性，新媒体具有的便捷性、即时性、虚拟性等特点，不仅改变了信息的传播方式，同时也给国家的政治稳定、经济发展、文化安全等带来了严重的挑战。

数字化、网络化孕育了新媒体，而新媒体作为新生事物需要被认识、接纳、发展。新媒体的初生阶段，学界将它的发展限制在了技术领域中，而没有把对新媒体的认识引导到社会学领域，这使新媒体的属性愈加模糊。梅洛维茨提出过以下观点：电子媒介对人类社会产生影响的根本原因，是因为它改变了社会生活的"场景地理"。与现实生活场景不同，媒介既能营造出共享和归属感，也能营造出排斥和隔离感；既能加强"他们"与"我们"的感觉，也能消除这种感觉。①

新媒体时代，铺天盖地的信息席卷而来，许多人开始迷茫，开始对所接受的信息持怀疑态度。朋友圈里疯狂地转发着"不转不是中国人""男人看了沉默，女人看了流泪""二十万中国人看了都说好"的标题文章，可惜大多都无法实至名归。刻板印象开始受到了动摇，人们对标题怀有敬畏之心的同时，看到内容却嗤之以鼻。

新媒体的兴起给不少想发声、要发声、敢发声的人和群体带去了大好时机，许许多多的自媒体人通过微信、微博、博客、贴

---

① 张雅：《跨越身体和地域的交往——基于梅洛维茨的传播观和新传播革命视野的启发》，载于《网络化关系：新传播与当下中国论文集》，"传播与中国复旦论坛"（2013）。

第五章　中国文化自信的烦恼

吧等自媒体途径宣传个人思想和道德价值观。在舆论的压力下，"键盘侠"腾空出世。人们通过虚拟的网络空间来宣泄情感，以微博为例，"键盘侠"掌控着舆论的趋势，让好评如潮和谩骂侮辱形成鲜明对比，大众的舆论也紧紧抓着政府和主流媒体的活动命脉。

在一个言论自由的环境下，原本应该是其乐融融的氛围，却因为群体更能感受到一股势不可挡的巨大力量，让他们敢于发泄本能的欲望①，而使自媒体的优势成了绊脚石。于是大众的声音又开始冲击到文化自信，主流媒体被自媒体舆论牵着鼻子走。正如丽江女游客被殴打事件，通过自媒体发酵后主流媒体才进行介入。当传递社会价值观的主流媒体开始在某种程度上受到影响时，文化的自信便步履蹒跚。

中国互联网络信息中心发布的调查报告显示，截至2014年5月，微信用户数量达到6亿，年底微博活跃用户数量为2.49亿。从功能定位来看，微博着重于分享信息，微信着重于人际交流。即使微信源于熟人之间的交往，私密性较强，但各种微信圈子的交叉链接却使信息叠加传播，逐渐突破了熟人圈子的限制，向社交型的自媒体演进。②

正是如此的传播形式，人们开始接纳自媒体时代的到来，而通过微博传递的各式各样的即时消息，也给人们带来了文化的普及。日、韩、美、英剧的讨论更是频频成为微博热门。"蓝瘦香菇"等地方文化也红遍全国，方言不再是被戏谑的对象，大众在新媒体传播的环境中开怀接纳运用自如。与此同时，直播群体异军突起，也成了新媒体中一颗耀眼的明星。《暴走大事件》《papi酱》等自制网络剧也巧妙地紧紧跟随着新媒体的潮流，将价值观和人生见解传递给大众，不少剧中的段子成为网民们茶余饭后的话题。

---

① ［法］古斯塔夫·勒庞著，王浩宇译：《乌合之众》，北京联合出版公司2016年版，第47页。
② 胡春阳：《寂静的喧嚣　永恒的联系》，上海三联书店2012年版，第68页。

微信启用的微信公众平台，使许多传统媒体也突然平民化，例如《人民日报》，推送依旧是日常实时和民生热点，与从前不同的是通过留言区域和公众平台的后台与民众进行交流，用诙谐幽默的互动缩小传播者和受众之间的距离感，民众的用户体验从冷冰冰的纸媒一跃到了通人性并不止有互动功能的新媒体，好感度大增的同时更乐于接受如此信息传播的方式。

媒介的形式各式各样，人们不仅对一切新兴事物津津乐道，更对涌现的各式文化如饥似渴。詹姆斯·凯瑞认为，传播是一种现实得以生产、维系、修正和转变的符号过程，而新媒体正是这个传播的最新也极其有效的方式之一。它开拓了新奇的传媒方式，使文化自信站稳了脚跟，也给文化传播以强有力的支持。

当代社会，文化理想和价值秩序的建构，早已不是从前一个随意的交流对话，而是纵横交错的历史、现实空间共存，全球流动性跨越民族国家疆界，造成民族国家的断裂，新的生存方式、生存空间和生存困境使文化和身份的认同变得异常艰难[1]。马尔库塞也曾在《单向度的人》里提到，文化的大众和商业化使之成为压抑社会性的工具，从而导致人以及文化的单向度。

而新媒体时代的当下，文化理想被重新提及。古时候文人以诗换酒、以文换肉、以诗交友，现代文人以文吸粉、以句吸金。自媒体人借着新媒体发展的东风，乘风而上，新奇地出现了微博段子手、知乎/豆瓣写手、微信公众号运营者，而这些自媒体人，凭借着文化气焰活跃在各类场合。接广告、做公益、宣传各式活动……仿佛像个古时的说客，冥冥之中让大众的思维跟着他们走，而大桶大桶的金银收入囊中。如若是良心宣传，可谓是多赢。

碎片化的信息使许多聪明的想表现自己的人抓住了契机，去表达、去创造、去展示。人心活生生地被放在虚拟空间，明辨是非的能力无形中被锻炼并提高。而许多人的生活就在新媒体的传

---

[1] 李龙：《现代性、文化与身份的认同》，载于《古代文明》2008 年第 3 期。

播下变得透明可视。价值观的传递和文明的构造便更为容易，想要了解一个人也轻而易举。

足够开放的思想使朋友圈、QQ空间成为众多人记录生活的空间，"了解一个人就去翻阅他的朋友圈"成了新媒体时代交友、交流的新方式。交朋友更加容易便捷，交流更为简易直观。而每一条朋友圈的图文结合的形式，让人们的生活和思想结合得更生动。每一条图文结合甚至配乐、配视频的文章，让人们在焦躁的时代被自媒体人游说时也内心柔软地愿意耐下心来翻阅完长篇的文字。一个怎样的朋友圈展示了一个怎样的你——如此新媒体的交友方式别具一格，也在无形中形成了一种中国独特的新兴文化。从现实空间的朝夕相处进化到虚拟空间的时刻交流，传统文化就已经改头换面地被"去传统化"了。

传统文化是一个民族的灵魂，是民族内在的凝聚力，在文化安全中占据十分重要的地位。而在新媒体背景下，传统文化中的核心精神也遭遇了一定的侵蚀与解构。第一，网络等新媒体的草根性等特点对传统文化的核心精华造成了一定冲击，在一定程度上加速了传统文化的流失。在当前，网络用户呈现低龄化特点，在网民中，青少年占据了很大的比重，他们越来越依赖电脑或者手机等写作，汉字书写不正确等现象在青少年中也越来越普遍，这不利于传统文化的弘扬。同时，在网络上，越来越多的网络流行语在破坏传统文化中文字的规范，比如成语的胡乱改变，通假字的乱用，出现了很多"造字""造成语"现象。比如"人艰不拆"其意思为人生如此艰难，就不要再拆穿某些事情，一时成为网络流行语，并在现实生活中不断地被使用。第二，由于新媒体的便捷性、即时性的特点，带来信息的自由流通，而网络文化中包含着一些暴力、色情甚至邪教等不良信息，这些不仅仅污染着网络文化，同时还会对传统文化造成一定的冲击。第三，民族文化认同感、归属感的削弱。民族文化认同感、归属感是衡量一个国家民族凝聚力的重要标志，是一个国家团结富强的重要精神泉源。如果一个国家、一个民族的文化认同感、归属感被削弱,那么这个国家与民族很有可能面临衰败。新媒体技术的迅猛发展为各种"良莠不齐的"文化提供了自由平等的交流平台,在一定程度上,促进快餐文化、消费文化等一些亚健康的网络文化的发展,对传统文化的传播造成了一定冲击,一定程度上使人们丧失了对传统文化的兴趣,从而进一步削弱民族文化认同感、归属感。

新媒体的崛起无疑利弊共存。当发展方向和尺度拿捏不当时,人们容易丧失文化记忆、缺少深度思考的欲望,从而将文化抛在脑后而被快捷的碎片信息冲昏头脑。反之却能使文化自信体现得淋漓尽致,在自由的环境中能坚守住文化底线,勇于探索、善于思考、懂得传承文化,才是新媒体时代最可贵的地方。习近平在全国宣传思想工作会议上强调,要推动文化事业全面繁荣和文化产业快速发展,大力建设社会主义文化强国。①而新媒体作为未来媒体的重要力量,需要我们努力去呵护、建设,使之能够为"文化强国"建设不断增添力量。

三、需求渐增的文化获得感

(一)文化交融与文化挑战

文化交融是指不同文化之间的相互吸收和融化。在文化全球化的大背景下,各个民族的文化互联互通,造成了文化融合不可逆转的趋势。不同国家的文化内容通过交流融合已经成为了世界所共享的文化。就像马克思恩格斯曾在《共产党宣言》里所表达过的,资产阶级推动形成的世界市场,将会使一切国家的生产

---

① 《习近平十八大以来关于"宣传思想工作"精彩论述摘编》,新华网,2017年4月26日,http://news.xinhuanet.com/politics/2014-08/19/c_127214470.htm。

和消费成为世界性的。

中西方具有不同的民族性格和民族气质：中国人长于总体把握，而西方人长于条分缕析；中国人善归纳，西方人善演绎；中国人强调群体，西方人注重个体；中国人重悟性，西方人重理性；中国人处理事情就像中医，把人体看作一个有机整体，西方人处理事情就像西医，头痛医头，脚痛医脚。自从近代以来，随着时代的发展，中西文化就像两条原先互不相交的河流，现在相交汇流了。时至今日，运用先进通讯技术，信息传播极快，地球上的各种文化真正进入了一个相互联系、相互影响和互相作用的时代。例如，如今圣诞节已由原来传统的宗教节日发展成一个充满亲情、友情和爱情的聚会。在西方，人们当天更多地选择和家人在一起。国内越来越多的年轻人则更多地把过圣诞作为一种时尚，他们更愿意和朋友到酒吧、歌厅和商场去狂欢，他们的这种推力正把圣诞节这个传统意义上的洋节中国化。更多热衷过圣诞节的人恐怕是一种从众心理，他们更愿意把圣诞节当作一个休息放松、聚会的机会。国务院批准出台的节假日放假方案中已将端午、清明、中秋等传统节日列为国家法定节日，使人们在对圣诞节、情人节等洋节的喜欢和追捧中不至于数典忘祖，不淡漠中华文明哺育的传统节日。其实喜欢洋节并不代表中国人崇洋媚外。随着中国经济实力和政治影响力的不断增强，出国、留洋已不再神秘。近年来，不少美国、澳大利亚人都兴致勃勃地过起春节。这充分说明在中西文化的相互影响与交融中，中华传统文化与外国文化正在互相影响和改变着。

但是，在中国当前多样化的文化发展环境中，不仅存在着居于主流的弘扬主旋律的社会主义先进文化，也有处于边缘地位的"非主流文化"，甚至是对立于"社会主义主旋律"文化的反主流文化。例如，一些外来传入中国的部分作品肆意抹杀中国与西方资本主义国家在制度上的根本区别，突出表现作品中的荒诞与冷漠，把中国社会现实描绘成"他人即地狱""生存即恐惧"的恐怖阴暗景象;甚至还有些作品通过夸张的手法展示人类的兽性欲望,无节制地追求激情刺激,刻意渲染暴力倾向、拜金主义等与社会主义核心价值观相悖的价值取向。总体来说,"反主流文艺"不仅无益于提高人们的审美趣味和艺术美感,甚至可能摧毁我们长期以来在道德伦理、理想信念建设方面所作的努力。

近年来,这些文化融合和文化挑战,成为了中国文化理论界关注的热门话题。学者们多从文化的特性出发,阐述各种文化间的冲突与交融的起因、影响及其未来发展趋势。而文化的发展和对外传播力以及本土文化对外来文化的融合力与抗御力,存在软硬条件问题,同时,也存在"文化场"的强度问题。"文化场"强弱的决定因素是物质生产水平。正如哈佛大学教授塞缪尔·亨廷顿所说:"物质的成功带来了文化的伸张;硬权力衍生出软权力。"[1] 物质生产活动及其水平,是文化衍生、发展、传播及至最终湮灭的根本原因和推动力,因此,我们所说的"文化场",是指承载于物质生产水平之上的、在一地域或一国内长期形成的、具有鲜明本土意识的宗教、习俗、伦理、价值、规范等相互作用的体系。多年来,西方"文化场"始终处于强势中心地位,而且始终是在对外辐射和伸张之中。究其原因,正是西方自宗教改革和文艺复兴之后,尤其是第一次工业革命之后,物质文明的成功塑造和迅猛发展所致。许多学者认为,西方文明在世界主导地位的取得,是基于基督教文化强调人的个性发展以及人与自然的不懈抗争之故。不可否认的事实是,基督教文化在后来促进西方物质文明和技术文明的发展方面的确起着极其重要的作用。但我们认为,基督教文化并不是西方文化的全部,它或许是西方文化的内核,但西方文化发展的根本动力或决定因素,并不是基督

---

[1] 曹德本:《中国传统文化与世界多元化》,载于《清华大学学报》(哲学社会科学版) 2011年第4期。

教文化，而是先期发展起来的物质文明和技术文明。西方社会正凭借其高度发达的物质文明和先进的技术文明，才使得基督教文化备受世人瞩目和日显重要，而且正因如此，西方国家才得以在世界政治、文化、宗教等领域，取得强势霸权地位。就是说，不是文化的发展决定了物质的成功，恰恰相反，是物质的成功促使文化的进步。基于以上认识，我们认为，在当前中西文化交融背景下，中华文化目前的确面临着诸多挑战。

（二）人民群众的文化需求呈现多样化

社会需求的不断变化源于丰富多彩的社会生活。各个时代不同的文化内容反映着异彩纷呈的生活实际，满足着不同群体的精神文化需求。改革开放以来，随着生产力水平的提高，科学技术的发展以及社会交往层面的扩大，绝大多数中国民众已经摆脱了过去单纯追求填饱肚子的生存型需求阶段，而在精神文化需求层面有了更多的追求。

文化是社会生活的产物。一个民族的社会生活内容决定这个民族文化的模式和发展方式。放眼于历史长河，在传统社会，由于国家之间的相对封闭，以及生产力和生产方式的相对落后，各个民族基本上都是局限于一定的范围而发展自身的历史文化。到了近现代，随着社会的开放和交通工具的不断进步，尤其是集经济、信息于一体的全球化时代的到来，彻底改变了传统社会的文化发展模式。"在全球化时代，文化日益失去其固定的空间，变成了流动性的，不论是作为文化主体的人，还是作为文化载体的象征符号、物质产品都以前所未有的速度和规模在全球范围内流动。"[①] 在全球化时代，得益于报纸、广播、电影电视和其他多媒体技术的发展，人们可以随时随地共享各种不同的文化

---

① 路宪民：《全球化时代的民族文化发展》，载于《甘肃社会科学》2014年第4期。

信息，使得本属于各自民族自己的文化已经越来越迅速、越来越广泛地展现在世界人民眼前。人们即使足不出户，也能在潜移默化中受到其他各种文化的影响，从而对自己的价值观产生一定的影响。例如，人们在家观看韩国电视剧时，就在无形中接受着韩国民族文化。人们在不同韩剧剧情体验中感受着普通韩国家庭的真实生活。在这个过程中，他们会在不知不觉中受到韩国价值观念、道德标准和审美趋向的洗礼。实际上，还有更多的其他文化传播形式。例如，随着贸易的发展，人们可以在中国商场买到国外的品牌，如香奈儿、耐克等，由此人们可能会被追求品牌的价值取向所牵引；同样，人们现在也可以随时在影院观赏最新的美国好莱坞影片和英国摇滚乐唱片，也可以同时在网上观看奥斯卡颁奖典礼，自己的审美亦受到影响……

经济的发展带动人民收入水平的不断提高，"经济基础决定上层建筑"，人们有了更多的支配财富，也愿意把更多的钱投入文化产品的消费和服务上，人民越来越关注文化产品的文化蕴涵，同时，也对文化范式提出了很多不同的需求。其中，文化若能满足消费者的审美观和精神追求，以及能够达到消费者的个性心理需要，就会赢得处于特定文化环境中的人们的追逐与青睐。当前，受文化全球化的影响，处于特定文化环境中的中国民众的多元文化需求主要体现在：首先，文化要有功能指向。即人们在文化获得的过程中，提高对社会的认识，增进民族情感，认同主流意识形态。这一般是指人们对社会主义文化大发展大繁荣过程中的社会主义先进文化的需要。其次，人们还需要多样题材的文化内容。这种文化需求是既可以让人感受到现代社会的气息，又可以感受到西方生活的多彩；既可以让人欣赏到东方的孔孟之道，又可以领略西方的"百科全书式人物"的思想精粹，这一般指人们对传播进入中国的外来文化知识的需要；另外，人们还希望可以借鉴多元的文化资源，例如，不同的舞蹈种类，不同的电影，等等，这一般是指人们对外来文化艺术的需求和学习。就

第五章　中国文化自信的烦恼

像习近平所言："我们社会主义文化要繁荣发展起来，必须认真学习借鉴世界各国人民创造的优秀文化。只有坚持洋为中用、开拓创新，做到中西合璧、融会贯通，我国文化才能更好发展繁荣起来。"[①] 事实上，人们不同的文化需求是和经济状况的改善与技术水平的提高分不开的。中国正处于一个快速消费文化产品的时代，人们对精神文化需求量正在逐步增加，对文化生活的质量要求也越来越高。人民群众文化消费愈显多层次、多方面、多样化的特征，另外，人们的求知、求乐、求美的愿望也非常强烈，而经济生产和发展的多样化，以及在信息技术进步推动的条件下，电脑、电视、手机等新媒体技术的突破性发展，使得人们的文化需求越来越高，人民群众对喜闻乐见的文化也越来越渴求。

那么，中华文化缘何需要自信？一方面源于面对着这种"文化认同危机"，需要在思想领域提升文化自信；另一方面，在当今世界，文化越来越成为综合国力的重要因素，为了匹配中国不断上升的政治经济影响力，也应该加强文化建设，打造中华文化标识，树立中华文化自信。

在文化全球化的进程中，文化全球化对民族文化带来震荡和冲击是在所难免的。这是因为，一方面，面对扑面而来的在"全球场"范围内形成的新文化，各民族原有的原汁原味的文化必然会对其作出不同的反应、选择和认可，从而可能引发文化的冲突；另一方面，不同民族在文化全球化进程中由于力量对比的差异，导致了发达国家利用其强势文化对不发达国家推行"文化霸权"，从而对民族文化造成震荡和冲击。显然，第一种冲突是"自然的"冲突，第二种冲突则是"人为的"冲突。由此也可以看出，文化全球化在"化"的进程中，必然会对民族文化产生一定的震荡和冲击。面对汹涌而来的文化全球化大潮，绵延五千多年从未间断的中华文化也面临着前所未有的冲击和挑

---

① 习近平：《在文艺工作座谈会上的讲话》，人民出版社2014年版，第26页。

战，对于异质文化特别是西方强势文化的渗透和侵蚀，我们不可不深思之。

以上我们探讨了文化自信建设面临的新境遇新问题，也是文化全球化中，我们树立文化自信的影响因素。对于当今文化交流交融愈演愈烈的趋势，我们应当保持清醒的头脑。在文化全球化的进程中，文化的共同性是存在的。因为人类社会的发展是有规律的，而各民族和国家的发展又不可能脱离世界发展的一般规律，所以各民族和国家在文化发展中会存在文化的共同性问题。但是，文化的共同性不是文化同质化。因为文化从其具体性而言都是独特的，文化是一个民族智慧的体现，是一个民族在长期的历史发展过程中在社会心理、价值观念、道德规范、思维模式、审美情趣等方面的积淀，也是一个民族在特定领域内和特定历史条件下的创造成果，因此，相对于本民族的发展生存而言，这种文化在世界上是独一无二的，具有其他文化所无法取代的功能。基于此，从本质上说，各民族对其他民族文化的选择都不是无条件的，而是有目的的。所以，文化不可能被同质化。但是，我们也看到，在如今文化的全球化传播过程中，文化的交流是不平等的。首先是文化交流者地位的不平等。某些发达国家拥有话语权，成为说教者，其他国家则成为被动接受者。说教者大量讲述"真理"，听者要主动或被动、情愿或不情愿地接受它。其次是交流者语言的不平等。文化交流和对话往往是以某些发达国家的语言为基础的。由于发达国家在文化交流中具有的这些绝对优势，使当今世界的文化交流几乎变成了发达国家的文化产品大量地向发展中国家的单向倾销，美国等西方国家的商品充斥着世界的各个角落，各国各地区的民众有意无意地、自觉不自觉地接受着美国等西方文化，甚至趋之若鹜。这样可能导致各国各民族独特的文化个性的消解，削弱各民族国家文化自主的能力。这种文化倾销现象，对中国现代化建设造成了一定的威胁，同时也是中国的文化建设面临的现实问题。

第六章

中国文化自信的方略

中国文化自信的方略,以建设社会主义文化强国为目标,我们应当了解其历史演变历程及我们树立这个目标的必要性,同时以马克思主义文化观为指导、以改革创新的时代精神为支撑、以历史唯物主义的群众史观为根基,向着文化强国的目标迈进;以构建中国特色社会主义文化体系为保障,我们应结合民族历史、共产主义理想信念以及国情特色与时代特征的演变,推动这个体系的构建与发展;以对优秀传统文化的创新继承和对外来文化的创造发展转化为动力,我们应继承创新优秀传统文化、科学吸纳转化外来文化,奋力实现社会主义文化强国目标。

一、目标:建设社会主义文化强国

党的十八大报告指出:"我们一定要坚持社会主义先进文化前进方向,树立高度的文化自觉和文化自信,向着建设社会主义文化强国宏伟目标阔步前进。"[1] 习近平在2014年的文艺工作座谈会上也强调:"要从建设社会主义文化强国的高度,增强文化

---

[1] 《十八大以来重要文献选编》上册,中央文献出版社2014年版,第26页。

自觉和文化自信……"。① 由此可见，近年来我们对于文化自信的高度重视，其目标就在于增强文化软实力以推动建设我们的社会主义文化强国，而针对这一历史性的任务，只有在我们真正形成了对文化自信的科学认识并对其高度重视，同时对中国当下文化建设的规律有了历史性的把握才能完成。这也就要求我们在实践中以树立和坚定高度的文化自信为抓手，以建设文化强国为追求，深刻认识文化在社会主义现代化建设和全面深化改革中的重要作用，不断开创社会主义文化强国建设的新局面。

（一）文化自信推动文化强国建设的历史演变

文化自信，是一个国家、一个民族、一个政党对自身文化价值有充分认知和肯定，对自身文化内涵和生命力有坚定信念。② 正是有了这样一种基于高度文化传承与文化认同的自信，我们党才能带领着全国各族人民始终坚定地走在引领社会主义先进文化的道路上，既保持着中华民族传统文化的生机与活力，又对域外的优秀文化进行科学的批判继承。因此，对待文化自信，当下最需要的就是一种正确的立场和观念，以理性、科学的态度对待自己的文化，正确对待别人的文化，充分认识中国文化的独特优势和发展前景，努力跳出近代以来我们始终难以跳出的怪圈：文化自卑和文化自负的窠臼，进一步坚定我们的文化信念和文化追求。过分的文化自负与自卑都不是我们所要提倡和坚守的理念，在文化上过于自负、妄自尊大会蒙蔽我们的双眼，让我们无法在横向上看清我们与世界之间各自的特色与差距，把人类文明发展的优秀成果也盲目地"拒之门外"，例如，清朝末年我们一边做着"天朝上国"的美梦，一边把西方先进的科技成果如蒸汽机

---

① 习近平：《在文艺工作座谈会上的讲话》，人民出版社2014年版，第28页。
② 云杉：《文化自觉　文化自信　文化自强——对繁荣发展中国特色社会主义文化的思考》中册，载于《红旗文稿》2010年第16期。

车等斥为"妖术""邪术";而在文化上过于自卑、妄自菲薄会让我们失去前进的自信和动力,无法从纵向上科学认识和理解既有文化在当代的价值与意义,近代以来许多学者都以维护"西方中心主义观点"为己任,盲目将外来文化尤其是西方的思想理论奉为"真理",甚至有人大肆宣扬所谓的中华民族"劣根性"以此来主张其"全盘西化"观点的正确性。时至今日,历史经验教训召示我们,无论是"文化复古主义",抑或是"文化虚无主义"的抬头都会带来很严重的后果。

其实,现在回过头去审视中国共产党90余年的历史,从一定程度上来说就是一部以高度的文化自信引领中华民族前进的历史。新民主主义革命时期,中国共产党自成立伊始就自觉承担起了实现民族独立和国家富强的历史重担,党在实践中将马克思主义不断"民族化""本土化",才使得中国革命步入了新民主主义革命的新时期,彻底改变了中国的革命面貌。中国共产党选择马克思主义这一科学的、先进的理论作为指导思想,并与中国的优秀文化与实际情况相结合,既体现了中国共产党人早期高度的文化自觉,一方面承担起了在当时特殊的社会背景下历史赋予他们的责任和使命,另一方面又通过主动地理论学习和革命实践找到了实现民族独立和国家富强的道路;也从侧面反映了他们对于本民族文化的高度自信,中华文化能够在吸收与转化的过程中坚持"本我",不会在具体的实践中丢失自身最精髓的东西从而沦为其他文化或理论的"附属物":例如,新民主主义革命时期毛泽东发表的《新民主主义论》和《在延安文艺座谈会上的讲话》等集中反映了这一时期中国共产党人的文化自信。从毛泽东当年的文献和讲话中我们也能深刻体会到,新民主主义文化就是民族的、科学的、大众的文化,既没有"文化复古主义",也没有"文化虚无主义",是在当时的时代背景和社会条件下中华民族的"新文化";中国共产党不仅要解放人,更要解放人的精神,要把半殖民地半封建社会下被封建主义旧文化和资产阶级腐朽文化深刻影响的中国人民解放出来。之后，为了切实地贯彻新民主主义文化的指导思想与纲领，中国共产党人又从服务方法、批评标准、创作创新途径等多方面提出了更具指导性和方向性的理论。在中国的新民主主义革命时期，中国共产党就以高度的文化自信，领导中国人民有力地推动了新民主主义文化的发展，为新中国成立后社会主义先进文化的发展奠定了基础。

新中国成立初期，中国共产党对我们的文化建设仍然非常重视，以毛泽东同志为核心的第一代中央领导集体对社会主义文化建设道路进行了初步的艰辛探索，明确了文化服务于人民大众的基调，社会主义文化强国建设的道路上深深地刻下了"人民"二字，即为提高广大工农群众的综合素养与文化水平开展了文化扫盲运动，大范围地、普遍地号召、督促广大群众学习马克思列宁主义的经典理论，既使得马克思主义的指导地位在意识形态领域得到更进一步的确立和发展，又帮助广大人民群众在学习运动中吸收了先进思想和理论；同时又提出了"古为今用"和"洋为中用"的基本原则，一方面提出"清理古代文化的发展过程，剔除其封建性的糟粕，吸收其民主性的精华，是发展民族新文化提高民族自信心的必要条件"[①]，另一方面反对极端的排外主义和"文化本体论"，也充分体现了中国共产党人在西方文化面前对于我们民族文化的自信；在科学文化领域一方面除旧布新，改革旧式教育、发展新式教育，推动我们的社会主义文化教育体系向着民族的、科学的、大众的这样一个方向迈进，另一方面在充分、合理地改造旧知识分子思想、开展科学文化领域的批判运动的基础上制定了"百花齐放、百家争鸣"的方针，既有斗争又有团结，这些举措极大地促进了新中国文化的发展，为新中国成立初期开辟文化事业蓬勃发展的局面提供了方向指导，奠定了社

---

① 欧阳雪梅：《毛泽东与新中国的文化建设》，人民网，2013 年 10 月 24 日，http：//dangshi. people. com. cn/n/2013/1024/c85037 - 23316498 - 4. html。

会主义先进文化的基础,为我们当今文化强国的建设提供了强有力的支撑。

在改革开放的历史新时期,我们在不断向前推进中国特色社会主义文化发展的实践中开拓了建设社会主义文化强国的道路。新时期以来出现了对于传统文化的一定程度的不认同甚至否定;西方"和平演变"和"颜色革命"咄咄逼人的态势,以及所谓的"民主""人权"思想的进攻,例如以戈尔巴乔夫为首的苏联共产党在改革中由于受到这些思想的影响和冲击,放弃了马克思主义的指导地位转而信奉民主社会主义所倡导的资产阶级自由、公平、民主等价值取向,在经济、政治和意识形态等诸多领域的改革中迷失了社会主义建设的前进方向,同时戈尔巴乔夫还不断曲解马克思主义经典理论,以所谓的"异化"理论全盘否定苏共领导人及其带领苏联人民取得革命和社会主义建设胜利的历史与文化。面对这些情况,中国共产党顶住了莫大的压力,以巨大的理论勇气和政治勇气创造性地运用马克思主义的经典理论,解决了新时期我们在社会主义文化建设中所出现的一系列新情况新问题,建立起了先进的、符合我们当下需要的社会主义核心价值体系,有力推进了社会主义文化大发展大繁荣,丰富了人民的精神文化生活,真正坚定了人民的文化自信。同时,我们在新时期也高度重视中华文化的国际话语的构建与影响,积极推动中华文化走出中国、走向世界,积极主动地参与国际交流,提升中华文化的国际影响力,增强国家文化软实力。正如习近平所说的那样:"希望认真总结经验,发挥民间往来优势,坚持社会主义先进文化前进方向,大力弘扬中华优秀传统文化,在推进人类各种文明的交流交融、互学互鉴中,增强我国的文化软实力,维护世界和平。"[①] 改革开放以来,中国特色社会主义文化发展的实践

[①] 《习近平在中国国际文化交流中心成立 30 周年之际作出重要批示》,新华网,2014 年 10 月 29 日,http://news.xinhuanet.com/video/2014-10/29/c_127156178.htm。

证明，党在新时期的文化自信有了更进一步的提升，对于社会主义文化强国的宏伟目标和蓝图也在这种提升中不断清晰。

（二）以建设社会主义文化强国为目标是文化自信的必然选择

随着新一轮科技革命在世界范围的广泛推动以及全球化的不可逆趋势，思想文化领域的竞争与较量已经逐步成为了新的国际竞争领域与舞台，是世界各国之间综合国力比拼的重要影响因素。中国作为当今世界上最大的发展中国家和社会主义阵营、国际共产主义运动的中坚力量，自然需要审时度势，努力适应这样一种新的趋势，因此我们才确立了建设社会主义文化强国的发展战略目标，并颁布出台了一系列配套的措施和政策。而文化自信，就是我们在不断变化的时代背景和国情条件下始终保持对于当前既有文化自身价值的认可与信心，并对未来文化发展前景也抱有憧憬与希望并愿意为了文化事业的发展繁荣奉献力量的带有坚定信念的心理机制，是推动文化建设的内生动力。因此，基于树立和培育文化自信的视域下，我们认为，文化自信的全面提升，必然也应该会有助于推动文化强国目标的实现。自从新中国成立和社会主义"三大改造"之后基本建立起社会主义制度以来，通过现代化建设、改革开放等多方面的努力，国家富强与人民幸福的美好蓝图正逐渐成形，民族复兴的宏伟目标也离我们越来越近。文化自信与综合国力之间实质上是相互促进的关系，审视我们当前的实际情况，综合国力既以我们树立和培育高度的文化自信为其重要支撑，同时文化自信在综合国力增强的过程中发展和提升；并将中华优秀传统文化的深厚底蕴融入自身，在与外来文化的交流与碰撞中，坚持自我特色和优势，扩大自己的影响力和话语权，逐步发展成为推动民族发展的新支点。当然我们也需要认识到，虽然新时期以来我们在经济领域的发展建设中取得了诸多成绩，但在文化建设领域相对来说还较为薄弱，这方面工作亟待加强，因此，关于文化强国的建设也是一个非常具有现实性的问题。在文化强国建设的实践中，一方面我们可以构建起相对完善健全的文化发展体系、和谐良好的社会道德风尚以及良性健康发展的社会主义文化产业，进而在社会生产中为人民大众提供更多丰富的文化产品；另一方面有利于创设文化开放的格局，让群众得到更好的感染与激励，筑牢文化自信之基，也能让广大人民群众汲取文化营养，提升个体文化素质，带动整体文化水平的提升。因此，文化强国与文化自信之间相辅相成，文化自信必然以社会主义文化强国的建设为目标选择。

第一，当下我们高度重视文化自信的树立和培养，其中关键目标就是助推建设社会主义文化强国，之所以这么说，这是由文化强国建设在经济社会发展中的关键作用决定的。改革开放的新时期以来，党始终坚持"以经济建设为中心"的指导思想不动摇，取得了举世瞩目的成就，但是在全面深化改革不断推进的今天，我们会发现面临着社会利益格局深刻变化、人民思想意识愈加丰富多元的新形势，仅仅依靠生产力的发展难以解决当下社会中的许多现实问题，因此，党必须以新的发展理念、新的规划布局加速"两个一百年"奋斗目标和中华民族伟大复兴的实现，这其中，以文化自信为抓手，推动社会主义先进文化的发展、文化强国的建设，以及满足人民精神文化需求就是非常关键的一环。当今世界综合国力的竞争愈发激烈，文化是其中的一个重要组成部分，是民族自身生存与发展的重要源泉与动力，又能够为推动国家经济的稳定健康提供科学的方向保证和不竭的动力源泉。从中国的情况看，伴随改革发展的不断深入，文化对经济社会发展的基础地位越来越突出，文化在推动经济发展方式转变中的作用也越来越明显。面对经济实力的显著提升和国家治理能力的不断进步，面对社会文化发展方式的急剧转变和日趋"白热化"的国际间综合国力竞争，牢牢掌握文化发展的脉络与先机，以文化自信推动文化强国建设已成为破解党和国家道路和事业课题的关键所在。只有促进文化事业的发展繁荣以加强树立文化自信，以高度的文化自信促进文化强国的建设，才能保证我们在国际竞争中的优势地位，才能保证我们的民族文化在国际化进程中也能立于不败之地。

第二，树立坚定的文化自信，建设社会主义文化强国，从政治上来说是新的历史时期考察党的执政能力建设的一个重要内容。当今的时代，是全面改革的时代，这种改革正不断深入执政党这个现有体制的核心。中国共产党不仅是一个有巨大影响的政党，而且是一个掌握国家命运的执政党，在这样的背景下，它的自身建设必然会与我们的文化方面的建设与发展相互影响、相互作用，这确实是一个贯通全局的问题，它一方面属于党的自身建设，另一方面也和党领导的文化事业紧密联系；一方面针对党的自身，另一方面又落脚于国家综合国力尤其是其中文化软实力的增强；一方面作为中国共产党执政的重大课题，另一方面又映射出当下我们的民族文化努力试图与世界文明互鉴的现状。因此，作为马克思主义执政党必须始终以社会主义先进文化为导向，以树立和坚定高度的文化自信为支柱，从而才能不断向着社会主义文化强国的目标靠拢。从"两手抓、两手都要硬"，到"三位一体"总布局、"四位一体"总布局再到"五位一体"总布局，关于先进文化的建设与社会主义文化强国的建设早已渗透于社会主义现代化建设的方方面面，而党自新时期以来关于社会主义建设总体布局思想的演进也正充分体现了这一点。以社会主义文化强国的建设来满足人民精神文化需求，既是全面建成小康社会的必然要求，又是实现中华民族伟大复兴的必要准备。中国共产党作为代表人民根本利益的无产阶级政党，其近年来不断重申和强调文化自信的重要性，既体现了自身在执政能力建设理念上的进步，也突出了社会主义文化强国建设对我们中国特色社会主义事业的重要性。

第三，从文化自信自身来说，我们提出这样一个概念，必然有其深刻现实意义与价值追求。追求文化自信必然以建设社会主义文化强国为目标，这在文化事业的发展进程中并不是一个一般性的追求，也不是在实践过程中发现了某些具体问题并加以强调，而是党和国家在顶层设计和长远规划发展上的战略部署，必须从中国特色社会主义事业发展全局上来进一步审视和思考。当下我们已经认识到，文化逐渐在国家综合实力竞争中占据了越来越大的比重，中国为了让这样一种发展趋势真正贯彻到我们的发展中，确立了建设社会主义文化强国的战略目标，并据此颁布出台了一系列与之配套的文件与政策，作为推进这一宏伟战略目标的有效着力点。而文化自信，作为认可本民族传统与现有文化内在价值的重要途径，也作为对本民族文化未来发展进步抱有强烈憧憬与信心的心理状态与反映，一直被我们视为是推动文化建设的内在动力。因此，在当前着力建设文化强国的视域和维度下，全面而广泛地树立和坚定广大人民的文化自信，对于文化强国目标的实现具有重大理论意义与现实意义。提升文化自信，增强文化软实力，是提升综合国力的重要手段。与之相应的是，文化自信也伴随着综合国力的增强而不断提升，并在传承传统文化的过程中不断增强其文化底蕴，在对域外文化的交流中不断彰显其价值，成为民族前进的动力支点，这自然也就增强了文化强国建设的自信心。

同时我们也应承认，虽然新时期以来，我们在经济事业上的发展成就令人瞩目，但在文化事业上的建设还亟待加强，建设社会主义文化强国的必要性不断凸显。面对改革开放以来国家层面与社会层面涌现出的新情况、新问题，需要我们以文化强国为基础，建立和完善文化事业服务体系、引领和谐的道德风尚、构建良性循环发展的文化产业体系，进而在市场上为广大人民提供更多健康、高雅的文化产品，满足人民的精神文化需求；同时加强文化市场的开放准入制度，让人民群众也能更加广泛地参与到文化建设的进程中，让文化自信拥有坚实的根基。综上所述，文化自信的培养与文化强国的建设之间是相辅相成的，文化强国建设需要强大的文化自信做支撑，文化自信又能够从文化强国建设的推动中得以巩固和提升。

（三）以文化自信推动文化强国建设的路径分析

第一，以马克思主义文化观为指导，铸就文化自信助推文化强国。实现人的自由而全面发展，是马克思主义对未来社会设想的"终极形态"和"根本原则"，也是中国共产党追求的最高价值目标。中国共产党一直以来以马克思主义理论为指导，坚持经典理论、具体国情与时代特征的有机结合，形成了党的指导思想上两次历史性飞跃，这也成为了新时期引领先进文化发展、培育文化自信应遵循的方针。与此同时，虽然我们的世情、国情、党情一直在发生着变化，但是马克思主义在当下社会改革与转型的关键时期也依旧是培养文化自信的科学指南，必须予以坚持，以确保我们文化自信的培养和文化强国的建设不会走上"老路""邪路"。有学者提出："世界在变化，时代在进步，中国特色社会主义实践在深入，必须紧密结合时代特征，不断吸收新的时代内容，使马克思主义紧跟时代发展步伐。现阶段，建设中国特色社会主义的主要任务，就是实现'两个一百年'奋斗目标。我们必须准确把握时代主题，积极回应时代挑战，不断发展马克思主义理论的新范畴、新论断，用时代化的马克思主义指导中国的新实践。"[1] 面对于新时期以来我们不断扩大对外开放带来的社会文化、社会思潮的"多元化"局面，要以马克思主义为指导为引领。这主要体现在，我们发展社会主义文化首先需要坚持辩证的思想，一方面善于从人类文明的优秀成果中汲取精华，融会贯通，不断创新发展自己的民族文化；另一方面我们要推动发展

---

[1] 徐光春：《不断开辟21世纪马克思主义发展新境界——深入学习贯彻习近平同志"七一"重要讲话精神》，载于《人民日报》2016年7月26日。

中国特色社会主义文化事业，也需要坚持马克思主义文化观，用一元化的指导思想引领多样化的社会思潮，并在此基础上更多的包容、尊重文化与文化之间的差异与不同。既不能像中国封建社会末期时那样，存在"排外主义"、封闭落后、不思进取；也不能像苏联一样，在社会主义改革的进程中过分追求"多样化"，放弃马克思主义理论一元化的指导地位。一个富有生命力与创造力的文化体系，培养其高度的文化自信，就是要积极应对来自各方文化的竞争与交融。面对来自不同文化体系的挑战，需要始终确立马克思主义文化观的主导地位。通过文化发展，铸就文化优势；提高文化自信，铸就文化强国。

第二，以改革创新的精神为动力支撑文化强国建设。文化强国建设适应新变化、新要求，必须与时俱进、改革创新，将文化创新体系纳入国家创新体系，统筹文化的社会效益和经济效益，激发文化创新活力。把这个问题落到我们的具体实践中，主要是从两方面着手。一是提高本民族文化创新发展的能力。文化发展的生命力与创造力，不仅仅在于该文化的底蕴与内涵，其不断适应新形势、新情况从而实现创新发展的能力也至关重要。提高文化创新能力，是培养文化自信的关键一环。要实现这一点，就必须发掘蕴藏在人民群众中的文化创新能力，这样就能有效提升文化的受众程度，自然也就能培养和坚定广大群众的文化自信；而在这样一个培养文化自信实践中，文化建设工作必定得到进一步发展，文化事业产业也必然不断发展繁荣，我们自然也就向着建设社会主义文化强国的战略目标逐渐靠拢了。二是在横向上尤其是国际视域中形成我们独特的文化竞争优势。发掘文化发展潜力和文化强国建设动力，在文化上的竞争优势必不可少。只有当我们国家、我们民族的文化拥有较强的竞争力时，才有利于提高文化自信，从而推动社会主义文化强国建设。在国际视域下，从当前世界文化发展的趋势来看，关于文化竞争的着眼点已经不再仅仅止于对文化市场份额的争夺了，而是上升到了文化话语权的历史高度。对于中国来说,衡量我们是否为文化强国的标准,也不仅仅是文化市场占有率的多寡,而更多的是通过加强思想文化科学领域的基础性研究与理论体系的构建,摆脱西方中心主义的窠臼,构建有中国特色的文化体系与话语,提升本国本民族文化的国际影响力与话语权。因此,坚持改革创新的时代精神,提升中华文化品质,是树立文化自信、建设文化强国的重要推动力。

第三,以群众史观为根基筑牢文化强国。人民群众是历史的创造者,这是历史唯物主义的基本观点之一。中国共产党在领导各族人民进行革命、建设、改革的各个阶段,坚持群众观点,遵循群众路线,不断实践这个理论。那么在全面深化改革、世情国情党情不断深刻变化的今天,我们要培养和提升文化自信,建设社会主义文化强国,自然也要求我们在建设的实践中不断夯实我们的群众基础。中国共产党的宗旨是全心全意为人民服务,那么中国共产党领导的文化自信培养和文化强国建设自然也以人民群众的需求为最高价值追求。因此,要建设社会主义文化强国,只有人民群众喜闻乐见同时又具有高度而广泛的参与积极性的文化强国建设才具备坚实的基础。首先,我们需要加强公益文化事业的发展。公益文化事业是与经营性文化产业相对应,主要着眼于社会效益,以非营利性为目的,为全社会提供非竞争性、非排他性的公共文化产品和服务的文化领域。① 它在我们的社会生活中具有统一思想、凝聚人心的重要作用。健全发展我们公益性文化事业,提高其社会参与度和积极性、满足大众愈加多样化的文化需求、适应多元的文化发展方式,有利于进一步提高群众素质,筑牢建设文化强国的群众基础。其次,从中国近代以来的发展历程来看,文化对于广大群众尤其是基层群众的影响是深远而广泛的;反过来,我们的先进文化又深深植根于人民群众的历史实践

---

① 闫平:《核心价值体系、公益文化事业与公民道德建设》,载于《理论学刊》2011年第12期。

之中，因此，我们在当下要培养和提升文化自信、建设文化强国，就必须以基层文化建设为关键步骤，一方面把中华民族经典传统的精华与社会主义核心价值体系以一种更加喜闻乐见的方式传达给群众，例如，把通俗的出版物读物、创新的学校教育、荧幕中的影视文化作品等渗透到人民群众的日常生活中；另一方面，要努力从基层群众生产生活实践中汲取智慧，把群众作为文化建设出发点，从基层群众中寻找中华民族精神的原动力，给文化强国建设注入强大生命力。

第四，以建立更具认同感的社会主义核心价值体系为抓手助推文化强国。我们一直以来所提倡的文化自信中的"文化"概念，其核心就是价值理念的打造与灌输的问题。在我们的社会主义核心价值体系中，拥有着中华民族五千年历史长河中积淀和传承的传统文化的"根"与"魂"，这对于我们解决现实问题、完成当下任务、引领未来发展来说有着不可替代的作用，是树立和培育高度的文化自信、建设社会主义文化强国的行动指南与方向指引，使我们国家在纵向上区别于其他任何一个历史时期、横向上区别于当今世界其他国家和地区文化发展道路和方向。我们要提升文化自信、建设社会主义文化强国，既要充分认识和理解二者之间的内在一致性，同时也要主动发挥核心价值体系在引导文化建设中的重要作用。如果我们在实践中丢弃了作为依托的核心价值体系，那么文化自信和文化强国就很难再把握正确的前进方向与道路，中华文化在世界范围内的话语体系也将失去自身的韧性。核心价值体系的建立健全，社会主义核心价值观的理念在践行过程中不断内化为人们内心的"条款"和"规定"，要着力将这样一种凝神聚力、凝心聚气的工作打牢基础、落到实处，注重具体工作实践中的层次性与指向性，以理想信念为核心，在宣传教育、舆论影响、观念指引、理想熏陶、制度规范等方面的规划中强调齐头并进、兼顾协调，在内进一步坚定人们的精神追求，在外促使人们更加自觉地以更高的标准要求和约束自己。既然社会主义文化强国是中国人民的文化强国，文化自信也是中华民族的自信，因此，核心价值体系自然也就构成了当前我们文化强国建设、文化自信树立的基本构建框架。当然我们的文化表现形式向来不是单一的和僵化的，而是丰富的、多样的，因此，在文化强国建设的具体实践中应充分考虑到我们的文化在其自身发展中衍生出的丰富多彩的内容与形式，在这样一个背景下加快形成并确立核心价值体系在其中统领全局的作用，遵循客观规律、听取群众诉求、反映实际情况，满足群众各层次精神生活需要，增强民族的精神力量。

二、保障：构建中国特色社会主义文化体系

习近平指出："文化自信，是更基础、更广泛、更深厚的自信。在 5000 多年文明发展中孕育的中华优秀传统文化，在党和人民伟大斗争中孕育的革命文化和社会主义先进文化，积淀着中华民族最深层的精神追求，代表着中华民族独特的精神标识。"[①]这三个"更"字的使用，表明了文化自信是继道路自信、制度自信、理论自信之后，中国极为重视的第四个自信。如果我们具体来理解"四个自信"的话，我们会发现这样几个对应关系：道路自信——中国特色社会主义道路；制度自信——中国特色社会主义制度；理论自信——中国特色社会主义理论体系；那么文化自信，自然对应的是中国特色社会主义文化体系。当下我们高度重视文化自信的培养和提升，最重要的保障就是构建中国特色社会主义文化体系。

---

① 习近平：《在庆祝中国共产党成立 95 周年大会上的讲话》，人民出版社 2016 年版，第 13 页。

第六章　中国文化自信的方略

（一）中国特色社会主义文化体系的历史演变

中国特色社会主义文化，这在中国文化发展历史乃至世界文化发展历史中都是一个全新的概念和成果，伴随着中国特色社会主义文化应运而生的是一种先进的文化体系和文化理念，它的产生和出现一方面是马克思主义理论在中国长久以来不断"本土化""民族化"的必然结果，另一方面也在一定程度上体现了新时期我们的社会主义建设与改革事业在文化方面的追求与需要。因此，对中国特色社会主义文化体系的历史演变做一个梳理与概括，有助于我们更深刻理解这个概念的科学内涵。

改革开放的新时期以来，我们在伟大的历史实践中逐步形成并发展了中国特色社会主义理论体系，这是一个具有全面性、系统性、完整性的理论体系，涵盖了新时期以来我们在社会主义建设与改革各方面建设工作的内容，自然也包括文化建设，而且文化的相关问题一直在中国特色社会主义理论体系中占据着重要地位，为党和国家高度重视。在20世纪70年代末80年代初，我们对于中国特色社会主义文化的认识还处于起步阶段，尚未形成系统的理论，也缺乏一些基础性的研究，因此在那个时期，"精神文明"的概念成为概括中国特色社会主义文化体系的一个常用词。那个时期，我们刚刚结束"十年动乱"又经历了在徘徊中前进的两年，社会思想一度呈现出疑惑、彷徨的局面，因此，以邓小平同志为核心的党中央第二代领导集体高度重视社会主义精神文明建设在中国的重要性。他指出："我们要建设的社会主义国家，不但要有高度的物质文明，而且要有高度的精神文明。所谓精神文明，不但是指教育、科学、文化（这是完全必要的），而且是指共产主义思想、理想、信念、道德、纪律、革命的立场和原则，人与人的同志式关系，等等。"[①] 由此可见，那时我们对于精神文明建设的着眼

---
① 《邓小平文选》第2卷，人民出版社1994年版，第367页。

点，主要集中在科学领域的技术文化和思想领域的道德理想这两个方面，这就构成了那个时期中国社会主义文化的主要内容。

江泽民在纪念中国共产党成立70周年大会上的讲话中指出："有中国特色社会主义的文化，必须以马克思列宁主义、毛泽东思想为指导，不能搞指导思想的多元化。"[①] 后来在党的十五大上，大会报告结合改革开放以来我们社会主义精神文明建设和文化建设的实践经验，对中国特色社会主义文化的基本内涵做了科学、系统的概括："建设有中国特色社会主义文化，就是以马克思主义为指导，以培育有道德、有文化、有纪律的公民为目标，发展面向现代化、面向世界、面向未来的，民族的科学的大众的社会主义文化。"[②] 随着"三个代表"重要思想被确立为党的指导思想，"先进文化"这个概念也开始逐步融入了中国特色社会主义文化体系。在庆祝中国共产党成立80周年大会上，江泽民依据"三个代表"重要思想指出在当代中国，不断发展"具有中国风格、中国特色的社会主义文化"，就是把先进文化融入其中，加强文化建设。党的十七大报告进一步强调要坚持社会主义先进文化前进方向，明确把建设社会主义核心价值体系作为文化建设的重要内容，把提升人的科学文化素质和思想道德素质、促进人的全面发展等作为文化发展的重要目标，把文化建设和提高文化软实力紧密联系起来。[③]

在2011年党的十七届六中全会上，我们党提出并通过了《中共中央关于深化文化体制改革 推动社会主义文化大发展大繁荣若干重大问题的决定》（以下简称《决定》），这个决定进一步体现了中国特色社会主义文化的发展成果，是今后中国

---

① 《江泽民文选》第1卷，人民出版社2006年版，第158页。
② 江泽民：《在中国共产党第十五次全国代表大会上的报告》，人民网，1997年10月20日，http://cpc.people.com.cn/GB/64162/64168/64568/65445/4526285.html。
③ 胡锦涛：《在中国共产党第十七次全国代表大会上的报告》，人民网，2007年10月15日，http://cpc.people.com.cn/GB/64162/64168/106155/106156/6430009.html。

特色社会主义文化建设工作的指导性、纲领性文献。《决定》在科学总结新时期以来文化建设经验教训的基础上，高度概括了中国特色社会主义文化体系的发展脉络与沿革，指出我们要建立和完善中国特色社会主义文化体系，基本要求就是走出一条关于"三个面向"的道路，即面向现代化、面向世界、面向未来，同时也要面向民主、科学和大众。党的十八大以来，党对于社会主义核心价值观作了进一步的精炼概括，提出"倡导富强、民主、文明、和谐，倡导自由、平等、公正、法治，倡导爱国、敬业、诚信、友善，积极培育和践行社会主义核心价值观"[1]。这一概括从国家发展的价值目标、社会运行的价值诉求和公民行为的价值规范等方面拓宽了中国特色社会主义文化所蕴含的价值理念。

通过以上关于中国特色社会主义文化体系发展、沿革的梳理，我们能够比较清楚地认识到，从文化自身来说，中国特色社会主义文化是伴随着经济、政治的发展而不断前进的，其核心内容是社会主义核心价值体系，而这种核心价值体系，正是我们整合、统一思想，树立文化自信的关键所在。这种文化是始终渗透于大众文化和日常生活中的，也奠定了文化自信的群众基础。从具体内容上看，中国特色社会主义文化体系内涵丰富、层次鲜明，在理论层面上包括科学技术、思想素质、人生价值观念等，在生活实践层面包括文化事业进步、文化产业发展等，这也充分说明了我们以中国特色社会主义文化体系作为我们树立和培养文化自信的保障，有其坚实的现实基础。

（二）以中国特色社会主义文化体系保障文化自信的基本依据

我们说文化自信，一般来说就是树立起对本民族、本国家文化的自信心与归属感，似乎只涉及自己民族和国家内部的问题。但是

---

[1]《十八大以来重要文献选编》上册，中央文献出版社2014年版，第25页。

伴随着不可逆转的全球化趋势，伴随着国家对外开放步伐的不断加快，从很大程度上来说，我们再提文化自信的树立与培育已经不是在自己的国家、民族甚至政党内部孤芳自赏、盲目自大。当然也不是妄自菲薄，而是将我们的文化更多地置于国际视野下，在与其他民族和国家的文化相比较的过程中发现自身的特点与优势，并将之准确、客观表达成为自己的话语。中国自近代以来，乃至当今，我们都长期笼罩在"西方中心主义"思想的阴影之下，鼓吹"历史虚无主义""文化虚无主义""全盘西化"的声音一直没有停止过就是最好的证明；从某种程度上说，这就是我们文化自信面临挑战的一个体现。那么，针对这种情况去加快树立和培育我们的文化自信，为什么要选择构建中国特色社会主义文化体系作为保障？

第一，中国特色社会主义文化体系从中华民族优秀的传统文化中汲取养分，积累了深厚的历史底蕴，蕴含着中华民族千百年来生生不息的文化基因。中华民族在五千年的历史长河中海纳百川，融汇了不同历史时期、不同民族文化的精髓与成果，经过五千年来时代更迭的锤炼和打磨，逐渐形成当前我们每个中华儿女所共有的价值观念、理想信念、道德追求，汇聚成了源远流长、博大精深的优秀文化传统。在远古时期，古巴比伦、古埃及、古中国、古印度是世界四大文明的发源地，而如今我们再去审视它们，会发现迄今为止仍未中断过的文明只有中国和中华民族的文明，在它的孕育下，不仅中华民族不断发展壮大甚至一度成为了当时世界的"领头羊"，而且对人类整体文明的进步与发展做出了不可磨灭的贡献，因此这也就是我们如今中国特色社会主义文化体系一脉相承而来的文化基因。"抛弃传统、丢掉根本，就等于割断了自己的精神命脉。博大精深的中华优秀传统文化是我们在世界文化激荡中站稳脚跟的根基。"[①] 优秀的民族文化传统是

---

① 习近平：《使社会主义核心价值观的影响像空气一样无所不在》，新华网，2014年2月25日，http://news.xinhuanet.com/politics/2014-02/25/c_119499523.htm。

第六章　中国文化自信的方略

民族文化的灵魂和血脉，如果我们割裂或者忽视了它们，那么就等于舍弃了民族文化的生命力，就必然会导致我们对于自身文化的不自信和不认同。中国特色社会主义文化体系是我们当前最为系统和完整的文化体系，凝结了自古以来中华儿女为了美好理想而不懈奋斗的永恒价值追求，结合我们当代的时代特色，它进而成为当前全国各族人民为实现中华民族伟大复兴而凝心聚力的价值基础，自然能够为树立和培育文化自信提供保障。

第二，中国共产党是马克思主义政党，党带领人民构建中国特色社会主义文化体系的实践自然也是在马克思主义的指导下进行的，那么这样一个文化体系就必然会自觉蕴含着推动社会进步、促进全人类自由而全面发展的先进价值理念。近代以来，代表着现代工业文明的西方将目光投向了代表着传统文明的东方，世界资本主义市场体系呼啸着"疾驰而东"，把中国卷进了泥潭，随着半殖民地半封建的程度不断加深，中华儿女愈发意识到中华民族已经走到了悬崖边上，面临着亡国灭种的险境。不论阶级和阶层，人人都想要承担起"救亡图存"历史的使命，而对于这一使命的担当与执行，最主要的表现就是"学习西方"。此后，形形色色的西方理论与学说都来到了中国的历史舞台，但实现民族独立与国家富强的道路始终没有被找到。直到进步的知识分子们在俄国十月革命的影响与感召下选择了马克思主义来指导我们。"马克思主义进入中国，既引发了中华文明深刻变革，也走过了一个逐步中国化的过程……在我国，不坚持以马克思主义为指导，就会失去灵魂、迷失方向，最终也不能发挥应有作用。正所谓'夫道不欲杂，杂则多，多则扰，扰则忧，忧而不救'。"[①] 马克思主义以科学的世界观和方法论，揭示了人类社会发展的一般规律，不仅在中国旧民主主义革命陷入困局的情况下

[①] 习近平：《在哲学社会科学工作座谈会上的讲话》，人民出版社2016年版，第9页。

为中华民族指出了一条崭新的道路，也让中国人民接收到了更为先进的价值理念。近代以来中国共产党人始终以马克思主义为指导，实现了两次马克思主义中国化的历史性飞跃。马克思主义为中华文化注入了时代性、科学性等先进的思想内涵，使中国人民在精神思想方面获得了极大的解放。

第三，中国特色社会主义实践催生出了中国特色社会主义文化体系，这样一个体系的构建是社会主义经济与政治不断发展壮大的文化反映。从根本上说，文化观念是上层建筑的组成部分之一，它并不是脱离社会制度和群体而孤立存在的，而是深深植根于人们的社会生活之中。新中国成立以来的较长一段时间内，尽管我们坚信社会主义制度具有无比的优越性和发展潜力，但在经济实力方面无论是经济总量还是发展速度都是落后于西方发达国家甚至世界平均水平的，没有一个坚实的物质基础的文化自信自然是难以树立的。改革开放新时期以来，随着中国综合国力和国际影响力的提升，在文化方面的国际话语的构建也步入正轨，深刻地影响和改变了西方人眼中的当代中国文化话语和价值观念，也让我们树立和培育的文化自信得到了充分的保障，美国著名学者塞缪尔·亨廷顿也提出："成功的经济发展给创造出和受益于这一发展的国家带来了自信和自我伸张。财富像权力一样也被看作是优点的证明及道德和文化优越性的显示。"[1] 或许以发展的眼光来看，中国要建设成为社会主义文化强国，要构建完善健全的中国特色社会主义文化体系，要树立起强大的文化自信，未来仍然"长路漫漫"，但中国特色社会主义文化体系及其价值观念的影响力和吸引力在不断增强，也同样是不可否认的。

第四，中国道路、制度和理论已经充分说明了，西方国家一直以来宣扬和构建的"普世价值"和最优文化完全是无稽之谈，

---

[1] ［美］塞缪尔·亨廷顿著，周琪等译：《文明的冲突与世界秩序的重建》，新华出版社 2010 年版，第 84 页。

只是所谓"普世"幌子下企图分裂和颠覆国际共产主义运动的阴谋手段。世界上的每个国家都拥有不同的历史文化基础与自己的国情特色，构建文化体系、建设精神家园自然也需要充分结合这些来开展。西方国家往往会从抽象的、空洞的人性论出发，进行自身价值理念的输出，例如，"西方中心主义"观点以及"古典依附论"向"依附发展论"的转变等，似乎都在向全世界宣称：一切近代以来在西方现代文明的冲击下而开始走向现代化的国家和地区，在当今想要摆脱贫困落后的境况，开拓自由民主文明进步的局面，唯一的办法就是接受西方的文化与制度，尤其是他们的"普世文化"，而不是结合本国本民族的特色发展自己的文化。他们在世界范围内宣扬和推行的一套所谓具有"普适性"的理论，结果却带来了许多不良影响。例如，以帮助发展中国家理顺发展道路和理念为名，鼓吹新自由主义的"优越性"，在第三世界国家尤其是拉美国家带来了无可避免的"中等收入陷阱"；以为俄罗斯经济社会发展转型提供帮助为由，实施休克疗法，却让整个俄罗斯国内的进一步前进陷入了泥潭，等等。这些都充分说明了仅仅靠着学习和吸收他国文化不能实现国家富强和人民幸福，只会让原本就亟待发展的社会走向动荡和不安。我们把目光投向整个人类历史的发展演进的历程，可以发现，没有哪一个国家或地区通过全盘照搬别人的文化而实现了自身的发展。中国作为一个拥有着五千年文明的泱泱大国，也是当今世界上最大的发展中国家和国际共产主义运动的中坚力量，在历史上有着源远流长的文化，在近代以来面临着与西方国家完全不同的情况，也走出了一条与之完全不同的道路。要实现中华民族伟大复兴的中国梦，西方的道路、制度、理论自然不能为我们所用，西方的政治、外交、文化等方面的话语体系自然也不能用来解释说明中国自身的问题。因此，我们要树立文化自信，自然需要一个符合自身特色同时能够解释自身情况、解决自身问题的文化体系——就是我们的中国特色社会主义文化体系，如此我们才能够在中国的基本国情下发挥好文化在发展引领和方向指导上的作用，坚守住中华文化的立场，传承好中华文化的精髓，形成当代中国应有并需要的文化，为开创和发展中国道路提供丰厚滋养。坚持和拓展中国道路，要进一步增强价值观自信，绝不能盲目地成为西方价值观念的附和者，绝不能丧失自己的精神独立性。我们既不妄自菲薄，也不妄自尊大，而是坚持以马克思主义为指导，扎根于中华民族优秀文化土壤，吸收借鉴人类文明的积极成果，与时俱进地培育和建设社会主义的"中国价值"，实现对资产阶级"普世价值"的自觉超越，为文化自信的树立和培育提供强大的精神力量和价值引领。

（三）以中国特色社会主义文化体系培育文化自信的路径分析

文化自信既然是对自己国家和民族文化的信心与认同，那么换言之，树立和培育文化自信就是要让我们拥有一种自然而然的民族自信。让中国特色社会主义文化体系为文化自信提供保障，使中华民族不仅在经济、政治上，更要在文化领域屹立于世界民族之林，从国内和国际上都获得更多的文化认同，推动文化自信培育。

第一，以辩证的观点看待本民族的发展历程，推动文化认同感的提升。近代以来中华民族经历了从"天朝上国"美梦的打破到半殖民地半封建社会的转变，这种特殊的、屈辱的历史发展经历对于我们的民族心理产生了深刻的影响，"文化复古主义"的盲目自负和"历史虚无主义""文化虚无主义"的妄自菲薄，所折射出的是一种片面性的文化人格；如今在改革开放的历史新时期，我们在社会主义建设各方面尤其是经济建设方面的成绩令人瞩目，但是一定程度上文化建设的相对迟缓导致了很多人对本民族的文化认知摇摆不定。这就很容易被某些西方不良思潮所利用，从而滋长他们推行"和平演变"和颜色革命政策的企图。"历史总是要前进的，历史从不等待一切犹豫者、观望者、懈怠者、软弱者。只有与历史同步伐、与时代共命运的人，才能赢得光明的未来。"[①] 要在中国特色社会主义文化体系下树立文化自信，最主要的就是以一种积极健康的心态审视我们的历史，尽力克服近代以来残留的各种对于民族文化的片面性的认知，自觉地提升自身的文化认同感。因此，科学的历史唯物主义观点就是我们的重要遵循，不忘历史的客观性，科学掌握人类历史发展的一般规律，以史为鉴，运用辩证的方法，去粗存精、去伪存真，做到不忘本来、殷鉴不远、着眼未来，将道路、制度、理论这三个"自信"上升到文化的高度，在中国特色社会主义文化体系指导下进一步坚定我们的民族自信和文化自信。

第二，把共产主义的理想信念作为我们不懈的价值追求。构建中国特色社会主义文化体系、树立起高度的文化自信，不可能仅仅凭借意识上的坚定和理论层面的推断，追根溯源，只有通过历史的纵深挖掘、横向的同时代的比较、对于世界发展主题的掌握以及对于未来世界发展潮流的把握才能全面稳定地树立起来。当今，我们以中国特色社会主义文化体系的构建为抓手，在其导向下培育文化自信，除了上文已经提及的辩证的看待本民族的历史之外，更要对于世界历史的发展历程与未来大势有一个科学客观的认识。从马克思主义的经典观点来看，资本主义开创了世界历史，但世界历史的未来趋势仍是共产主义。只有在共产主义阶段，世界历史才能得以深化和完善，因为共产主义与世界历史紧密联系，不可分离。因此共产主义的远大理想也一直是中国共产党领导全国各族人民虽历经荆棘曲折却仍矢志不渝的选择，这是符合世界历史发展进程的，也是符合中华儿女一直以来的价值理念的，充分体现了中国特色社会主义文化体系的旨归与方向。既然对共产主义的追求是历史赋予我们的必然选择，坚持这一信念

[①] 习近平：《在庆祝中国共产党成立95周年大会上的讲话》，人民出版社2016年版，第7页。

必定能帮助我们更好地走上文化自信之路。正如习近平所说："中国共产党之所以叫共产党，就是因为从成立之日起我们党就把共产主义确立为远大理想。"① 这样一种先进的信念既是我们凝心聚力实现中华民族伟大复兴的重要纽带，也是我们在各种外来的错误思潮面前保持自我、坚定自信的"坚固堡垒"。20世纪90年代苏联解体和东欧剧变以来，国际共产主义运动遭遇了重大挫折，我们只有提高我们的眼界，把中国特色社会主义文化体系的构建与高度文化自信的树立放在国际视野下进一步思考，才能达成我们的目标。

第三，将中华民族优秀的文化结合国情特色与时代背景进行创新性发展。正如前文所提及，中华民族从古至今优秀的文化成果不胜枚举。这些都早已在民族的血液之中流淌，是支撑我们向着中华民族伟大复兴的宏伟目标不断迈进的原动力，是可以让我们自信也应该让我们自信的成果。同时，当下我们要树立和培育文化自信，不仅需要对于历史的纵深挖掘作为着力支撑点，也需要更多横向上的比对去客观地展望未来我们文明发展的成果。那么这就需要我们对于优秀的文化传统进行创新性的发展与转化，这里就包含着两个更深一层的内涵与指向：首先是对优秀文化传统的吸收继承。一般情况下我们只要对文化进行思考与审视，往往首要考虑的就是文化形成与发展过程中留下的时代特征与烙印，这与当时的时代背景、社会思想也有密切联系，因此不是所有的文化传统都得被我们"照单全收"，应当把关注的目光更多地放在具有现实意义和价值的传统文化上。二是对优秀文化的创新性发展与转化。继承中发展，发展中创新是我们多年以来在实践中总结出的经验，对待优秀的文化成果也应如此。结合我们当下来说，这种发展与转化就是要以中国特色社会主义文化体系为

---

① 习近平：《在庆祝中国共产党成立95周年大会上的讲话》，人民出版社2016年版，第10页。

核心，在国内国际加强对这个体系的宣传和解读，以此构建起一个符合时代特色的文化语境和话语体系，从而为我们文化自信的树立与培育提供更加广泛、更加坚实的保障；这也正如习近平所提倡的那样："认真总结经验，发挥民间往来优势，坚持社会主义先进文化前进方向，大力弘扬中华优秀传统文化，在推进人类各种文明的交流交融、互学互鉴中，增强我国的文化软实力，维护世界和平。"[①]

三、动力：文化传承与创新

文化自信，不是"空洞的口号"，也不是"高高在上"的空泛理论，而是有着深厚的历史与现实的根基；正如脚踏实地才能迈稳脚步，走出风采，文化自信的树立也需要一定的基础才能有前进的动力，当前我们坚持对中华文化在传承中发展，发展中创新，就构成了我们树立和培育文化自信的重要动力来源。总的来说，文化传承就是对既有文化的继承，主要包括中华民族五千年历史长河中孕育的优秀传统文化、近代以来新民主主义革命实践中形成的革命文化以及改革开放新时期以来产生发展的社会主义先进文化；文化创新主要是指对外来文化创造性地吸纳与消化并最终融汇成为具有本民族特色的东西，以及对中华传统文化的创新性发展。

（一）不忘本来，传承中华优秀文化

党的十八大以来，在以习近平同志为核心的党中央领导下，各级党委和政府更加自觉、更加主动推动中华优秀传统文化的传

---

① 《习近平在中国国际文化交流中心成立30周年之际作出重要批示》，新华网，2014年10月29日，http://news.xinhuanet.com/video/2014-10/29/c_127156178.htm。

承与发展，开展了一系列富有创新、富有成效的工作，有力增强了中华优秀传统文化的凝聚力、影响力、创造力。同时要看到，随着我国经济社会深刻变革、对外开放日益扩大、互联网技术和新媒体快速发展，各种思想文化的交流交融交锋更加频繁，迫切需要深化对中华优秀传统文化重要性的认识，进一步增强文化自觉和文化自信；迫切需要深入挖掘中华优秀传统文化价值内涵，进一步激发中华优秀传统文化的生机与活力；迫切需要加强政策支持，着力构建中华优秀传统文化传承发展体系。① 因此，不忘本来，以传承优秀传统文化为推动力加强文化自信就显得尤为重要了。

第一，植根底蕴，传承中华民族优秀传统文化。可以说当代中国的文化发展是以中华民族传统文化为基础，都打上了传统文化的烙印，因此对待传统文化需要自信和礼敬。中华文化五千年的历史长河中蕴含了中华民族古往今来最根本的文化基因与价值追求，充分代表着中华民族自身鲜明独特的文化符号，这不仅是滋养中华民族生命力与行动力的肥沃土壤，也是我们当今培育文化自信的重要动力源泉；不仅在人类历史上留下了浓墨重彩的一笔，直到今天也对我们的思想文化产生着深刻的影响。正如前文所提及，中国特色社会主义文化体系的一个重要组成部分就是中华优秀传统文化，不仅如此，它还是中国文明和世界文明发展的重要推动力量，这就进一步凸显出了我们的文化在当今世界的优势地位。"中华文化积淀着中华民族最深沉的精神追求，是中华民族生生不息、发展壮大的丰厚滋养；中华优秀传统文化是中华民族的突出优势，是我们最深厚的文化软实力；中国特色社会主义植根于中华文化沃土、反映中国人民意愿、适应中国和时代发展进步要求，有着深厚历史渊源和广泛现实基础。"② 因此，现

---

① 《关于实施中华优秀传统文化传承发展工程的意见》，人民网，2017年1月26日，http://politics.people.com.cn/n1/2017/0126/c1001-29049653.html/。
② 《习近平谈治国理政》，外文出版社2014年版，第153~154页。

在我们提坚定文化自信,首要的工作就是把着力点放在对中华文化的坚定上,放在对中华民族立场的坚定上,让中华民族传统文化适应时代发展要求,实现创新发展,概括起来说就是"古为今用、推陈出新、革故鼎新",让其更具有现代社会的意义与价值。例如,面对全面深化改革的过程中面临的社会利益格局深刻变化、社会矛盾不断加深、市场竞争无序失范等新情况,可以在天下大同、修齐治平、明礼守信、兼爱非攻、自强不息、君轻民重这样的传统经典文化理念中融入我们当下流行和提倡的民主与科学精神、市场与竞争精神、法制与正义精神等,与我们社会主义建设"五位一体"总布局相适应,与"五大发展理念相适应",使中华文化进一步发展成为兼具历史传统和符合时代发展要求的文化。

第二,牢固基础,传承优秀革命文化。"中国的革命文化具有独特的定义,它主要是指五四运动以来,中国人民在中国共产党的领导下同西方列强及国内各种反动势力作斗争过程中所创造的,以马克思主义为指导,以争取民族独立和人民解放为主题,极具中国革命特色的先进文化,其中蕴含着丰富的革命精神和优良的革命传统。"[1] 简而言之,就是我们党领导全国各族人民在进行新民主主义革命的伟大实践中形成与发展起来的一种百折不挠、勇往直前的文化。井冈山精神、长征精神、延安精神等等这些精神,无论日后社会如何变迁、时代如何发展,对我们来说都是一笔宝贵的财富,推动着中华文化在不同历史时期适应着不同的时代特征,以富有生机与活力的状态不断实现自身的再生发展,为文化建设与文化自信提供动力源泉。新时期以来,不断出现怀疑主义、虚无主义等错误思潮,企图把我们的革命历史与革命文化颠覆为"过去式",不断消解我们的革命精神,从而滋长

---

[1] 田克勤、郑自立:《坚定文化自信的三个基本维度》,载于《思想理论教育》2016年第10期。

起一种"文化自卑"的心态。这是对我们革命先烈以及他们的精神品质的最大冒犯，也是对革命文化的最大亵渎。中华优秀传统文化发展到近代，在我们的革命实践中得到了进一步的凝练和升华，不论何时这种文化都会激励着我们凝心聚力，保持着奋勇前进和不懈奋斗，同时这也是我们当下树立和坚定文化自信的坚实基础和动力保障。

第三，立足时代，发展社会主义先进文化。发展社会主义先进文化，必须坚持社会主义先进文化前进方向，加快文化改革发展，努力建设社会主义文化强国。社会主义先进文化最根本的就是要推进社会主义核心价值观建设。一般来说，我们认为社会主义先进文化是在新中国成立特别是改革开放新时期以来，我们在社会主义建设和改革的实践中逐步形成和发展起来的。它始终坚持以马克思主义为指导思想，以中华民族伟大复兴的理想为奋斗目标，以"三个面向"为导向，一方面反映了我们建设社会主义发展道路的本质要求；另一方面是激励我们不断前进的强大精神动力，我们要树立的文化自信，很大程度上就是对我们当下正不断发展着的社会主义先进文化的自信。党的十八大以来，我们在社会主义先进文化建设上的突出表现就是大力加强社会主义核心价值体系的构建以及时代精神与民族精神的弘扬。社会主义核心价值体系涵盖了社会生活的各个层面，尤其是"二十四字"的核心价值观更是高度凝练了当下国家发展、社会进步的价值追求，通过价值观的自信为我们的文化自信提供了动力；以改革创新为核心的时代精神与以爱国主义为核心的民族精神相辅相成，交相辉映，既体现了我们实现快速、健康发展所提倡的思想需求，也为我们凝心聚力、引领发展提供了精神动力。

（二）吸收外来，接纳转化域外文化

没有任何一个民族的文化可以孤立地存在，中华民族的文化也不例外。我们的文化要发展，要对自己的文化有自信，就必然吸收其他文化的优秀成果,从横向的比对和发展上获得信心。因此我们认为,一个国家、一个民族乃至一个政党,以什么样的心态去面对和处理外来文化,这是体现和证明其文化是否自信的关键。一般来说,愈是拥有高度的文化自信,愈是能够以海纳百川的态势和气魄迎接外来文化,因而也就愈发能够在这种交流与融合中吸收精华、发展自身。对我们来说,以正确的态度对待外来文化,是决定我们能否为文化自信添砖加瓦、提供动力的关键。

第一,持有兼收并蓄、兼容并包的态度。世界历史上出现过许多璀璨的文明成果,世界文化也因此不断趋于丰富多元。每一个民族,每一个国家和地区,它们在自己的历史中创造的文化都为世界文明的发展做出了重要贡献,其中优秀的文明和文化成果,应该是全人类所共有的宝贵精神财富。因此要发展我们自己的文化,海纳百川、兼收并蓄是必不可少的要求,也只有在横向上我们经过了长期的发展和比对,我们才能真正树立起文化自信;如果我们走上了一条封闭排外的道路,只会让我们文化的生命力与创造力被不断消磨直至走向灭亡。也正是因为我们的中华文化有着博采众长的特征和海纳百川的气魄,才能历经五千年历史长河的洗练却仍然熠熠生辉。如果我们把目光放在中华文化自身,也可以发现,作为一个统一的多民族国家,我们的文化本就是由各个民族各个地区之间共同缔造发展的。从中华文化与其他文化的关系来看,在封建社会末期我们确实出现过一段时期的封闭自守、盲目排外,但纵观中华民族整个历史,我们会发现,交流与融合仍是我们的主流趋势。例如,丝绸之路、玄奘取经、鉴真东渡,包括到了宋元时期马可波罗、利玛窦等人入华讲学、经商、传教,都大大促进了中外文化之间的交融,而那些时期,恰恰是我们国家最为强盛的时期。因此这些历史也充分证明,开放包容不会对中华文化的生存发展产生威胁,反而可以在交流和沟通中发展自身。在全球化趋势愈发不可逆转、对外开放步伐不断加快的当今,更应该以开阔的视野、博大的胸怀对待外来文化,积极参与国际间对话交流，构建中华文化的话语体系，其必然能够在促进我们自身发展的基础上为坚定文化自信提供动力。

第二，以辩证的眼光看待外来文化，结合实际情况有所取舍。前文我们提及了兼收并蓄和兼容并包，但是不能因此就盲目"崇洋媚外"，用一种极端的"拿来主义"的态度照抄照搬。每一个国家和民族自身的文化，能够形成并不断发展壮大，必然有其赖以生存的土壤和不同时期时代背景的烙印。如果脱离这些具体的特征与条件土壤，那么文化自身的内容及其发挥的作用也会大相径庭。同时，当今的国际形势愈发复杂，外来文化必然也会存在良莠不齐、精华与糟粕并存的情况。因此，我们对外来文化的吸收与学习，必然要建立在一定的思考、审视、甄别、比对的基础上，择善而从。如果缺少了这样一个环节或者说过程，盲目地将一些不良思潮、垃圾信息引进到国内，那么必然会产生相当大的恶劣影响，贻害人民尤其是广大青少年。近代以来至今，西方就是现代文明和发达国家的主要代表，他们在政治、经济、社会等方面的思想文化确实有其可取之处，也为世界历史的发展做出了巨大的贡献，但是也存在着许多消极落后甚至是反动的东西。因此，无论是盲目排外还是盲目引进学习的态度都是不可取的；尤其是新中国成立以来西方国家的"和平演变"与"颜色革命"，通常都会打着"开放""交流"之类的旗号对我们进行不知不觉地影响和渗透，对此从国家到个人都应有高度的重视和警惕。

第三，要努力推动中华文化的吸收—创造—发展—再生。前文提到的是面对外来文化的态度，那么同时我们也应该关注面对外来文化的处理方式。如果仅仅只是把不同的理论和不同的文明成果简单地拼凑在一起，那么恐怕不会对我们文化自身的发展产生多大的裨益；科学的方式应当是将文化与文化、理论与理论之间建立起有机的联系，通过吸收—创造—发展—再生这样一个逻辑链条促进二者甚至多者之间有机的结合。如果以简单囫囵式的方式处理，必然会导致对于外来文化理解不足甚至出现偏差，难以应用于促进自身发展。从历史的经验来看，中华文化对于外来文化的吸收和整合能力是非常强的，从封建时代开始外来文化传入中国后，都在中华文化内部实现了各自的创造发展与有机结合。要把优秀的人类文明成果同中国的传统文化、时代特色、社会条件等相结合，植入中华民族自身的精神基因与文化基因，同时能够帮助我们针对具体的国情解决实际的问题，真正能够指导实践；同时还应不忘党的宗旨与性质，要以最广大人民群众的行为方式和思维方式即以人民大众喜闻乐见的方式表现中华文化与外来文化的有机结合。只有让我们的文化再生的实践过程符合这些要求，才能让外来文化在中国"入乡随俗"、开花结果，真正地帮助中华文化实现新的发展与超越，从而为树立和培育文化自信提供充足的前进动力。

（三）着眼未来，创新发展中华民族传统文化

要树立和培育关于中华优秀传统文化、红色经典革命文化以及新时期社会主义先进文化的自信，就要求我们在推动中国特色社会主义事业发展、实现中华民族伟大复兴的历史实践中，提升我们在文化传承中的创新能力、整合民族文化与外来文化的创新能力以及文化传播的创新能力，从而为树立和培育文化自信提供动力。

第一，要提升我们在文化传承中的创新能力。习近平曾提出："优秀传统文化对形成和维护中国团结统一的政治局面，对形成和巩固中国多民族和合一体的大家庭，对形成和丰富中华民族精神，激励中华儿女维护民族独立、反抗外来侵略，对推动中国社会发展进步、促进中国社会利益和社会关系平衡，都发挥了十分重要的作用。同时，中国优秀传统文化的丰富哲学思想、人文精神、教化思想、道德理念等，也蕴藏着解决当代人类面临的难题的重要启示，可以为人们认识和改造世界提供有益启迪，可以为治国理政提供有益启示，也可以为道德建设提供有益启发"。① 因此，对于文化自信的树立和培育，传承与创新是必不可少的环节。文化的基础在于传承，没有传承的文化只会如"荷叶浮萍"，没有根基，久而久之便会在虚无主义的影响下走向消亡；而文化的生命在于创新，没有创新的文化只会由于固步自封和闭门造车的错误心态而陷入僵化的境地。借用习近平对于全面深化改革和全面依法治国之间关系的描述，我们也可以说传承与创新在文化自信的培育中也是犹如"车之双轮、鸟之双翼"，创新是传承基础上的创新，传承是创新前提下的传承，只有坚持这样正确的方向，才能保证不落入"复古主义"与"虚无主义"的窠臼。孕育于中华民族五千年历史长河的优秀传统文化、形成于新民主主义革命伟大实践的革命文化、开源于社会主义建设和改革实践的先进文化，都是我们民族独特的精神标识，值得我们世代相传、为之自豪。同时，结合当前时代特色，要以改革创新的时代精神解释好这些优秀的文化传统，立足于新的生产生活方式带来的技术革命，发掘文化新的表现形式、开拓文化新的市场、打造新的文化生态，努力"使中华民族最基本的文化基因与当代文化相适应、与现代社会相协调，以人们喜闻乐见、具有广泛参与性的方式推广开来，把跨越时空、跨越国度、富有永恒魅力、具有当代价值的文化精神弘扬起来，把继承传统优秀文化又弘扬时代精神、立足本国又面向世界的当代中国文化创新成果传播出去"，② 逐步提升其时代性与进步性，这样才能在传承与创新中永葆中华文化的生机与活力，为文化自信提供动力。

第二，要提升我们对于民族文化和外来文化的创新整合能

---

① 《习近平总书记系列重要讲话读本（2016年版）》，学习出版社、人民出版社2016年版，第201~202页。
② 《习近平谈治国理政》，外文出版社2014年版，第161页。

第六章 中国文化自信的方略

力。不可否认,资本主义和资本原始积累的产生与发展,把人类历史推到了世界史的时代,开启了人类文明向现代化发展的征程;但同时也带来了不同国家、不同民族之间在思想文化与价值观念方面一定程度上的冲突、对立和博弈,并且欲借用这样一个进程把"西方中心主义"的观念深入到世界的每一个角落,企图实现其对于当今世界发展的"一元性领导"。改革开放的新时期以来,随着中国特色社会主义事业的顺利前进,随着多极化趋势的不断增强,过去的"一元性"格局难以为继。对此,正如前文所提及,一方面我们要摒弃固步自封、闭门造车的错误倾向,不能强制要求整个国家和民族的文化在微观上的"思想一致"。从一定程度上来说,文化声音、价值追求、利益诉求的丰富性与多样化本就是现代化发展的重要表现;另一方面,面对纷繁复杂的国际局势,不断调整的国际格局,外界传来的良莠不齐的思潮与言论,也必须要求从国家到个人的各个层面都自觉保持警醒,运用辩证的、批判的观点和态度去审视和思考。这些就需要我们加强对民族文化与外来文化的创新整合,以最新的思想观念和理论成果,例如社会主义核心价值观与新时期的民族精神、时代精神为主要内容,为文化整合提供方向指引。这种文化整合的创新与指导,以文化包容为前提,以本土与外来的直接对话为基础,在交流与竞争中潜移默化地提升本民族的文化优势,从而为文化自信的树立提供动力;这种文化整合的创新与指导,以马克思主义为根本,以历史与时代的发展脉络为线索,以国家和民族最深层次的精神基因与文化基因为价值追求,从而为文化自信的树立提供充足的依据;这种文化整合的创新与指导,不仅着眼于当下,而且着眼于未来,不仅着眼于本土,而且着眼于海外,在多元平等对话的基础上,在国内以社会主义先进文化为核心抓手强调文化发展与文化自信,在海外则与世界各国、各民族的朋友交流多元价值观念、理想、追求、信仰等,以此向世界展示、呈现中华文化的独特魅力、世界意义,去寻找和发掘人类生存发展的共同价值、人类现代文明的共同理念等。

第三，要提升我们在文化传播方面的创新能力。如果说文化的整合是内部的提升与发展，那么文化的传播就是外部的提升与发展。习近平指出："随着形势发展，舆论传播工作必须创新理念、内容、体裁、形式、方法、手段、业态、体制、机制，增强针对性和实效性。要适应分众化、差异化传播趋势，加快构建舆论引导新格局。要推动融合发展，主动借助新媒体传播优势。要抓住时机、把握节奏、讲究策略，从时度效着力，体现时度效要求。要加强国际传播能力建设，增强国际话语权，同时优化战略布局，着力打造具有较强国际影响的外宣旗舰媒体。"[1] 具体而言，在当下我们对于文化传播的创新，就是要在国际视域下这种跨地区、跨文化的对话中，加大力度推动中华文化和中国声音"走出去"，总的来说就是：走好中国道路、定好中国方案、讲好中国故事、构建中国话语、传递中国价值，面对纷繁复杂的国际形势与格局，面对诸多反华势力对中华民族伟大复兴的恶意揣测和中伤以及对中国梦的曲解，要从多方面多维度的视角展现中国文化，凸显中国特色，并以这种横向的比对提供文化自信以动力；也要说明实现中华民族伟大复兴的中国梦与世界其他国家和民族的梦想追求并不冲突与矛盾，相反是相辅相成、互为推动的，中华民族伟大复兴的道路是一条倡导和平发展合作共赢的道路，是一条能够探索和开辟区域文明与民族文化相通相融、和谐共处的道路，最终受益的不仅是中国人民，也包括世界各国人民。这种新形势、新生态下的文化传播，本身就意味着在融合与碰撞中对自身文化拓展性与整合度的不断提升，意味着对自身文化特性和生命力的确认与彰显，这从一定程度上说与我们的文化

---

[1] 《习近平在党的新闻舆论工作座谈会上强调：坚持正确方向创新方法手段提高新闻舆论传播力引导力》，人民网，2016年2月20日，http://cpc.people.com.cn/n1/2016/0220/c64094-28136289.html。

自信的概念与追求是不谋而合的。正是在这种广泛深入、不断互动的文化传承、传播、交流、交融中，才能打造和确立起更基本、更深沉、更持久的文化自信。

综上所述，关于中国文化自信的方略，我们从树立和培育文化自信的目标选择、体系保障、前进动力这三个视角着手对其进行了一些梳理与分析：关于社会主义文化强国的建设，我们应了解其历史发展轨迹及当代我们树立该目标的必然性，同时以马克思主义文化观为指导、以改革创新的时代精神为支撑、以历史唯物主义的群众史观为根基，向着文化强国目标迈进；关于中国特色社会主义文化体系的构建，我们应充分认识到这样一个文化体系能够为文化自信保驾护航的基本依据，同时充分结合民族发展历史、共产主义理想信念以及国情特色与时代特征的演变，推动文化体系自身的进一步发展；关于文化的发展与创新，我们应创造性继承发展既有文化、科学吸纳转化外来文化、创新发展优秀传统文化。

参考文献

1. 本书编写组:《四个自信党员干部读本》,中共中央党校出版社2016年版。
2. 本书编写组:《〈中共中央关于深化文化体制改革 推动社会主义文化大发展大繁荣若干重大问题的决定〉辅导读本》,人民出版社2011年版。
3. 陈崧:《五四前后东西文化问题论战文选》,增订本,中国社会科学出版社1989年版。
4. [德]卡尔·曼海姆著,姚仁权译:《意识形态与乌托邦(一)》,九州出版社2007年版。
5. [德]马克斯·韦伯著,李修建、张云江译:《新教伦理与资本主义精神》,中国社会科学出版社2010年版。
6. 《邓小平文选》第2卷,人民出版社1994年版。
7. 《邓小平文选》第3卷,人民出版社1993年版。
8. [法]阿兰·伯努瓦著,王列、杨雪冬译:《面向全球化》,中央编译出版社1998年版。
9. [法]古斯塔夫·勒庞著,王浩宇译:《乌合之众》,北京联合出版公司2016年版。
10. 费孝通:《费孝通论文化与文化自觉》,群言出版社2007年版。
11. 冯桂芬:《校邠庐抗议》,中州古籍出版社1998年版。
12. 《改革开放三十年重要文献选编》上册,中央文献出版社2008年版。

13. 耿超：《中国特色社会主义文化自信论》，广西师范大学出版社 2016 年版。

14. 郭廷以：《近代中国史纲（第三版）》，上海人民出版社 2009 年版。

15. 韩庆祥：《思想的力量：新一届中央领导集体治国理政的基本思路》，中共中央党校出版社 2014 年版。

16. 何兆武、柳卸林：《中国印象：外国名人论中国文化》，中国人民大学出版社 2011 年版。

17. 侯惠勤：《马克思的意识形态批判与当代中国》，中国社会科学出版社 2010 年版。

18. 胡春阳：《寂静的喧嚣 永恒的联系》，上海三联书店 2012 年版。

19. 胡锦涛：《坚定不移沿着中国特色社会主义道路前进 为全面建成小康社会而奋斗——在中国共产党第十八次全国代表大会上的报告》，人民出版社 2012 年版。

20. 《胡锦涛文选》第 3 卷，人民出版社 2016 年版。

21. 季正矩：《崩塌的山岳：苏联共产党兴衰成败经验教训研究》，湖南师范大学出版社 2015 年版。

22. 《江泽民文选》第 1 卷，人民出版社 2006 年版。

23. 姜义华：《中华文明的根柢——民族复兴的核心价值》，上海人民出版社 2012 年版。

24. 李双璧：《从经世到启蒙——近代变革思想演进的历史考察》，中国展望出版社 1992 年版。

25. 梁漱溟：《东西文化及其哲学》，商务印书馆 2010 年版。

26. 《列宁全集》第 39 卷，人民出版社 1986 年版。

27. 刘仰：《中国自信：民族复兴大思维》，北京联合出版公司 2015 年版。

28. 《马克思恩格斯全集》第 47 卷，人民出版社 2006 年版。

29. 《马克思恩格斯全集》第 46 卷下，人民出版社 1956

年版。

30. 《马克思恩格斯选集》第 1 卷，人民出版社 2012 年版。
31. 《马克思恩格斯选集》第 3 卷，人民出版社 2012 年版。
32. 《马克思恩格斯选集》第 4 卷，人民出版社 2012 年版。
33. 《毛泽东传（一）》，中央文献出版社 2011 年版。
34. 《毛泽东文集》第 5 卷，人民出版社 1996 年版。
35. 《毛泽东文集》第 7 卷，人民出版社 1999 年版。
36. 《毛泽东选集》第 2 卷，人民出版社 1991 年版。
37. 《毛泽东选集》第 3 卷，人民出版社 1991 年版。
38. 《毛泽东选集》第 4 卷，人民出版社 1991 年版。
39. ［美］尼克松著，王欢声等译：《1999：不战而胜》，世界知识出版社 1989 年版。
40. ［美］塞缪尔·亨廷顿、劳伦斯·哈里森主编，程克雄译：《文化的重要作用——价值观如何影响人类进步》，新华出版社 2010 年版。
41. ［美］塞缪尔·亨廷顿著，周琪等译：《文明的冲突与世界秩序的重建》，新华出版社 2010 年版。
42. ［美］梯利著，葛力译：《西方哲学史》，商务印书馆 2005 年版。
43. 欧阳雪梅：《中华人民共和国文化史（1949－2012）》，当代中国出版社 2016 年版。
44. 彭岚嘉：《中国梦的文化指向》，兰州大学出版社 2015 年版。
45. 钱穆：《从中国历史来看中国民族性及中国文化》，九州出版社 2011 年版。
46. 钱穆：《民族与文化》，九州出版社 2012 年版。
47. 任仲文：《学习贯彻十七届六中全会精神推动社会主义文化大发展大繁荣学习参考》，人民日报出版社 2011 年版。
48. 沈壮海：《文化如何成为软实力》，天津出版传媒集团、天津教育出版社 2016 年版。

49.《十八大以来重要文献选编》中册，中央文献出版社 2016 年版。

50.《十六大以来重要文献选编》下册，中央文献出版社 2008 年版。

51.《十六大以来重要文献选编》中册，中央文献出版社 2006 年版。

52. 宋惠昌：《当代意识形态研究》，中共中央党校出版社 1993 年版。

53. 孙来斌：《中国梦之中国复兴》，武汉大学出版社 2015 年版。

54. 汤一介：《港台海外中国文化论丛》，生活·读书·新知三联书店 1990 年版。

55. 王介南：《中外文化交流史》，人民出版社 2011 年版。

56. 王瑞成、宋清秀：《中国文化简史》，上海文艺出版社 2001 年版。

57. 王伟光：《马克思主义中国化的最新成果——习近平治国理政思想研究》，中国社会科学出版社 2016 年版。

58. 王永贵等：《经济全球化与社会主义意识形态建设研究》，人民出版社 2005 年版。

59. 王永贵等：《经济全球化与我国社会主流意识形态建设研究》，人民出版社 2010 年版。

60. 习近平：《第三届核安全峰会并访问欧洲四国和联合国教科文组织总部、欧盟总部时的讲话》，人民出版社 2014 年版。

61.《习近平关于全面依法治国论述摘编》，中央文献出版社出版 2015 年版。

62.《习近平关于实现中华民族伟大复兴的中国梦论述摘编》，中央文献出版社 2013 年版。

63.《习近平关于协调推进"四个全面"战略布局论述摘

编》，中央文献出版社 2015 年版。

64. 习近平：《弘扬和平共处五项原则建设合作共赢美好世界——在和平共处五项原则发表 60 周年纪念大会上的讲话》，人民出版社 2014 年版。

65. 《习近平谈治国理政》，外文出版社 2014 年版。

66. 习近平：《习近平在联合国成立 70 周年系列峰会上的讲话》，人民出版社 2015 年版。

67. 习近平：《在纪念孔子诞辰 2565 周年国际学术研讨会暨国际儒学联合会第五届会员大会开幕会上的讲话》，人民出版社 2014 年版。

68. 习近平：《在庆祝中国共产党成立 95 周年大会上的讲话》，人民出版社 2016 年版。

69. 习近平：《在文艺工作座谈会上的讲话》，人民出版社 2015 年版。

70. 习近平：《在哲学社会科学工作座谈会上的讲话》，人民出版社 2016 年版。

71. 习近平：《在中国文联十大、中国作协九大开幕式上的讲话》，人民出版社 2016 年版。

72. 习近平：《之江新语》，浙江人民出版社 2013 年版。

73. 《习近平总书记系列重要讲话读本（2016 年版）》，学习出版社、人民出版社 2016 年版。

74. 《习近平总书记在文艺工作座谈会上的重要讲话学习读本》，学习出版社 2015 年版。

75. 《习近平总书记重要讲话文章选编》，党建读物出版社、中央文献出版社 2016 年版。

76. 《现代汉语词典（第 5 版）》，商务印书馆 2010 年版。

77. 徐中约：《中国近代史》，世界图书出版公司北京公司 2013 年第 2 版。

78. ［英］马丁·雅克著，张莉、刘曲译：《当中国统治世界——中国的崛起与西方世界的衰落》，中信出版社2010年版。

79. 余国瑞：《中国文化历程》，东南大学出版社2004年版。

80. 张岱年、程宜山：《中国文化精神》，北京大学出版社2015年版。

81. 张涛甫：《"中国梦"的文化解析》，重庆出版集团、重庆出版社2014年版。

82. 郑师渠、黄兴涛：《中国文化通史（民国卷）》，北京师范大学出版社2009年版。

83. 郑师渠：《中国共产党文化思想史研究》，中共中央党校出版社2007年版。

84. 宗白华：《美学散步》，上海人民出版社1981年版。

85. 曹德本：《中国传统文化与世界多元化》，载于《清华大学学报》（哲学社会科学版）2011年第4期。

86. 陈晋：《我们为什么要坚持文化自信》，载于《学习月刊》2016年第13期。

87. 陈俊卿：《为增强文化自信作出新贡献》，载于《党建》2016年第9期。

88. 陈乔之、李仕燕：《西方文化霸权威胁与中国国家文化安全选择》，载于《暨南大学学报》（哲学社会科学版）2006年第1期。

89. 陈曙光、杨洁：《论文化自信》，载于《文化软实力研究》2016年第3期。

90. 陈曙光：《中国话语与话语中国》，载于《教学与研究》2015年第10期。

91. 陈炎：《"文明"与"文化"》，载于《学术月刊》2002年第2期。

92. 成怡：《文化自信：复兴中国的根本特征》，载于《知行铜仁》2015年第6期。

93. 高峰、艾辰：《国家意识形态安全论析》，载于《当代世界与社会主义》2013年第5期。

94. 葛彦东：《掌握意识形态话语权初探》，载于《思想理论教育导刊》2015年第1期。

95. 龚旭芳：《论意识形态的理性认知情感认同》，载于《湖北社会科学》2009年第12期。

96. 胡启勇：《全球化语境中的现代文化认同建构》，载于《贵州民族学院学报》（哲学社会科学版）2004年第4期。

97. 黄楠森：《论文化的内涵与外延》，载于《北京社会科学》1997年第4期。

98. 李长学等：《中国特色社会主义文化自信何以可能》，载于《科学社会主义》2016年第5期。

99. 刘汉成、孙凤文：《系统论与当前教育科学研究浅论》，载于《沈阳师范大学学报》（社会科学版）1996年第2期。

100. 刘林涛：《文化自信的概念、本质特征及其当代价值》，载于《思想教育研究》2016年第4期。

101. 刘士林：《中华文化自信的主体考量与阐释》，载于《江海学刊》2009年第1期。

102. 刘水静：《当代中国文化自信建设的战略意蕴》，载于《教学与研究》2016年第11期。

103. 刘先春、张思源：《文化自信与中国梦的内在关系探析》，载于《中共云南省委党校学报》2014年第6期。

104. 路宪民：《全球化时代的民族文化发展》，载于《甘肃社会科学》2014年第4期。

105. 玛雅：《中国文化自信与普世话语构建——专访中国艺术研究院研究员祝东力》，载于《决策与信息》2015年第1期。

106. ［美］弗兰克·柯维奇著，钱存学译：《美国对外文化关系的历史轨迹》，载于《编译参考》1991年第8期。

107. 庞朴：《文化传统与传统文化》，载于《中国社会科学季刊》第三卷（香港）1993年8月。

108. 秦洁：《革命文化：中华民族最为独特的精神标识》，载于《红旗文稿》2016 年第 17 期。

109. 任淑艳：《全球化语境下的文化自觉与文化自信》，载于《长白学刊》2013 年第 3 期。

110. 沈壮海：《文化自信的维度》，载于《求是》2017 年第 5 期。

111. 沈壮海：《我们党要坚定什么样的文化自信》，载于《中国纪检监察》2016 年第 23 期。

112. 石云霞：《当代中国文化发展中的意识形态安全问题》，载于《中国特色社会主义研究》2012 年第 2 期。

113. 舒毅彪：《以红色资源为依托推进社会主义核心价值大众化》，载于《求实》2013 年第 3 期。

114. 孙占元：《甲午战争与中华民族复兴的历程》，载于《河北学刊》2015 年第 7 期。

115. 谭大友：《人类生存的家园——自然生态、社会关系与精神文化的协调和统一》，载于《武汉大学学报》（哲学社会科学版）2004 年第 1 期。

116. 田克勤、郑自立：《坚定文化自信的三个基本维度》，载于《思想理论教育》2016 年第 10 期。

117. 田佑中：《论全球化时代价值冲突的形式及意蕴》，载于《现代国际关系》2001 年第 7 期。

118. 王静：《试论文化自信的四维根基》，载于《天府新论》2012 年第 3 期。

119. 王军：《中国共产党的文化自觉和文化自信》，载于《邓小平研究》2016 年第 2 期。

120. 文丰安：《论社会主义先进文化的基本特征》，载于《山东社会科学》2007 年第 4 期。

121. 习近平：《加快建设社会主义法治国家》，载于《求是》2015 年第 1 期。

122. 习近平：《全面贯彻落实党的十八大精神要突出抓好六个方面工作》，载于《求是》2013年第1期。

123. 谢晓娟、刘世星：《当代马克思主义意识形态话语权建构的国际视角》，载于《河南师范大学学报》（哲学社会科学版）2016年第2期。

124. 熊光清：《外来文化对人民群众精神文化生活的影响》，载于《学习论坛》2009年第12期。

125. 薛艳丽：《文化强国视域下的幸福追寻》，载于《山西高等学校社会科学学报》2013年第5期。

126. 闫平：《核心价值体系、公益文化事业与公民道德建设》，载于《理论学刊》2011年第12期。

127. 颜旭：《文化自信是更基础、更广泛、更深厚的自信》，载于《四川统一战线》2016年第7期。

128. 杨生平：《文化自信的意义及其实现》，载于《中国特色社会主义研究》2016年第6期。

129. 杨增崟、吕璇：《中国特色社会主义文化自信的基本特性》，载于《前线》2016年第8期。

130. 云杉：《文化自觉 文化自信 文化自强——对繁荣发展中国特色社会主义文化的思考》中册，载于《红旗文稿》2010年第16期。

131. 张国祚：《文化自信的特殊重要性》，载于《政策》2016年第10期。

132. 张健、肖光文：《"中国共产党与中国现代化"国际学术研讨会述要》，载于《中共党史研究》2011年第6期。

133. 张雷声：《文化自觉、文化自信与社会主义核心价值体系》，载于《思想理论教育导刊》2012年第1期。

134. 张晓辉：《论影视文化作品影响下中西方文化关系的构建》，载于《电影文学》2009年第14期。

135. 郑淑芬：《文化自信与道路自信、理论自信、制度自信的辩证关系》，载于《奋斗》2016 年第 9 期。

136. 周宏：《论意识形态的文化意义》，载于《江海学刊》2002 年第 6 期。

137. 周梦澜：《中美避免"修昔底德陷阱"的现实基础及途径探析》，载于《阜阳师范学院学报》（社会科学版）2014 年第 1 期。

138. 朱维铮：《文化传统与传统文化》，载于《复旦学报》1987 年第 1 期。

139. 朱宗友、武良刚：《中国共产党与中国梦——基于现代化视角的分析》，载于《理论与现代化》2015 年第 6 期。

140. 白纯：《革命文化是文化自信的重要资源》，载于《中国社会科学报》2017 年 2 月 9 日。

141. 丁守和：《关于传统文化与文化传统的思考》，载于《光明日报》1999 年 10 月 29 日。

142. 杜飞进：《让文化自信之光照亮复兴之路》，载于《人民日报》2016 年 9 月 27 日。

143. 杜尚泽：《阔步走在中华民族伟大复兴的历史征程上》，载于《人民日报》2016 年 1 月 5 日。

144. 胡锦涛：《在庆祝中国共产党成立 90 周年大会上的讲话》，载于《人民日报》2011 年 7 月 2 日。

145. 李宝善：《充分认识意识形态工作的极端重要性》，载于《人民日报》2013 年 9 月 12 日。

146. 马占成：《领导干部要做尊法学法守法用法的模范　带动全党全国共同全面推进依法治国》，载于《人民日报》2015 年 2 月 3 日。

147. 商志晓等：《中华传统文化的创造性转化与创新性发展》，载于《光明日报》2017 年 1 月 9 日。

148. 万群、赵国梁：《习近平总书记参加贵州代表团审议侧记》，载于《贵州日报》2014 年 3 月 10 日。

149. 闻言：《党的领导是中国特色社会主义最本质的特征——纪念中国共产党成立 95 周年》，载于《人民日报》2016 年 6 月 23 日。

150. 吴邦国：《全国人民代表大会常务委员会工作报告》，载于《人民日报》2011 年 3 月 19 日。

151. 徐光春：《不断开辟 21 世纪马克思主义发展新境界——深入学习贯彻习近平同志"七一"重要讲话精神》，载于《人民日报》2016 年 7 月 26 日。

152. 叶文成、王玉斌、康福升等：《中国梦的文化图景》，载于《光明日报》2013 年 11 月 25 日。

153. 郑承军：《文化自信：更基本更深沉　更持久的力量》，载于《深圳特区报》2016 年 7 月 5 日。

154. 《中共中央关于繁荣发展社会主义文艺的意见》，载于《人民日报》2015 年 10 月 3 日。

155. 《中共中央关于全面深化改革若干重大问题的决定》，载于《人民日报》2013 年 11 月 16 日。

156. 《中共中央关于全面推进依法治国若干重大问题的决定》，载于《人民日报》2014 年 10 月 29 日。

157. 《中共中央关于深化文化体制改革　推动社会主义文化大发展大繁荣若干重大问题的决定》，载于《人民日报》2011 年 10 月 26 日。

158. 杜小杜：《习主席的一堂文化"公开课"》，人民网，2012 年 12 月 21 日，http：//politics. people. com. cn/n/2014/1221/c1001 - 26247337. html。

159. 《关于实施中华优秀传统文化传承发展工程的意见》，人民网，2017 年 1 月 26 日，http：//politics. people. com. cn/n1/2017/0126/c1001 - 29049653. html。

160. 胡锦涛：《在中国共产党第十七次全国代表大会上的报告》，人民网，2007 年 10 月 25 日，http：//cpc. people. com. cn/

GB/64093/67507/6429849. html。

161. 江泽民：《在中国共产党第十五次全国代表大会上的报告》，人民网，1997 年 10 月 20 日，http：//cpc. people. com. cn/GB/64162/64168/64568/65445/4526285. html。

162. 欧阳雪梅：《毛泽东与新中国的文化建设》，人民网，2013 年 10 月 24 日，http：//dangshi. people. com. cn/n/2013/1024/c85037 - 23316498 - 4. html。

163. 《十三五规划纲要》，新华网，2016 年 3 月 18 日，http：//www. sh. xinhuanet. com/2016 - 03/18/c_135200400_2. htm。

164. 《习近平十八大以来关于"宣传思想工作"精彩论述摘编》，人民网，2014 年 8 月 19 日，http：//cpc. people. com. cn/n/2014/0819/c164113 - 25493994. html。

165. 《习近平在中国国际文化交流中心成立 30 周年之际作出重要批示》，新华网，2014 年 10 月 29 日，http：//news. xinhuanet. com/video/2014 - 10/29/c_127156178. htm。

166. 赵晋平：《中国经济仍是促进全球增长最积极因素》，人民网，2016 年 2 月 29 日，http：//finance. people. com. cn/n1/2016/0229/c1004 - 28156493. html。